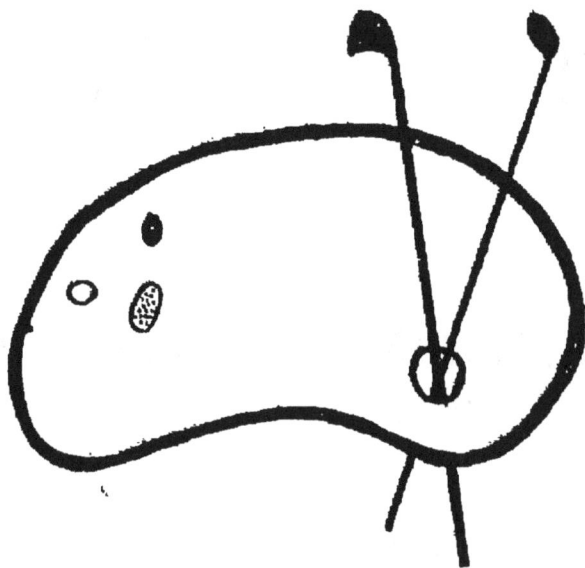

COUVERTURE SUPÉRIEURE ET INFÉRIEURE
EN COULEUR

.26

MANUEL-FORMULAIRE

DES

GREFFIERS DE JUSTICE DE PAIX

EN ALGÉRIE

ET DES

GREFFIERS-NOTAIRES AU TITRE DEUX

PAR

CHARLES BONNET

Notaire à Dellys, Suppléant du Juge de Paix; ancien Greffier-Notaire au titre 1er
à Khenchela et à Mila (Constantine)

BATNA

AMAND BEUN, LIBRAIRE-ÉDITEUR

32, Rue de Sétif, 32

1894

Batna. — Imprimerie A. BEUN, 32, Rue de Sétif. — Batna

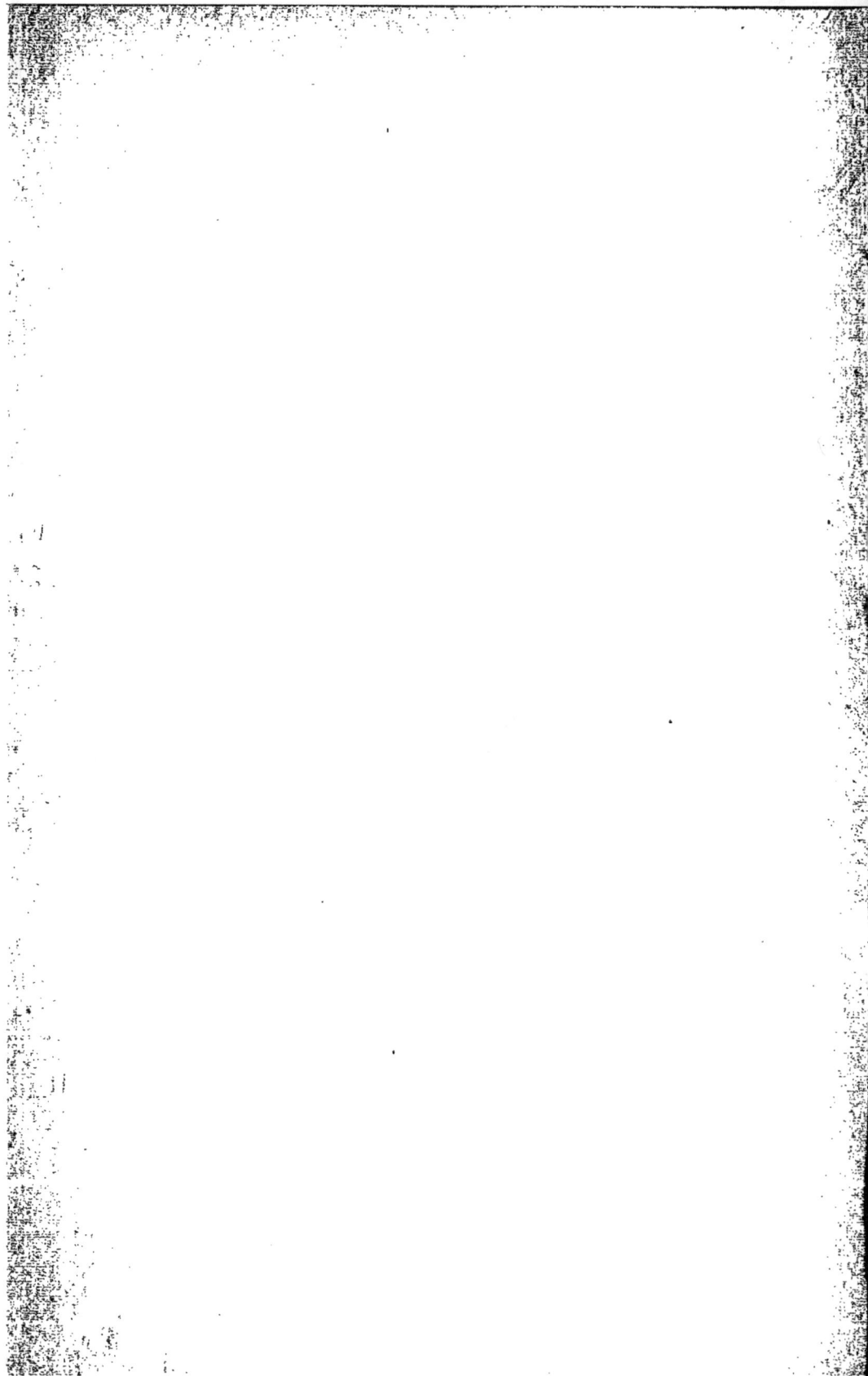

MANUEL-FORMULAIRE

DES

GREFFIERS DE JUSTICE DE PAIX

EN ALGÉRIE

ET DES

GREFFIERS-NOTAIRES AU TITRE DEUX

Batna. — Imprimerie A. BEUN, Rue de Sétif. — Batna

MANUEL-FORMULAIRE

DES

GREFFIERS DE JUSTICE DE PAIX

EN ALGÉRIE

ET DES

GREFFIERS-NOTAIRES AU TITRE DEUX

PAR

Charles BONNET

Notaire à Dellys, Suppléant du Juge de Paix, ancien Greffier-Notaire au titre 1ᵉʳ
à Khenchela et à Mila (Constantine)

BATNA

AMAND BEUN, LIBRAIRE-ÉDITEUR

32, Rue de Sétif, 32

1894

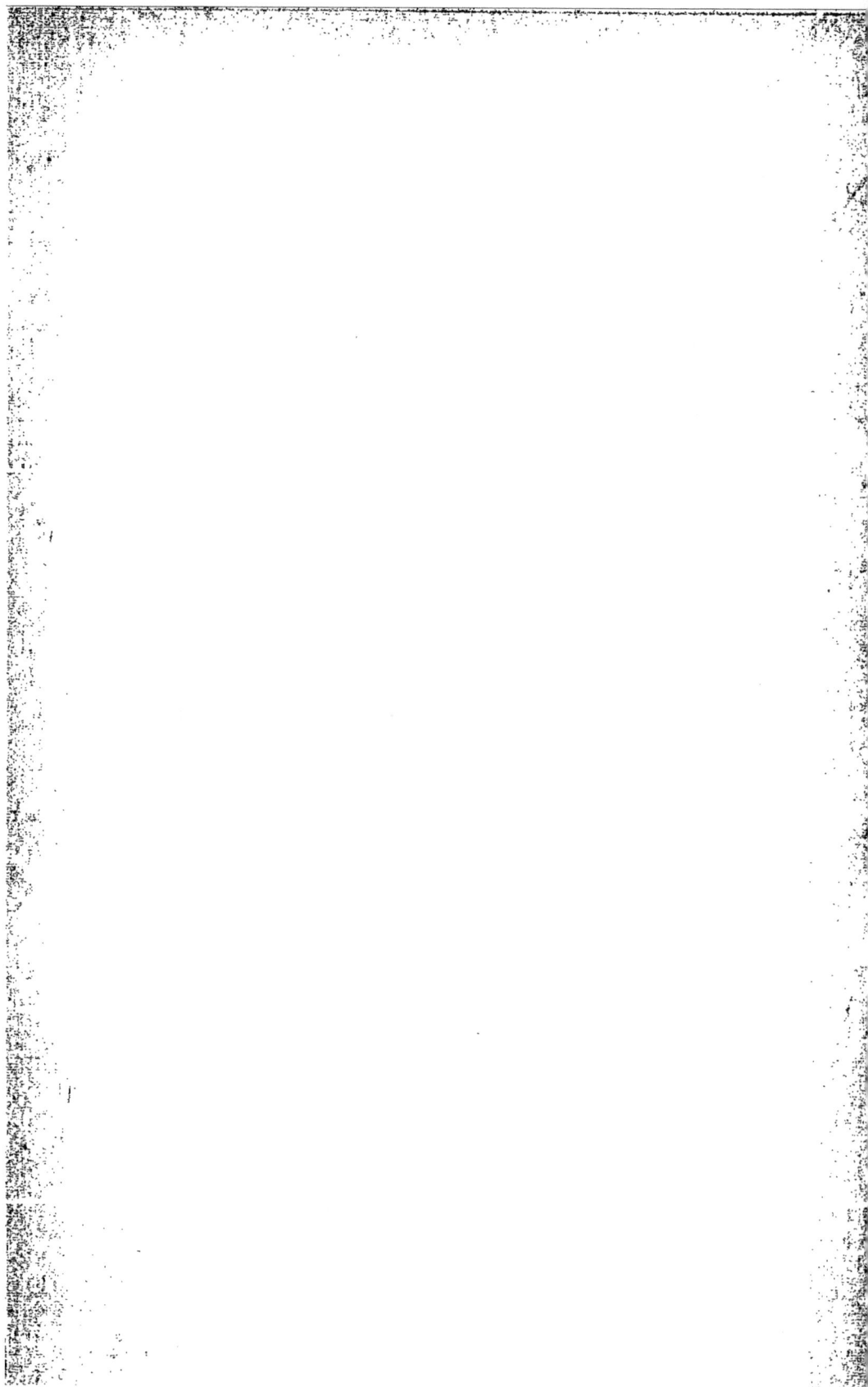

A Monsieur *BLANCKAERT*,

Président de Chambre à la Cour d'appel d'Alger,

Hommage respectueux et reconnaissant.

Сн. BONNET.

Dellys, juillet 1894.

Wormhoudt (Nord), 19 juin 1894.

Mon cher Monsieur Bonnet,

J'accepte avec grand plaisir, et je vous en remercie, votre témoignage de bon souvenir, et je souhaite que mon patronage porte bonheur à votre livre, dont l'utilité, d'ailleurs, ne peut manquer d'assurer le succès. Beaucoup vous en seront reconnaissants.

Bien à vous.

BLANCKAERT.

MANUEL-FORMULAIRE

DES

GREFFIERS DE JUSTICE DE PAIX

EN ALGÉRIE

ET DES

GREFFIERS-NOTAIRES AU TITRE DEUX

PREMIÈRE PARTIE

Des conditions requises pour être greffier de justice de paix en Algérie, greffier-notaire au titre deux ou commis-greffier rétribué par l'État, près la Cour d'appel ou près les tribunaux de 1re instance.

1. Aux termes du décret du 3 septembre 1884, nul ne peut être nommé greffier de justice de paix en Algérie ou commis-greffier rétribué par l'État près la Cour d'appel et les tribunaux de 1re instance si, en dehors des conditions requises d'âge et de moralité, il ne justifie :

1° Qu'il a subi avec succès un examen sur toutes les matières comprises dans les attributions de ces offices et dont nous donnerons plus loin le programme ;

2° Qu'il a travaillé pendant deux ans au moins en Algérie et en qualité soit de commis-greffier rétribué par l'État près un tribunal de 1re instance, soit de commis-greffier de justice de paix, soit de secrétaire de la première Présidence ou de Parquet, soit de clerc appointé chez un notaire, un défenseur, un avoué ou un huissier, soit enfin de commis de l'Enregistrement et des Domaines ou d'une conservation d'Hypothèques.

2. La commission d'examen siége au chef lieu de l'arrondissement judiciaire et est composée : du Président du tribunal et du Procureur de la République ou des magistrats par eux délégués et d'un troisième membre désigné par le Procureur général parmi les greffiers, les notaires, les défenseurs ou avoués, ou les receveurs de l'Enregistrement et des Domaines en exercice dans l'arrondissement.

3. Tout candidat qui possède l'un des certificats d'études de droit administratif, de législation algérienne et de coutumes indigènes, institués par les décrets du 8 janvier 1881 et du 24 juillet 1882, est dispensé de l'examen dont nous venons de parler.

4. Le cautionnement d'un greffier de justice de paix et des greffiers-notaires au titre deux est de 1.500 francs ; il est de 3.000 francs pour les greffiers-notaires au titre premier et de 2.000 francs pour les greffiers des justices de paix d'Alger.

5. Nul ne peut se présenter aux examens s'il n'est Français, âgé de 25 ans au moins, s'il n'est domicilié dans l'arrondissement où fonctionne la commission et s'il n'a accompli le stage prescrit. (Voir ci-après).

6. Tout candidat refusé à un examen ne peut se représenter qu'après un délai de trois mois.

7. Les candidats doivent se faire inscrire, avant l'époque fixée pour l'ouverture des examens, au Parquet du Procureur de la République.

8. Ils sont tenus de produire :

1° Leur extrait de naissance ;

2° Un certificat délivré par le Maire de la localité qu'ils habitent et constatant leur domicile ;

3° Un certificat de stage ;

4° Une déclaration écrite qu'ils ne se sont pas présentés

précédemment aux examens ou qu'il s'est écoulé au moins trois mois depuis leur dernière présentation ;

5° Un extrait de leur casier judiciaire.

9. Ces pièces seront transmises au président de la commission par le Procureur de la République avec tous les renseignements qu'il aura pu recueillir sur la moralité du candidat, sur ses antécédents, etc.

10. Toute production d'acte, de déclaration ou de certificat reconnus faux, entrainera pour celui qui l'aura faite la nullité de l'examen, sous la réserve de telle suite que de droit.

11. L'examen comprend deux épreuves écrites et une épreuve orale.

12. La première épreuve écrite ne doit pas dépasser vingt minutes et se compose d'une dictée de 18 à 20 lignes sur une matière professionnelle.

13. Tout candidat dont l'épreuve ne sera pas écrite très lisiblement ou qui contiendra plus de 5 fautes d'orthographe grammaticale ne sera pas admis aux autres épreuves de l'examen.

14. Le nombre de fautes d'orthographe est compté d'après les règles suivantes : une faute d'orthographe usuelle ou grammaticale compte pour 1 ; l'accent changeant la nature du mot, pour 1/2 : les autres fautes d'accents, de cédilles, de traits d'union, de trémas, de majuscules et de ponctuation sont évaluées dans leur ensemble pour 1 faute ou 1/2 faute.

15. Sont dispensés de cette première épreuve les candidats pourvus d'un certificat d'études primaires ou d'un certificat supérieur.

16. La seconde épreuve écrite qui est de la durée de deux heures, se compose de la rédaction, sans autre livre qu'un code, d'un acte rentrant dans les attributions des greffiers de paix, aux termes du décret du 3 septembre 1884.

17. Cette épreuve reçoit un nombre de points de 0 à **20**; les candidats dont l'épreuve n'obtient pas **10** points ne sont pas admis à l'épreuve orale.

18. L'épreuve orale comprend trois interrogations, une par chaque membre de la commission, portant sur les diverses matières de l'examen et donnant lieu chacune à un nombre de points de 0 à **20**.

19. Les candidats qui dans cette dernière épreuve obtiennent 30 points sont déclarés aptes à remplir les fonctions de greffier de paix ou de commis-greffier rétribué par l'Etat.

20. La commission dressera pour chacun des candidats dont elle aura reconnu l'aptitude un certificat de moralité et de capacité.

21. Ce certificat sera signé par chacun de ses membres et portera d'après l'ensemble des épreuves une des mentions « assez bien, bien, très bien ».

22. Ce certificat sera ainsi conçu :

« Les membres de la commission d'examen de l'arrondissement judiciaire de ... après avoir fait subir au nommé ... les épreuves déterminées par le décret du 3 septembre **1884** et par l'arrêté ministériel du **28** janvier **1885**, le déclarent apte à remplir les fonctions de greffier de justice de paix en Algérie ou de commis-greffier rétribué par l'Etat.

» ..., le ... 18... »

(Signatures).

23. Par une circulaire du **26** février **1885**, M. le Procureur général près la Cour d'appel d'Alger a indiqué les principales matières sur lesquelles les candidats doivent être interrogés et les principaux actes dont la formule doit être connue.

Épreuve écrite

24. Indépendamment de la dictée dont nous avons parlé sous le n° **12**, l'épreuve écrite consiste en la rédaction :

1° D'un acte rentrant dans les attributions d'un greffier de paix et notamment des actes suivants :

Procès-verbal de nomination d'un tuteur et d'un subrogé tuteur à des mineurs orphelins ;

Délibération portant destitution d'un tuteur ;

Délibération qui refuse la tutelle à la mère qui veut se remarier ;

Délibération qui conserve la tutelle en cas de secondes noces ;

Autorisation d'emprunt pour le mineur et d'hypothèque de ses biens ;

Autorisation à un tuteur pour faire vendre les immeubles d'un mineur ;

Acte d'adoption ;

Procès-verbal d'apposition de scellés ;

Procès-verbal de reconnaissance et levée de scellés avec inventaire ;

Apposition de scellés après un jugement déclaratif de faillite ;

Procès-verbal de levée de scellés sur la réquisition du syndic ;

Acte de notoriété pour suppléer un acte de naissance ;

Acte de notoriété pour un demandeur en naturalisation ;

Prestation de serment des préposés et employés devant le juge de paix ;

Taxe pour le transport des pièces à conviction ;

Réquisitoire pour une translation de prévenus qui se trouvent dans l'impossibilité d'aller à pied ;

Taxe à témoin ;

Mandat de taxe délivré au témoin qui se trouve hors d'état de pourvoir aux frais de son déplacement ;

Jugement sur prorogation de juridiction ;

Jugement par défaut contre les défendeurs ;

Jugement de défaut congé contre le demandeur ;

Jugement contradictoire rendu sur opposition ;

Jugement par défaut rendu sur opposition ;

Jugement qui nomme des experts ou ordonne une enquête ;

Procès-verbal de conciliation ou de non-conciliation ;

Jugement de défaut en matière de simple police ;

Jugement contradictoire en matière de simple police sur la poursuite d'une partie civile ou du ministère public ;

Pourvoi contre un jugement de simple police ;

Jugement de défaut ou contradictoire en matière correctionnelle par suite de la compétence étendue fixée par le décret du 19 août 1854 ;

Acte d'appel en matière de simple police ou en matière correctionnelle.

2° D'un acte que comporte l'exercice restreint des fonctions notariales, et notamment des actes suivants :

Vente ;

Bail ;

Marché ;

Cession de créance ;

Procuration ;

Acte de notoriété ;

Inventaire ;

Testament ;

Reconnaissance d'enfant naturel.

3° D'un acte que comporte l'exercice des fonctions de commissaires-priseurs, et, notamment, des actes suivants :

Déclaration préalable à faire au bureau de l'Enregistrement ;

Procès-verbal de prisée dans un inventaire ;

Procès-verbal de vente avec opposition à la vente ;

Déclaration établie conformément à l'arrêté du 27 février 1875, quand le greffier réside dans une localité autre que celle où se trouve le bureau de l'Enregistrement.

Épreuve orale

25. Voici les principales matières sur lesquelles les candidats doivent être interrogés :

26. *Greffe :*

Actes et jugements à délivrer en forme de grosse ;

Délai pour coucher les jugements sur minute et les faire enregistrer ;

Pénalité encourue pour défaut d'enregistrement dans le délai prescrit ;

Obligation du greffier relativement aux jugements qui n'ont pas été enregistrés dans le délai prescrit faute de consignation des droits.

Mention de publicité de l'audience ;

Motifs sur lesquels les jugements sont fondés ;

Mesures à prendre pour assurer la conservation des minutes du greffe et faciliter les recherches ;

Forme et délivrance des expéditions ;

Déplacement des minutes ;

Droits et remises à percevoir, moyens de contrôle ;

Registres à tenir ;

Franchise postale ;

Consignation à rendre par le greffier ;

Indications que doivent contenir les actes de notoriété pour demandes en naturalisation ;

Tarif pour les transports en matière criminelle ;

Mode de procéder devant les tribunaux de simple police ;

Appel des jugements de simple police ;

Tarifs en matière de simple police ;

Pourvoi en cassation contre un jugement de simple police ;

Transmission des extraits de jugement de simple police ;

Droits alloués aux greffiers de paix ;

Affaires musulmanes, tarifs.

27. *Successions vacantes :*

Ordonnance du 26 décembre 1842 ;

Arrêts, décisions, ordonnances, circulaires, décrets, arrêtés sur les successions vacantes en Algérie.

28. *Notariat :*

Formalités relatives à la confection des actes notariés ;
Conditions de la vente ;
Mentions devant figurer sur le répertoire ;
Délais d'enregistrement ;
Personnes pouvant requérir les inventaires ;
Expéditions, grosses ;
Loi du 23 mars 1855 sur les transcriptions ;
Actes permis et actes interdits ;
Actes en brevet et en minute ;
Règles spéciales à l'Algérie ;
Tarifs ;
Terres collectives ;
Concessions (décret du 30 juillet 1878) ;
Protêts.

29. *Commissaires-priseurs :*

Arrêté du 1er juin 1841 ;
Meubles et effets mobiliers qui peuvent être vendus par le greffier remplissant les fonctions de commissaire-priseur ;
Créances, rentes ou autres droits incorporels ; bois, fruits, récoltes sur pied, matériaux provenant de démolition, marchandises provenant de faillite ;
Formalités suivies pour une vente ;
Remise des deniers ;
Tarifs ;
Déclaration préalable, amende encourue à cet effet ;
Ventes dispensées de déclaration préalable ;
Enonciation d'un procès-verbal de vente ;
Opposition à la vente ;
Ressort.

Toutes ces matières vont être traitées dans les trois parties qui suivent.

DEUXIÈME PARTIE

GREFFE

Registres à tenir

30. Les greffiers de justice de paix doivent tenir les registres suivants :

1° Répertoire en matière civile, sur lequel sont inscrits jour par jour les jugements civils et les actes extra-judiciaires ;

2° Répertoire des jugements de simple police, correctionnels et forestiers.

Ces répertoires sont établis sur papier timbré (1 fr. 80) cotés et paraphés par le juge de paix et présentés tous les trois mois, avant le 10 avril, le 10 juillet, le 10 octobre et le 10 janvier, au visa du receveur de l'Enregistrement.

Ils doivent contenir les numéros d'ordre des jugements ou actes, leur nature, noms, prénoms et demeures des parties, dates et droits d'enregistrement :

3° Répertoire des jugements et actes en matière musulmane, coté et paraphé par le juge de paix, établi sur papier libre, contenant les mêmes indications, sauf celles relatives à l'Enregistrement ;

4° Registre des émoluments, sur papier libre, coté et paraphé par le juge de paix, qui doit le vérifier à chaque trimestre et y apposer son visa. Les greffiers inscrivent sur ce registre, jour par jour, toutes les sommes qu'ils reçoivent pour les actes de leur ministère ; les déboursés et les émoluments y sont inscrits dans des colonnes séparées. Il est divisé de la manière suivante : Numéros d'ordre, Nature des actes ou jugements, Dates des actes ou jugements, Nom, prénoms et demeure de la partie poursuivie, Nom, prénoms et demeure de la partie consignataire, Date de la consignation, Montant de la consignation, Coût de la grosse ou expédition, Déboursés, Émoluments, Total, Restitution de la différence, Observations. Les préposés de l'Enregistrement sont autorisés à se faire communiquer ce registre ;

5° Registre des droits de mise au rôle en matière civile ou de simple police avec partie civile. établi sur papier libre contenant : Numéros d'ordre, Date de l'inscription, Noms, prénoms et domicile des demandeurs. Noms, prénoms et domicile des défendeurs, Voie par laquelle l'affaire a été introduite, Objet de la contestation, Résultat de la poursuite, Radiation de l'affaire, Observations ;

6° Répertoire de commissaire-priseur (Voir la 3e partie) ;

7° Registre des successions vacantes (Voir la 5e partie) ;

8° Registres de notaire (Voir la 4e partie) ;

9° Plumitif civil ;

10° Plumitif de simple police et de correctionnelle ;

11° Plumitif forestier ;

12° Plumitif musulman.

Ces quatre derniers registres sont établis sur papier libre et servent à inscrire les notes que le greffier prend à l'audience ;

13° Registre des appels de jugements de simple police et des pourvois en cassation, sur papier libre, sur lequel les greffiers rédigent les actes d'appel ou de pourvoi ;

14° Registre des expertises ordonnées en matière criminelle, sur papier libre, contenant : Numéros d'ordre, Noms des contrevenants, Nature de la contravention, Dates des jugements, Motifs de l'expertise, Date de l'expertise, Coût de l'expertise, Observations ;

15° Registre des allocations perçues par le greffier en exécution de la loi du 2 mai 1861, relative à la légalisation de la signature des notaires et des officiers de l'état-civil, établi sur papier libre, contenant : Numéros d'ordre, Date de la légalisation, Fonctionnaires dont les signatures sont légalisées, Acte légalisé, Date de la légalisation ;

10° Registre des taxes à témoins, sur papier libre, contenant : Numéros d'ordre, Noms et domiciles des témoins, Noms et demeures des prévenus, nature de l'affaire, Date de la taxe, Montant de la taxe, Observations ;

17° Registre des appels musulmans, sur papier libre, servant à inscrire les actes d'appel des jugements rendus en matière musulmane ;

18° Registre des condamnations à l'emprisonnement prononcées pour quelque cause que ce soit, sur papier libre, contenant : numéros d'ordre, Désignation du canton, Noms, prénoms, profession et domicile des condamnés, Nature des contraventions, Durée de la peine prononcée, Date des jugements, Date de l'exécution ;

19° Registre des pièces à conviction, sur papier libre, contenant : Numéros d'ordre, Affaire à laquelle les pièces se rapportent, Nombre et nature des pièces à conviction, Date de la réception des pièces, Date de l'envoi au Parquet, Mode d'envoi, Observations ;

20° Registre des avertissements civils en conciliation, tenu sur papier libre, en exécution de la loi du 2 mai 1855, contenant : Numéros d'ordre, Noms et demeures des demandeurs et défendeurs, Objet de la contestation, Date de l'envoi de l'avertissement, Date de la comparution, Affaires conciliées, Affaires non conciliées (défaut de comparution, autres causes), Observations ;

21° Registre sur papier libre constatant la remise au bureau de poste des avertissements civils en conciliation ;

22° Registre des avertissements musulmans, sur papier libre, contenant : Numéros d'ordre, Noms et demeure des demandeurs, Noms et demeure des défendeurs, Objet de la demande, Date de l'envoi, Date de l'audience, Observations ;

23° Registre des significations en matière musulmane, sur papier libre, sur lequel sont inscrits les jugements musulmans signifiés par les soins du greffier ;

24° Registre sur papier libre, contenant la copie de toutes les circulaires adressées à la Justice de paix.

———

Etats à fournir

31. Les greffiers de Justice de paix doivent remettre au juge les états suivants établis sur des imprimés *ad hoc* :

Etats mensuels

32. Avant le 5 de chaque mois :

1° Etat des condamnations en simple police ;

2° Etat des condamnations en correctionnelle ;

3° Déclaration des avertissements français délivrés par le greffier ;

4° Etat des successions vacantes (en double expédition) ;

5° Procès-verbal de vérification des registres du greffe ;

6° Procès-verbal de vérification du registre des émoluments ;

7° Etat des commissions rogatoires, ou délégations ;

8° Etat des inscriptions d'opposition aux deniers de ventes des meubles, faits par les officiers ministériels du canton ;

9° Procès-verbal de vérification des minutes du greffe ;

10° Etat des contraventions en matière d'indigénat ;

11° Etat des rapports en langue arabe ;

12° Etat des pièces à conviction transmises au Parquet ;

13° Etat des vacations taxées à titre de frais urgents (justice criminelle) ;

14° Etat récapitulatif des états négatifs ;

15° Etat des taxes à témoins (justice criminelle) ;

16° Etat des expertises ordonnées (justice criminelle) ;

17° Etat des condamnations correctionnelles prononcées con're des étrangers ;

18° Déclaration des nationalités faites en vue de réclamer et de décliner la qualité de Français ;

19° Etat des affaires musulmanes ;

20° Etat des appels musulmans interjetés ;

Etats hebdomadaires

33. Le lundi de chaque semaine :

1° Situation de la prison (à fournir par le gardien chef) ;

2° Copie du registre des plaintes.

Etats trimestriels

34. Avant les 5 janvier, 5 avril, 5 juillet et 5 octobre :

1° Compte-rendu statistique de l'administration de la justice pendant le trimestre écoulé ;

2° Rapport sur la situation morale, économique et judiciaire (à établir par le juge) ;

3° Etat des affaires musulmanes (en double) ;

4° Etat des affaires d'indigénat ;

5° Etat des recettes et versements opérés par les syndics des faillites ;

6° Etat numérique des individus jugés en simple police et en correctionnelle pendant le trimestre ;

7° Etat des condamnations prononcées pour jeux de hasard.

Etats semestriels

35. Avant les 5 janvier et 5 juillet :

Procès-verbal de vérification des registres des dépôts de fonds du notaire ou greffier-notaire, dont voici la formule :

PREMIÈRE FORMULE

Procès-verbal de vérification du registre des dépôts de fonds, tenu par M° ..., notaire à ... (ou greffier-notaire à ...)

L'an ... le ... à ... heures ... du ...

Nous, juge de paix du canton de ...

En conformité de la circulaire de M. le Procureur général en date du 25 août 1887,

Avons procédé à la vérification du registre des dépôts de fonds, tenu par M⁰ ..., notaire (ou greffier-notaire) à ..., en exécution de l'arrêté ministériel du 30 décembre 1842.

Nous avons constaté :

1° Que ce registre est régulièrement tenu ;

2° Qu'il est coté et paraphé par le juge de paix de ce canton :

3° Qu'il renferme toutes les énonciations prescrites par l'arrêté ministériel précité, c'est-à-dire qu'il contient l'indication des sommes reçues en dépôt, des noms, prénoms, professions et demeures des déposants, de la date des dépôts et de l'emploi qui a été fait des sommes déposées ;

4° Que depuis le ... (date de la dernière vérification) jusqu'à ce jour, le dit registre renferme l'inscription de ... (nombre) dépôts, dont ... (nombre) intégralement réglés aux intéressés ;

5° Que les autres dépôts consistent en une somme totale de ... qui est encore entre les mains de M⁰ ... qui l'a comptée devant nous ;

6° Et que ces dépôts ont été faits aux dates des ....

Nous avons, en outre, recherché si en dehors des dépôts indiqués au registre, d'autres sommes n'auraient pas été versées entre les mains du dit notaire (ou greffier-notaire). A cet effet, nous nous sommes fait représenter les minutes et le répertoire depuis le ... (date de la dernière vérification) et, particulièrement, les minutes des contrats de vente et des actes d'obligation. Il est résulté de nos recherches que M⁰ ... n'a aucune autre somme en dépôt.

De tout quoi nous avons dressé le présent procès-verbal, les jour, mois et an que dessus.

LE JUGE DE PAIX,

(*Signature*).

Etats annuels

36. Les états annuels ne sont fournis qu'au fur et à mesure des demandes qui en sont faites aux grefliers par le Parquet.

———

Minutes. - Brevets. - Enregistrement. - Timbre

37. On appelle minute l'original d'un jugement ou d'un acte qui doit toujours rester au greffe.

38. Les actes judiciaires sont ceux qui émanent de l'autorité judiciaire, tels que jugements civils, de simple police, correctionnels, forestiers, etc.

39. On appelle actes de greffe, les actes autres que les jugements, que le greffier signe seul ou qu'il signe avec le juge.

40. Les jugements en matière de simple police sans partie civile, correctionnelle ou forestière, sont rédigés sur des imprimés *ad hoc*, timbrés et enregistrés en débet.

41. Les jugements en matière civile et de simple police avec partie civile sont rédigés sur papier timbré à 1 fr. 20, contenant 30 lignes à la page et 20 syllabes à la ligne. Ils peuvent aussi être écrits sur timbre à 1 fr. 80, et dans ce cas, la page peut contenir 40 lignes et la ligne 25 syllabes.

42. Tous les jugements de la même audience sont inscrits les uns à la suite des autres et signés séparément par le juge de paix et le greffier. On forme ordinairement un cahier des jugements rendus pendant un trimestre.

43. Les actes du greffe sont rédigés sur timbre à 0 fr. 60 ou à 1 fr. 20 et contenant également 30 lignes à la page.

44. Les minutes du greffe ne peuvent être déplacées.

45. On appelle brevet l'original d'un acte qui est délivré aux parties ; ce n'est que très rarement qu'un acte peut être délivré en brevet.

46. Le délai pour l'enregistrement des actes et jugements est de **20 jours** ; les greffiers sont tenus d'acquitter les droits d'enregistrement et, en cas de retard, ils supportent personnellement, pour chaque contravention, une amende égale au montant du droit. Lorsque les parties n'ont pas consigné aux mains du greffier dans le délai prescrit pour l'enregistrement, le montant des droits, le recouvrement en est poursuivi par le receveur contre les parties qui supportent en outre la peine du droit en sus. A cet effet, les greffiers fournissent au receveur d'enregistrement, dans les **10 jours** qui suivent l'expiration du délai, des extraits par eux certifiés des actes et jugements dont les droits ne leur ont pas été remis par les parties, à peine d'une amende de **10 fr.** pour chaque acte et jugement et d'être, en outre, personnellement contraints au paiement des doubles droits. Il est délivré aux greffiers, par les receveurs de l'enregistrement, des récépissés des extraits de jugements. Ces récépissés sont inscrits au répertoire du greffier.

47. Sont affranchis des droits de timbre et d'enregistrement, mais non de la formalité, tous les actes et expéditions relatifs à la convocation et à la constitution des conseils de famille des mineurs et interdits indigents ; les minutes des jugements rendus en matière musulmane, sont établies sur papier libre et dispensées de la formalité de l'enregistrement.

Grosses - Expéditions

48. L'expédition est la copie littérale de la minute d'un acte ou jugement et de la mention d'enregistrement.

49. La grosse est la même copie portant en tête le même intitulé que les lois (République Française – Au nom du Peuple Français) et à la fin un mandement aux officiers de justice (Voir formule 2). On peut délivrer grosse de tout acte ou jugement exécutoire.

50. Les expéditions et grosses des jugements civils et des actes du greffe doivent contenir **20** lignes à la page et **10** syllabes à la ligne.

51. Toutes les expéditions et grosses délivrées en matière civile (juridiction contentieuse ou non) par les greffiers des justices de paix sont dispensées du timbre.

52. Les expéditions et grosses des jugements rendus en matière musulmane sont établies sur timbre.

53. Les greffiers ne peuvent délivrer aucune expédition avant la signature et l'enregistrement de la minute.

54. En matière correctionnelle et de simple police, les expéditions peuvent contenir **28** lignes à la page et de **14** à **16** syllabes par ligne, soit que les greffiers les dressent sur papier timbré pour être délivrées aux parties, soit qu'ils les fassent sur papier libre à la requête du ministère public.

DEUXIÈME FORMULE
Grosse – Mandement aux officiers de justice

En conséquence, le Président de la République Française mande et ordonne :

A tous huissiers sur ce requis de mettre le présent jugement à exécution ;

Aux procureurs généraux et aux procureurs de la République près les tribunaux de première instance d'y tenir la main ;

A tous commandants et officiers de la force publique de prêter main forte lorsqu'ils en seront légalement requis.

En foi de quoi les présentes ont été signées et scellées.

Taxe des frais et tarifs

53. Les greffiers de justice de paix d'Algérie perçoivent les droits et remises qui sont alloués aux greffiers de France dans les villes de 40.000 âmes.

54. Les droits de greffe de toute nature perçus au profit du trésor sont supprimés.

55. Deux pages d'expédition ou de grosse forment un rôle pour lequel il est dû 0 fr. 50.

56. Les greffiers ne peuvent exiger aucun droit de recherche des actes et jugements faits ou rendus dans l'année ni de ceux dont ils font les expéditions, mais lorsqu'il n'y a pas d'expédition, il leur est attribué un droit de recherche de 0 fr. 50 pour l'année qui leur est fixée, et dans le cas où il leur serait indiqué plusieurs années, ils perçoivent 0 fr. 50 pour la première année et 0 fr. 25 pour chacune des autres.

57. Il leur est attribué : 0 fr. 25 pour chaque légalisation de signature des officiers publics, 0 fr. 80 pour un procès-verbal de non conciliation. 3 fr. 33 pour chaque vacation de trois heures, pour les conseils de famille, appositions de scellés, reconnaissance et levée de scellés, référés, actes de notoriété et transports en matière civile, 0 fr. 25 pour droit de répertoire de chaque acte ou jugement, 1 fr. 50 pour tout acte, déclaration ou certificat fait ou transcrit au greffe et ne donnant pas lieu à un émolument particulier. tels que dépôts de rapports d'experts, dépôts de copies collationnées, prestations de serment autres que celles des officiers de police judiciaire, pour lesquelles il n'est rien dû, et, en général, pour tous actes rédigés et transcrits par le greffier sur les registres du greffe et donnant lieu à une intervention directe et à un travail personnel ; 0 fr. 25 pour chaque extrait de jugement définitif de simple police ou correctionnel transmis au ministère public pour l'exécution des peines corporelles et au service des contributions diverses, chargé du recouvrement des amendes ; 0 fr. 05 par article porté sur les bordereaux d'envoi des extraits des dits jugements.

58. En matière criminelle, si le greffier se transporte à plus de cinq kilomètres de sa résidence, il reçoit pour tous frais de voyage, de nourriture et de séjour, une indemnité de 6 fr. par jour ; s'il se transporte à plus de deux myriamètres, l'indemnité est de 8 fr. par jour.

59. Aucuns frais ni émoluments ne peuvent être perçus par les greffiers de justice de paix que sur des états dressés par eux, vérifiés et visés par le juge de paix. Ces états sont écrits au bas de l'expédition délivrée par le greffier ; à défaut d'expédition il est dressé un état séparé.

60. Pour tout jugement en matière civile ou de simple police avec partie civile, le greffier doit exiger de la partie une consignation qui ne peut dépasser 3 fr., sauf à exiger, si cela est nécessaire, un supplément pour les droits d'enregistrement ou d'expédition. Cette consignation est uniquement destinée à faire face aux droits de timbre et d'enregistrement du jugement à intervenir et le surplus, s'il y en a, doit être restitué par le greffier à la partie consignataire.

61. Il n'est dû aucune indemnité pour les descentes de lieu en matière de simple police.

62. Il n'est alloué que deux rôles pour l'expédition des jugements de simple police, à moins que, par un avis motivé, le juge de paix fasse connaître qu'il y a eu nécessité de dépasser ce nombre.

63. Pour les tarifs en matière musulmane, voir ce qui sera dit au chapitre intitulé : Justice musulmane.

————

Traitement des greffiers et commis-greffiers

64. Le traitement des greffiers de justice de paix (titre premier ou titre deux) est de 1000 fr. par an.

65. Par décret du 7 janvier 1883, il a été créé vingt-deux justices de paix, savoir :

Aïn-Bessem et Tablat (arrondissement d'Alger) ;

Oued Fodda (arrondissement d'Orléansville) ;

Bou Medfa (arrondissement de Blida) ;

Duvivier et Morris (arrondissement de Bône) ;

Guergour et El Kseur (arrondissement de Bougie) ;

Châteaudun du Rhummel, Condé-Smendou et Fedj-Mezala (arrondissement de Constantine) ;

Mansoura et K'sar et Tir (arrondissement de Sétif) ;

Palikao et Frenda (arrondissement de Mascara) ;

Ammi-Moussa, Aïn el Arba et Lourmel (arrondissement d'Oran) ;

Bou Kanéfis et Mercier-Lacombe (arrondissement de Sidi Bel Abbès) ;

Remchi et Sebdou (arrondissement de Tlemcen).

66. Dans ces justices de paix, si le produit des offices (greffe, notariat, successions vacantes, commissaires priseurs) joint au traitement fixe, n'assurait pas aux greffiers 2.400 fr. de revenu, il peut leur être alloué, à titre complémentaire et transitoire, sur états présentés par eux et dûment contrôlés, une somme annuelle ne dépassant pas 800 fr.

67. Dans les justices de paix pourvues d'un juge suppléant rétribué, il a été créé des emplois de commis-greffiers salariés par l'État au traitement annuel de 500 fr.

68. Ce traitement étant insuffisant, les greffiers ont été invités à fournir de leurs deniers un supplément de 700 fr.

Actes principaux du greffe

Déclarations faites en vue de réclamer la qualité de Français
(loi du 22 juillet 1893)

58. Dans certains cas, ci-après mentionnés, il est permis d'acquérir la qualité de Français par voie de simple déclaration faite en double exemplaire, sur papier timbré, devant le juge de paix du canton dans lequel réside le déclarant qui doit être assisté de deux témoins certifiant son identité.

59. *Premier cas.* — Tout individu né en France d'un étranger et qui n'y est pas domicilié à l'époque de sa majorité, peut, jusqu'à l'âge de 22 ans accomplis, faire sa soumission de fixer en France son domicile, et, s'il l'y établit dans l'année à compter de l'acte de soumission, réclamer, jusqu'à l'âge de 23 ans accomplis, la qualité de Français par une déclaration qui est enregistrée au ministère de la justice.

TROISIÈME FORMULE

Déclaration en vue de réclamer la qualité de Français faite par un individu né en France, de père et mère nés à l'étranger et qui n'est pas domicilié en France au moment de sa majorité.

L'an ... et le ... du mois de ... par devant nous, juge de paix du canton de ... arrondissement de ... département de ... s'est présenté le sieur ... (nom, prénoms) né le ... à ... (profession, domicile) lequel nous a déclaré qu'il était né de ... (nom, prénoms, date, lieu de naissance, domicile des père et mère) mais que, n'étant pas domicilié en France à l'époque de sa majorité, il avait fait le ... à ... devant M. le consul de France en cette ville, sa soumission de fixer son domicile en France dans l'année de sa déclaration et réclamait, par suite, aujourd'hui, en vertu de l'article 9 du code civil, la qualité de Français.

A l'appui de sa déclaration, le sieur ... nous a remis :

1° Son acte de naissance ;

2° L'acte de mariage de ses père et mère (original et traduction) ;

3° L'acte de soumission dont il est parlé ci-dessus ;

4° L'extrait du casier judiciaire,

Pièces qui seront annexées à la déclaration qui doit être adressée au ministère de la Justice pour y être enregistrée ; cette formalité étant exigée par la loi à peine de nullité.

Étaient présents :

Le sieur ... (nom et prénoms) âgé de ... profession de ... domicilié à ...

Et le sieur ... (mêmes indications)

Lesquels nous ont attesté l'individualité du comparant, ont déclaré que ce qui précède est à leur connaissance personnelle et ont signé avec le déclarant et nous, juge de paix et greffier, après lecture faite.

60. *Deuxième cas.* — Lorsque l'individu qui réunit les conditions indiquées dans le premier cas ne veut pas attendre l'âge de sa majorité pour réclamer la qualité de Français, la déclaration doit être souscrite par son père ; en cas de décès du père, par la mère, et si tous les deux sont morts ou exclus de la tutelle, par le tuteur autorisé par une délibération du conseil de famille.

QUATRIÈME FORMULE

Déclaration en vue de réclamer la qualité de Français faite au nom d'un mineur qui est né en France, de père et mère nés à l'étranger, et qui est actuellement domicilié en France.

L'an ... et le ... du mois de ... par devant nous, juge de paix du canton de ... arrondissement de ... département de ... s'est présenté le sieur ... (nom et prénoms) né à ... le ... (profession, domicile) lequel nous a déclaré que de son mariage avec ... (noms et prénoms, date, lieu de naissance de la femme) étaient issus ... enfants :

1º ... ; 2º .. ; 3º ... (noms, prénoms, dates et lieux de naissance)

et que voulant, bien qu'ils soient encore mineurs, leur assurer la qualité de Français, il réclamait au nom de ceux-ci, la nationalité de Français en vertu de l'article 9 du Code civil et renonçait, en tant que besoin, par avance au droit que leur confère l'article 8 du Code civil, de décliner la nationalité française dans l'année de leur majorité.

A l'appui de sa déclaration, le sieur ... nous a remis :

1º Son acte de mariage (les pièces en langue étrangère doivent être accompagnées de leur traduction); si l'acte de mariage n'indique pas les noms, prénoms, dates et lieux de naissance des conjoints, les actes de naissance doivent être exigés.

2º Les actes de naissance des ... enfants ;

3º L'extrait du casier judiciaire de chacun de ses enfants,

Pièces qui seront annexées à la déclaration qui sera transmise au ministère de la Justice, pour y être enregistrée, cette formalité étant prescrite à peine de nullité.

Etaient présents :

1º Le sieur ... (nom, prénoms) âgé de ... profession de ..., demeurant à ... ;

2º Et le sieur ... (mêmes indications).

Lesquels nous ont attesté l'individualité du comparant, ont déclaré que ce qui précède est à leur connaissance personnelle et ont signé, avec le déclarant et nous, juge de paix, après lecture faite.

64. *Troisième cas.* — La faculté de réclamer la qualité de Français, sous forme de simple déclaration, est encore accordée à tout individu né en France ou à l'étranger, de parents dont l'un a perdu la qualité de Français.

Dans ce cas, les enfants mineurs du déclarant deviennent français par le fait seul de cette déclaration, mais ils peuvent décliner cette qualité dans l'année qui suit leur majorité. Il convient donc que le père renonce en leur nom à cette faculté pour assurer l'unité de nationalité dans la famille.

Quant à la femme du déclarant, si elle est étrangère, la déclaration ne peut produire aucun effet à son égard.

CINQUIÈME FORMULE

Déclaration en vue de réclamer la qualité de Français, faite par un individu né à l'étranger de parents dont l'un a perdu la qualité de Français (elle peut être souscrite au nom du mineur).

L'an ... et le ... du mois de ... par devant nous, juge de paix du canton de ... arrondissement de ... département de ... s'est présenté le sieur ... (nom et prénoms) né le ... à ... (profession, domicile) célibataire ou époux de ... ou veuf de ... (nom, prénoms, date et lieu de naissance de la femme) lequel nous a déclaré que son père (noms, prénoms, date et lieu de naissance, domicile) ayant perdu la qualité de Français en ... (se rapporter à l'article 17 du Code civil et indiquer la cause qui a fait perdre la qualité de Français), il réclamait la qualité de Français en vertu de l'article 10 du Code civil.

A l'appui de sa déclaration, le sieur ... nous a remis :

1° Son acte de naissance (les pièces en langue étrangère devront être accompagnées de leur traduction) ;

2° L'acte de naissance ou de mariage de son père et toute autre pièce nécessaire pour établir sa nationalité française ;

3° L'acte de naissance ou de mariage de son grand père paternel (quand le père du déclarant est né après le 18 mars 1803) ;

4° L'extrait du casier judiciaire français ;

5° La pièce qui atteste que le père a perdu la qualité de Français, quand la perte de la qualité de Français ne résulte pas d'un fait historique.

Le sieur ... nous a déclaré, en outre, que de son mariage étaient issus ... enfants

Enfants du déclarant nés à l'étranger ou en France d'une mère née à l'étranger :

1° ... ; 2° ... ; 3° ... ; 4° ... (noms, prénoms, dates et lieux de naissance des enfants)

et que voulant assurer définitivement à ceux-ci la qualité de Français qu'ils viennent d'acquérir par le fait de sa déclaration, il renonce en leur nom au droit que leur confère l'article 12 du Code civil, de décliner cette qualité dans l'année de leur majorité.

A l'appui de sa déclaration, le sieur ... nous a remis les actes de naissance de ses enfants ci-dessus prénommés :

Le sieur ... nous a déclaré, en outre, que de son mariage étaient issus ... enfants :

Enfants du déclarant nés en France d'une mère née elle-même en France :

1° ... ; 2° ... ; 3° ... ; 4° ... (noms, prénoms, dates et lieux de naissance des enfants)

et que voulant assurer définitivement à ceux-ci la qualité de Français, il renonce en leur nom au droit que leur confère l'article 8 du Code civil de décliner cette qualité dans l'année de leur majorité.

A l'appui de sa déclaration, le sieur ... nous a remis les actes de naissance de ses enfants ci-dessus prénommés.

Ensuite est intervenue la dame (nom, prénoms, date et lieu de naissance) laquelle, mise en demeure de faire connaître si elle désirait suivre son mari dans sa nouvelle nationalité, nous a répondu affirmativement et a déposé entre nos mains : 1° une demande sur papier timbré tendant : à la naturalisation si elle est d'origine étrangère ; à la réintégration si elle est d'origine française ; 2° son acte de mariage — ou négativement.

Toutes les pièces ci-dessus énumérées sont annexées à la déclaration qui sera transmise au ministère de la Justice pour y être enregistrée, cette formalité étant exigée par la loi à peine de nullité.

Étaient présents :

Le sieur... (nom, prénoms) âgé de ... profession de ... demeurant à ...

Et le sieur ... (mêmes indications).

Lesquels nous ont attesté l'individualité du déclarant, ont déclaré que ce qui précède est à leur connaissance personnelle et ont signé avec le déclarant et nous, juge de paix, après lecture faite.

SIXIÈME FORMULE

Déclaration en vue de réclamer la qualité de Français faite par un individu né sur le territoire français de parents dont l'un a perdu la qualité de Français, ou de parents nés à l'étranger et ayant perdu la qualité de Français avant sa naissance.

L'an ... et le ... du mois de ... par devant nous, juge de paix du canton de ... arrondissement de ... s'est présenté le sieur ...(nom, prénoms) né le ... à ... profession de ... demeurant à ... célibataire, ou époux de ... ou veuf de ... (nom, prénoms, date et lieu de naissance) ayant perdu la qualité de Français en...(se reporter à l'article 17 du Code civil et indiquer la cause qui a fait perdre la qualité de Français par application de l'article 10 du Code civil).

Le sieur ... nous a déclaré en outre que bien que né en France, il n'y habitait pas lors de sa majorité et qu'il n'a pas été appelé à prendre part au recrutement.

A l'appui de sa déclaration, le sieur ... nous a remis :

1° Son acte de naissance ;

2° L'acte de mariage de son père (si l'acte de mariage n'indique pas l'état-civil des conjoints, il y a lieu de réclamer en outre les actes de naissance des père et mère) ;

3° La pièce qui atteste que son père a perdu la qualité de Français ;

4° Le certificat officiel dûment légalisé, établissant le domicile du déclarant lors de sa majorité ;

5° L'extrait du casier judiciaire.

Le sieur ... nous a déclaré en outre que de son mariage

étaient nés, à l'étranger, ... enfants

Enfants du déclarant nés à l'étranger :

1° ...; 2° ...; 3° ... (noms prénoms, dates et lieux de naissance des enfants)

et que, voulant assurer définitivement à ceux-ci la qualité de Français qu'ils viennent d'acquérir par le fait de sa déclaration, il renonce en leur nom au droit que leur confère l'article 12 du Code civil de décliner cette qualité dans l'année de leur majorité.

À l'appui de sa déclaration, le sieur ... nous a remis les actes de naissance de ses enfants ci-dessus prénommés.

Ensuite est intervenue la dame ...(nom, prénoms, date et lieu de naissance), laquelle, mise en demeure de faire connaître si elle désirait suivre son mari dans sa nouvelle nationalité, nous a répondu affirmativement et a déposé entre nos mains : 1° une demande sur papier timbré tendant : à la naturalisation si elle est d'origine étrangère ; à la réintégration si elle est d'origine française ; 2° son acte de mariage — ou négativement.

Toutes les pièces ci-dessus énumérées seront annexées à la déclaration qui sera transmise au ministère de la Justice pour être enregistrée, cette formalité étant prescrite par la loi à peine de nullité.

Étaient présents :

Le sieur ... (nom et prénoms) âgé de ... profession de ... demeurant à ...

Et le sieur ... (mêmes indications que ci-dessus) :

Lesquels nous ont attesté l'individualité du déclarant, ont déclaré que ce qui précède est à leur connaissance personnelle et ont signé avec le déclarant et nous, juge de paix, après lecture faite.

Déclarations faites en vue de décliner la nationalité française

62. *Premier cas.* — Tout individu né en France de parents étrangers dont l'un y est lui-même né, est Français, sauf la faculté pour lui, si c'est la mère qui est née en France, de décliner, dans l'année qui suivra sa majorité, la qualité de français.

63. *Deuxième cas.* — Est Français tout individu né en France d'un étranger et qui, à l'époque de sa majorité, est domicilié en France, sauf la faculté pour lui de décliner la qualité de Français dans l'année qui suit sa majorité, telle qu'elle est fixée par la loi française.

64. *Troisième cas.* — Deviennent français les enfants mineurs d'un père ou d'une mère survivante qui se font naturaliser Français à moins que, dans l'année qui suivra leur majorité, ils ne déclinent cette qualité.

65. *Quatrième cas.* — Les enfants mineurs d'un père ou d'une mère qui ont perdu la qualité de Français et qui la recouvrent en vertu d'un décret de réintégration, deviennent français, à moins que dans l'année qui suit leur majorité, ils ne déclinent cette qualité.

SEPTIÈME FORMULE

Déclaration en vue de décliner la qualité de Français faite soit par l'individu majeur né en France d'un père né à l'étranger et d'une mère née en France, soit par l'individu majeur né en France de père et mère nés à l'étranger, et domicilié en France à l'époque de sa majorité, soit par l'individu majeur né en France ou à l'étranger d'un père ou d'une mère survivante devenus français par voie de naturalisation ou de réintégration.

L'an ... et le ... du mois de ... par devant nous, juge de paix du canton de ... arrondissement de ... département de ..., s'est présenté le sieur ... (nom et prénoms) né le ... à ... (profession) ... demeurant à ... lequel nous a déclaré qu'étant né en France de ... (nom, prénoms, lieu et date de naissance du père) et de ...(nom, prénoms, date et lieu de naissance de la mère) et y étant domicilié, il voulait décliner la qualité de Français que lui conférait l'article 8 du Code civil et réclamait sa nationalité.

A l'appui de sa déclaration le sieur ... nous a remis :

1° Son acte de naissance (les pièces en langue étrangère devront être accompagnées de leur traduction);

2° Les actes de naissance et de mariage de ses père et mère;

3° Une attestation en due forme du gouvernement du pays dont il se réclame et constatant qu'il est considéré comme son national.

4° Un certificat constatant qu'il a répondu dans son pays d'origine à l'appel sous les drapeaux.

Pièces qui seront annexées à la déclaration qui doit être adressée au ministère de la Justice pour y être enregistrée, cette formalité étant prescrite par la loi à peine de nullité.

Étaient présents :

Le sieur ... (nom, prénoms et profession) demeurant à ...

Et le sieur (mêmes indications),

Lesquels nous ont attesté l'individualité du comparant et ont déclaré que ce qui précède est à leur connaissance personnelle.

Avant de clore, nous avons fait observer au déclarant que dans le cas où il solliciterait ultérieurement la naturalisation, cette faveur lui serait refusée.

Après lecture faite, le déclarant a signé avec les témoins et nous, juge de paix.

Des renonciations à la faculté de répudiation

66. Les individus auxquels la loi reconnaît la faculté de répudier la qualité de Français peuvent être admis à fixer définitivement leur nationalité en renonçant par anticipation à la faculté de répudiation.

HUITIÈME FORMULE

Déclaration en vue de renoncer à se prévaloir de la qualité d'étranger faite soit au nom du mineur devenu Français par suite de la naturalisation ou de la réintégration de son père ou de sa mère survivante, soit par l'intéressé lui-même se trouvant dans l'année de sa majorité.

L'an ... et le ... du mois ... par devant nous, juge de paix du canton de ... arrondissement de ... département de ... s'est présenté le sieur ... (nom, prénoms) né le ... à ... (profession, domicile), époux de ... ou veuf de ... (nom, prénoms, date et lieu de naissance de la femme) naturalisé (ou réintégré dans la qualité de) Français par décret du Président de la République en date du ... lequel nous a déclaré que, voulant assurer définitivement à son fils (nom, prénoms, date et lieu de naissance) la qualité de Français que celui-ci a acquise par suite du décret sus-visé, il renonce en son nom aux droits que lui confère l'article 12 du Code civil (quand le père a été naturalisé), et l'article 18 du code civil (quand le père a été réintégré) de décliner cette qualité dans l'année de sa majorité.

A l'appui de sa déclaration, le sieur ... nous a remis :

1° L'acte de naissance de son fils ;

2° Son acte de naissance ou de mariage ;

3° L'ampliation du décret d'où résulte pour lui la qualité de Français ou une copie dûment certifiée conforme de ce document.

4° L'extrait du casier judiciaire français de son fils.

Pièces qui seront annexées à la déclaration qui doit être adressée au ministère de la Justice pour y être enregistrée ; cette formalité étant prescrite par la loi à peine de nullité.

Étaient présents ;

Le sieur (nom, prénoms) âgé de ... profession de ... demeurant à ...

Et le sieur ... (mêmes indications),

Lesquels nous ont attesté l'individualité du comparant, ont déclaré que ce qui précède est à leur connaissance personnelle et ont signé avec le déclarant et nous, juge de paix, après lecture faite.

NEUVIÈME FORMULE

Déclaration en vue de renoncer à se prévaloir de la qualité d'étranger faite soit au nom du mineur né en France d'un père né à l'étranger et d'une mère née en France, soit par l'intéressé lui-même se trouvant dans l'année de sa majorité.

L'an ... et le ... du mois de ... par devant nous, juge de paix du canton de ... arrondissement de ... département de ... s'est présenté le sieur ... (nom et prénoms) né le ... à ... (profession, domicile) époux de ... ou veuf de ... (nom, prénoms, date et lieu de naissance de la femme), lequel nous a déclaré que voulant assurer définitivement à ses enfants

1° ...; 2° ... (noms, prénoms, dates et lieux de naissance des enfants)

la qualité de Français qu'ils tiennent de leur naissance, il renonce en leur nom au droit que leur confère l'article 8 du code civil de décliner cette qualité dans l'année de leur majorité.

A l'appui de sa déclaration, le sieur ... nous a remis :

1° Les actes de naissance de ses enfants ;

2° L'extrait du casier judiciaire de ceux-ci ;

3° Son acte de mariage (si ce document ne donne pas les noms et prénoms, dates et lieux de naissance des conjoints, les actes de naissance des père et mère doivent être en outre exigés).

Pièces qui seront annexées à la déclaration qui doit être adressée au ministère de la Justice pour y être enregistrée, cette formalité étant prescrite par la loi, à peine de nullité.

Étaient présents :

Le sieur (nom, prénoms) âgé de ... profession de ... demeurant à ...

Et le sieur ... (mêmes indications),

Lesquels nous ont attesté l'individualité du comparant, ont déclaré que ce qui précède est à leur connaissance personnelle

et ont signé avec le déclarant et nous, juge de paix, après
lecture faite.

———

Naturalisation par décret

67. L'indigène musulman, quoique sujet français, est régi
par la loi musulmane. Il peut, sur sa demande, être admis à
jouir des droits de citoyen français, et dans ce cas, il est régi
par les lois civiles et politiques de la France.

68. L'étranger qui justifie de trois années de résidence en
Algérie peut être admis à jouir de tous les droits de citoyen
français.

69. Pour l'indigène musulman, comme pour l'étranger, la
qualité de citoyen français est conférée par décret et ne peut
être obtenue qu'à l'âge de 21 ans accomplis.

70. La résidence de l'étranger en Algérie doit être justifiée
par un acte de notoriété établi sur l'attestation de 4 témoins,
devant le juge de paix du canton où réside le demandeur en
naturalisation. Cet acte est délivré en brevet et dispensé d'homologation.

71. Les indigènes musulmans et les étrangers résidant en
Algérie qui réclament la qualité de citoyen français, doivent
produire leur acte de naissance et, à défaut, un acte de notoriété dressé sur l'attestation de 4 témoins par le juge de paix,
s'il s'agit d'un étranger et par le cadi, s'il s'agit d'un indigène.

71. Les actes de notoriété produits, soit pour les indigènes
musulmans, soit pour les étrangers ayant préalablement
justifié de leur indigence, sont visés pour timbre et enregistrés
gratis. Dans ce cas, les émoluments du greffier sont fixés à
un franc.

72. Toutes les fois que l'époque de la naissance et la durée du séjour en Algérie peuvent être constatés devant le même juge de paix ou le même cadi, cette constatation est faite par un seul et même acte de notoriété.

73. Les actes de notoriété relatifs à une demande de naturalisation doivent contenir non seulement l'année de la naissance des postulants, mais encore le mois et le jour et mentionner en outre les noms des père et mère des intéressés.

74. Dans le cas où le requérant et les témoins ne pourraient indiquer la date précise de la naissance des postulants, l'acte doit contenir une déclaration constatant cette impossibilité et en indiquer les motifs.

DIXIÈME FORMULE
Acte de notoriété justifiant de la résidence

L'an ... le ...

Devant nous, ... juge de paix du canton de ... arrondissement de ... département de ... assisté de M⁰ ... greffier de cette justice de paix, étant en notre cabinet,

Ont comparu :

1° M. ... ; 2° M. ... ; 3° M. ... ; 4° M. ...

Lesquels ont déclaré parfaitement connaître M. ... (nom et prénoms, tels qu'ils sont orthographiés dans l'acte de naissance) cultivateur, demeurant à ... fils de ... et de ... né à ... le ... célibataire ou (époux de ... avec ... enfants).

Et ils ont attesté pour vérité et notoriété publique à tous ceux qu'il appartiendra :

Que ledit M. ... réside en Algérie depuis l'année ... (au moins trois ans);

Qu'à cette époque il habitait à ... commune de ... où il est resté jusqu'au ...

Qu'à cette dernière date il est venu habiter la commune de ... qu'il n'a pas quittée jusqu'à ce jour ;

Qu'il réunit par conséquent les conditions de résidence en

Algérie, prescrites par l'article 3 du Sénatus-consulte du 14 juillet 1865 ;

Et qu'il est de bonnes vie et mœurs.

Desquelles déclarations et attestations les comparants ont requis acte que nous leur avons octroyé pour servir et valoir ce que de droit.

Lecture faite, ils ont signé avec nous et le greffier.

— —

Concessions de terres en Algérie

75. A l'appui d'une demande en concession de terres, le demandeur doit fournir un acte de notoriété passé devant le juge de paix et établissant ses ressources pécuniaires. Cet acte est délivré en brevet, établi sur timbre et enregistré. Il est alloué au greffier pour vacation 2 fr.

ONZIÈME FORMULE

Acte de notoriété à produire pour obtenir une concession de terres en Algérie

L'an ... le ... (Voir formule 10).

Ont comparu :

1° M. ... ; 2° M. ... ; 3° M. ... ; 4° M. ...

Lesquels ont déclaré parfaitement connaître M. ... (nom et prénoms exacts), cultivateur, demeurant à ..., célibataire (ou marié à ..., ayant ... enfants),

Et ils ont attesté pour vérité et notoriété publique à tous ceux qu'il appartiendra :

Que le dit M. ... se propose de demander au Gouvernement une concession de terres en Algérie ;

Qu'il possède les ressources pécuniaires suffisantes prescrites par la loi, et notamment :

1° Un mobilier d'une valeur de ... ;

2° ... (indiquer les immeubles que peut posséder le demandeur et leur valeur) ;

3° Et une somme de ... actuellement disponible, entièrement libre de toutes dettes et charges, qu'il se propose d'employer à l'exploitation des terrains qui lui seront concédés.

Desquelles déclarations..... (Voir formule 10).

_____

Acte de notoriété pour suppléer un acte de naissance

76 Aux termes de l'article 70 du Code civil, lorsque l'un des futurs époux se trouve dans l'impossibilité de se procurer son acte de naissance, il peut le suppléer en rapportant un acte de notoriété délivré par le juge de paix du lieu de sa naissance ou par celui de son domicile.

77. Cet acte doit contenir la déclaration faite par sept témoins de l'un ou de l'autre sexe, parents ou non parents, des prénoms, nom, profession et domicile du futur époux et de ceux de ses père et mère, s'ils sont connus ; le lieu et, autant que possible, l'époque de sa naissance et les causes qui empêchent d'en rapporter l'acte. Il n'est pas indispensable que les témoins sachent signer.

78. L'acte de notoriété doit être, ensuite, soumis à l'homologation du tribunal de première instance.

DOUZIÈME FORMULE
Acte de notoriété pour suppléer un acte de naissance

L'an ... (Voir formule 10).

Ont comparu :

1° M. ... (7 témoins).

Lesquels ont déclaré parfaitement connaître M. ... (nom

et prénoms) employé, demeurant à ... se trouvant sur le point de contracter mariage.

Et ils ont attesté pour vérité et notoriété publique à tous ceux qu'il appartiendra :

Que ledit M. ... est né à ... le ... (ou en l'année ..., sans qu'ils puissent préciser le jour ni le mois de la naissance).

Qu'il est le fils légitime de ... et de ...

Qu'il n'est point à leur connaissance qu'il ait jamais contracté mariage, soit dans son pays, soit ailleurs ;

Et qu'il est dans l'impossibilité de se procurer son acte de naissance par le motif que.....

Desquelles déclarations..... (Voir formule 10).

Conseils de famille

79. Le conseil de famille est une assemblée de parents ou, à défaut de parents, d'amis, présidée par le juge de paix, qui a voix délibérative et prépondérante, et dont les attributions consistent à nommer et destituer les tuteurs ou subrogés tuteurs, à surveiller la gestion des tuteurs, à les autoriser à faire certains actes juridiques et à donner son avis sur les affaires qui intéressent la personne et les biens d'un mineur, d'un interdit ou d'un absent, et en général, de ceux qui n'ont pas la capacité légale pour diriger leur personne et leurs biens.

80. Outre le juge de paix, le conseil de famille se compose de six parents ou alliés pris tant dans la commune du lieu où la tutelle s'est ouverte, que dans la distance de deux myriamètres, moitié du côté paternel et moitié du côté maternel, en suivant l'ordre de proximité dans chaque ligne. Le parent

doit être préféré à l'allié du même degré, et parmi les parents du même degré, le plus vieux au plus jeune.

81. Les frères germains du mineur et les maris des sœurs germaines sont seuls exceptés de la limitation du nombre ci-dessus posé ; s'ils sont six et au-delà, ils sont tous membres du conseil de famille qu'ils composent seuls avec les veuves d'ascendants et les ascendants valablement excusés, s'il y en a.

82. S'ils sont en nombre inférieur, les autres parents ne sont appelés que pour compléter le conseil.

83. Lorsque les parents ou alliés de l'une ou de l'autre ligne se trouvent en nombre insuffisant sur les lieux ou dans la distance ci-dessus fixée, le juge de paix peut appeler au conseil, soit des parents ou alliés domiciliés à de plus grandes distances, soit, dans la commune même, des citoyens connus pour avoir eu des relations habituelles d'amitié avec le père ou la mère du mineur.

84. Ne peuvent être membres d'un conseil de famille :

1° Les étrangers ;

2° Les femmes à l'exception de la mère et des autres ascendantes ;

3° Les mineurs à l'exception du père et de la mère ;

4° Les individus auxquels les tribunaux correctionnels ont interdit le droit de vote et de suffrage dans les assemblées de famille ;

5° Les personnes qui ont encouru la dégradation civique, soit comme peine principale, soit comme conséquence d'une condamnation à une peine afflictive ou infamante.

6° Les interdits et les aliénés non interdits ;

7° Les personnes pourvues d'un conseil judiciaire ;

8° Les individus exclus ou destitués d'une tutelle ;

9° Les personnes qui ont, ou dont les père et mère ont avec le mineur un procès dans lequel l'état de ce mineur, sa fortune ou une partie notable de ses biens sont compromis ;

10° Les personnes intéressées à la décision d'une question soumise au conseil.

85. Le juge de paix convoque le conseil de famille d'office, quand il s'agit de nommer ou de remplacer un tuteur ou un subrogé tuteur. Cette convocation se nomme cédule.

86. Tout parent, allié, ou ami convoqué, et qui, sans excuse légale, ne comparait pas, soit en personne, soit par un mandataire, encourt une amende qui ne peut excéder 50 fr. et qui est prononcée sans appel par le juge de paix.

87. La présence des trois quarts au moins des membres convoqués est indispensable pour qu'on puisse délibérer.

88. La majorité absolue des suffrages est nécessaire pour former la délibération.

89. Toute délibération qui n'est pas unanime doit contenir l'avis de chacun des membres qui composent le conseil, à moins que la délibération ne soit sujette à homologation.

90. Lorsque la délibération prononce une exclusion ou une destitution de tuteur, elle doit être motivée et ne peut être prise qu'après avoir entendu ou appelé le tuteur.

91. Il n'y a lieu à homologation de la délibération que quand le conseil autorise le tuteur à transiger, à aliéner un immeuble du mineur, à l'hypothéquer, à emprunter, ou quand il statue sur l'exclusion ou la destitution du tuteur, et que celui-ci, exclu ou destitué, n'adhère pas à la délibération.

TREIZIÈME FORMULE

Procès-verbal de nomination d'un tuteur et d'un subrogé tuteur à des mineurs orphelins

L'an ... et le ...

Devant nous ... (Voir formule 10).

A comparu :

M. ... (parent ou ami des mineurs).

Lequel nous a exposé :

Que du mariage de M... en son vivant ... et de Mme ... en son vivant ... demeurant à ..., sont issus trois enfants mineurs qui sont : 1° .. né à .. , le ...; 2° ...; 3° ...

Que les époux ... sont décédés à ... le mari le ... et la femme le ...

Que ne se trouvant plus d'ascendants ni de tuteur choisi par le dernier mourant des époux ... il est urgent de nommer auxdits mineurs un tuteur et un subrogé tuteur.

Qu'à cet effet, il a, sur notre indication verbale, convoqué et réuni à ces jour, heure et lieu, les membres devant composer le conseil de famille desdits mineurs,

Et qu'il nous prie de présider ce conseil et de délibérer avec lui.

Lecture faite, il a signé.   (*Signature.*)

Ont aussitôt comparu :

Du côté paternel :

1° ...; 2° ...; 3° ... (Indiquer le degré de parenté avec les mineurs) ;

Du côté maternel ;

1° ...; 2° ...; 3° ... (Comme ci-dessus).

(Si les parents ou alliés sont en nombre insuffisant et que des amis soient appelés au conseil, il y a lieu d'ajouter : MM. ..., connus pour avoir eu des relations habituelles d'amitié avec les père et mère des mineurs et appelés à faire partie du conseil à défaut de parents ou alliés dans la distance légale.)

Lesquels, constitués en conseil de famille, sous notre présidence, après avoir délibéré avec nous,

Ont été d'avis, à l'unanimité (ou à la majorité de ... voix contre ...).

De nommer, comme de fait ils nomment, pour tuteur des mineurs ... M. ..., qui a déclaré accepter, a promis de bien et fidèlement remplir sa mission et s'est retiré.

Ensuite, et sans la participation du tuteur, il a été délibéré sur la nomination d'un subrogé tuteur.

A l'unanimité des voix, le conseil a nommé pour remplir cette fonction M. ..., qui a déclaré accepter.

De tout quoi, nous avons dressé le présent procès-verbal que nous avons signé avec les membres du conseil et le greffier.

(Si l'un des membres ne sait signer : De tout quoi nous avons dressé le présent procès-verbal que nous avons signé avec MM. ... et le greffier ; quant à MM. ..., ils ont déclaré ne savoir signer, de ce requis.)

QUATORZIÈME FORMULE
Délibération portant destitution d'un tuteur

L'an ... le ... (Formule 10).

A comparu :

M. ... (subrogé tuteur du mineur).

Agissant en qualité de subrogé tuteur du mineur ... né à ... le ..., nommé à cette fonction suivant délibération du conseil de famille dudit mineur, tenue sous la présidence de M. le juge de paix de ce canton, le ...

Lequel nous a exposé :

Que par délibération du conseil de famille du mineur ... en date du ..., M. ... (tuteur) commerçant, demeurant à ..., a été nommé tuteur dudit mineur ;

Que ce tuteur ne remplit pas convenablement les fonctions qui lui ont été confiées ;

Qu'il s'adonne à la boisson et donne ainsi de mauvais exemples à son pupille ;

Qu'il a contracté l'habitude de s'enivrer depuis .... et qu'il est aujourd'hui hors d'état d'administrer ses propres affaires ;

Qu'il néglige celles de son pupille autant que les siennes ;

Qu'il ne surveille plus ni la personne du mineur ni ses biens qui, faute de surveillance, sont aujourd'hui dans le plus mauvais état possible ;

Que, par suite, l'exposant estime qu'il y a lieu de prononcer la destitution du tuteur pour cause d'inconduite notoire et d'incapacité ;

Qu'à cet effet, après nous en avoir demandé l'autorisation, il a, par exploit de Me ..., huissier à ..., en date du ...., dont l'original est demeuré ci-annexé après mention (ou sur notre indication verbale), convoqué et réuni, à ces jour, heure et lieu, les membres du conseil de famille pour délibérer sur la question de savoir si la destitution doit être prononcée et le tuteur pour s'expliquer sur les faits qui lui sont reprochés,

Et que tous les membres du conseil étant présents, il requiert qu'ils soient appelés à délibérer sur l'objet de leur convocation.

Lecture faite, il a signé.

(Signature.)

Ont aussitôt comparu ... (Voir Formule 13).

S'est également présenté M. ..., tuteur, lequel a offert de s'expliquer sur les causes de destitution alléguées par le subrogé tuteur.

Sur quoi, nous avons donné acte aux susnommés de leurs comparutions et avons déclaré le conseil de famille du mineur ..., composé de nous et des membres susnommés, légalement constitué sous notre présidence.

Sur notre interpellation, et après avoir donné au tuteur lecture de l'exposé qui précède, celui-ci a répondu et expliqué ce qui suit :

. . . .

Puis il a signé et s'est retiré.

(Signature.)

Sur quoi, les membres du conseil de famille après en avoir délibéré avec nous ;

Attendu que les faits allégués par le subrogé tuteur sont de notoriété publique ;

Attendu que, par suite, le tuteur ne saurait être maintenu dans ses fonctions ;

Attendu que le mineur a déjà éprouvé un préjudice considérable par la mauvaise gestion de son tuteur, qui est hors d'état de s'occuper de ses affaires personnelles ;

Ont déclaré à l'unanimité qu'ils sont d'avis de destituer, comme de fait ils destituent, M. . . . de la tutelle qui lui avait été confiée ;

Et nous, juge de paix, nous étant réuni à cet avis, avons déclaré que le dit M. . . . est et demeure destitué de la dite tutelle.

(La même délibération peut contenir la nomination d'un nouveau tuteur.)

Nous avons rappelé au conseil le sieur . . . auquel nous avons donné connaissance de la présente délibération ; il nous a déclaré ne faire aucune difficulté et accepter de remettre de suite les pouvoirs qui lui avaient été confiés (ou : il nous a déclaré qu'il n'adhère pas à cette délibération et qu'il fait au contraire toutes protestations de fait et de droit, se réservant de la faire annuler par qui il appartiendra.

De tout quoi . . . . . (Voir formule 13).

QUINZIÈME FORMULE
Délibération qui refuse la tutelle à la mère qui veut se remarier

L'an . . . (Formule 10).

A comparu :

Mme . . ., sans profession, demeurant à . . ., veuve de . . .

Laquelle nous a dit et exposé :

Que de son mariage avec feu M. . . . sont issus deux enfants encore mineurs :

1° . . . né à . . ., le . . . ; 2° . . .

Qu'elle est la tutrice naturelle et légale des susdits enfants ;

Qu'elle se propose de contracter un second mariage avec M. . . ., cultivateur, demeurant à . . .

Que, désirant, avant de se remarier, se faire maintenir dans la tutelle de ses enfants, elle a, sur notre indication verbale, convoqué et réuni à ces jour, heure et lieu, les membres composant le conseil de famille desdits mineurs, pour décider si la dite tutelle doit lui être conservée,

Et que les dits membres étant présents, elle requiert qu'ils soient appelés à délibérer.

Lecture faite, elle a signé et s'est retirée.

(*Signature.*)

Ont aussitôt comparu … (Voir formule 13).

Lesquels, après lecture à eux donnée de l'exposé qui précède, ont offert de délibérer sur l'objet de leur convocation.

Sur quoi nous, juge de paix, avons donné acte aux comparants de leurs comparutions et offres, et déclaré le conseil de famille, composé de nous et des susnommés, légalement constitué,

Et, les membres de l'assemblée ayant délibéré avec nous, sous notre présidence, sur la décision qu'il convient de prendre dans la circonstance,

Attendu que la dame … n'a pas fait dresser inventaire après le décès de son mari ;

Attendu que son administration n'a été ni sage ni profitable à ses enfants ;

Qu'elle s'est immiscée dans la tutelle sans avoir fait nommer un subrogé tuteur chargé de la surveiller ;

Attendu que le futur mari de ladite dame ne paraît pas réunir toutes les conditions de moralité et de solvabilité désirables ;

Qu'il est de notoriété publique qu'il est incapable de gérer ses propres affaires ;

Que, par suite, il n'y a pas lieu de conserver à l'exposante la tutelle de ses enfants, et ce dans l'intérêt de ces derniers,

Le conseil, à l'unanimité des voix, la nôtre comprise, refuse de conserver à la dame veuve … la tutelle de ses enfants susnommés, et décide que la dite dame, en se remariant, perdra cette tutelle.

(Cette délibération peut contenir la nomination d'un nouveau tuteur et d'un subrogé tuteur pour le cas où le mariage s'accomplirait.)

La dame veuve ... a été rappelée au sein de l'assemblée et communication lui ayant été donnée de tout ce qui précède, elle a déclaré se soumettre à la décision du conseil (ou faire contre la décision du conseil toutes protestations et réserves).

De tout quoi ... (Formule 13).

SEIZIÈME FORMULE
Délibération qui conserve la tutelle en cas de secondes noces

L'an ... (Formule 10).

A comparu :

Mme ..., sans profession, demeurant à ..., veuve de ...

Laquelle nous a exposé :

Que de son mariage avec feu M. ... sont issus trois enfants mineurs : 1° ... né à ..., le ... ; 2° ... ; 3° ...

Que, par délibération du conseil de famille des dits mineurs, tenue sous notre présidence, le ..., M. ... a été nommé subrogé tuteur de ces mineurs ;

Que l'inventaire, après le décès de son mari, a été dressé par M^e ..., notaire à ..., le ...

Qu'elle se propose de contracter un second mariage avec M. ..., commerçant demeurant à ...

Que, dans cette circonstance, l'article 395 du Code civil lui impose l'obligation de convoquer le conseil de famille, pour qu'il ait à décider si la tutelle de ses enfants doit lui être conservée ;

Que, pour se conformer à la loi, elle a, sur notre indication verbale, convoqué à ces jour, heure et lieu les membres composant le conseil de famille desdits mineurs, pour décider si la comparante doit être maintenue dans la dite tutelle, et, le cas échéant, nommer le futur mari co-tuteur de ces mineurs ;

Et que lesdits membres étant présents, elle requiert qu'ils soient appelés à délibérer.

Lecture faite, elle a signé et s'est retirée.   *(Signature)*.

Ont aussitôt comparu ... (Formule 13).

Lesquels, après lecture à eux donnée de l'exposé qui précède, ont offert de délibérer sur l'objet de leur convocation.

Sur quoi nous, juge de paix, avons donné acte aux comparants de leurs comparution et offres, et déclaré le conseil de famille composé de nous et des susnommés légalement constitué ;

Et, les membres de l'assemblée, après avoir délibéré avec nous, sous notre présidence, sur la décision qu'il convient de prendre dant la circonstance, ont déclaré à l'unanimité que la dame veuve ... s'étant toujours comportée en bonne mère de famille à l'égard de ses enfants, son administration ayant été sage et profitable auxdits enfants, et, d'un autre côté, le futur mari de ladite dame paraissant réunir toutes les conditions de moralité et de solvabilité désirables, il y a lieu de lui conserver la tutelle de ses enfants mineurs pendant son mariage avec M. ..., qui sera leur co-tuteur, et par suite solidairement responsable avec sa femme de la gestion postérieure au mariage projeté.

Nous avons partagé l'avis du conseil.

Cette décision prise, la dame veuve ... a été rappelée au sein de l'assemblée et s'y est présentée, accompagnée de M. ... son futur mari. Nous leur avons donné connaissance de tout ce qui précède et M. ... a déclaré accepter la co-tutelle qui lui est conférée.

De tout quoi ... (Formule 13).

DIX-SEPTIÈME FORMULE
**Autorisation d'emprunter pour un mineur et d'hypothéquer ses biens
(lorsqu'il a été fait inventaire)**

L'an ... le ... (Formule 10)

A comparu :

Mme ..., sans profession, demeurant à .... veuve de ...

Agissant au nom et comme tutrice naturelle et légale de ses deux enfants mineurs issus de son union avec feu M. ... et qui sont : 1° ... né à ..., le ... ; 2° ...

Laquelle nous a dit et exposé :

Que son mari susnommé est décédé à ... le ..., à la survivance de l'exposante commune en biens, à défaut de contrat préalable à leur union célébrée à la mairie de ... le ... et en laissant pour seuls héritiers ses deux enfants mineurs susnommés, issus de son union avec ladite dame ainsi que le constate l'inventaire dressé après son décès par Me ..., notaire à ..., le ... :

Que, par délibération du conseil de famille des dits mineurs tenue sous notre présidence, le .... M. ... a été nommé leur subrogé tuteur ;

Qu'il résulte de l'inventaire susénoncé que l'actif des dites communauté et succession comprend :

1° ... (Indiquer sommairement l'actif mobilier et immobilier) ;

Qu'aux termes du même inventaire, le passif de ces communauté et succession est composé de :

1° ... (Indiquer le passif mobilier et immobilier) ;

Que pour acquitter ce passif, elle ne dispose actuellement d'aucun argent ;

Que cependant les créanciers ne veulent pas attendre davantage et sont sur le point d'exercer des poursuites ;

Que d'un autre côté, il est absolument urgent de faire quelques réparations à la maison sise à ..., rue ..., lesquelles s'élèveront au minimum à la somme de ... ainsi qu'il résulte d'un devis estimatif qu'elle nous a présenté ;

Que, dans ces circonstances, elle se voit dans la nécessité d'emprunter conjointement et solidairement avec ses enfants mineurs, une somme principale d'au moins ... et d'hypothéquer à la garantie de cet emprunt les immeubles ci-dessus désignés dépendant de la communauté ayant existé entre elle et son défunt mari ;

Que cet emprunt ne pouvant être contracté sans l'autorisation du conseil de famille, elle a, sur notre indication verbale, convoqué et réuni à ces jour, heure et lieu les membres composant le dit conseil ;

Et que les dits membres étant présents, elle requiert qu'ils soient appelés à délibérer.

Lecture faite, elle a signé

(*Signature.*)

Ont aussitôt comparu ... (Voir formule 13).

Lesquels, après lecture à eux donnée de l'exposé qui précède, ont offert de délibérer sur l'objet de leur convocation.

Sur quoi, nous, juge de paix, avons donné acte aux comparants de leurs comparutions, dires et offres, et déclaré le conseil de famille composé de nous et des susnommés, légalement constitué ;

Et les membres de l'assemblée, après avoir délibéré avec nous, sous notre présidence, et après avoir pris connaissance des pièces énoncées en l'exposé, ont reconnu, avec nous, que les deniers, effets mobiliers et revenus desdits mineurs étant insuffisants pour acquitter le passif ci-dessus détaillé, il y a nécessité absolue d'emprunter une somme de ...

En conséquence et à l'unanimité, le conseil autorise Mme veuve ... à emprunter conjointement et solidairement avec ses enfants mineurs, jusqu'à concurrence d'une somme principale de ... de tous particuliers ou de toutes sociétés pour le temps et aux conditions que la tutrice avisera, avec intérêts dont le taux ne pourra excéder le ... pour cent l'an, obliger les mineurs ... solidairement entre eux et avec leur mère au remboursement du capital et au service des intérêts, le tout aux époques et de la manière qui seront convenues ;

A effectuer et hypothéquer à la garantie de cet emprunt les immeubles désignés en l'exposé qui précède ;

(S'il y a des constructions : céder et déléguer aux prêteurs les indemnités qui seraient allouées par toutes compagnies d'assurances, en cas d'incendie des constructions hypothéquées, par priorité et préférence aux emprunteurs, jusqu'à concurrence de la somme empruntée avec tous intérêts et accessoires).

Faire toutes déclarations, produire toutes pièces et justifications, rembourser au moyen des fonds empruntés le passif ci-dessus détaillé, passer et signer tous actes, élire domicile, et généralement faire tout ce qui sera nécessaire.

De tout quoi ... (Formule 13).

DIX-HUITIÈME FORMULE
Même autorisation lorsqu'il n'a pas été fait d'inventaire

L'an ... (Formule 10).

A comparu :

Mme ... (Voir formule précédente)

Laquelle nous a exposé :

Que son mari est décédé à ... le ... à la survivance de sa veuve commune en biens, aux termes de leur contrat de mariage reçu par M^e ..., notaire à ..., le ... (ou à défaut de contrat préalable à leur union célébrée à ... le ...) et en laissant pour seuls héritiers, chacun pour un tiers, ses trois enfants mineurs susnommés issus de son union avec la dite dame ainsi que le constate un acte de notoriété dressé par M^e ..., notaire à ..., le ... ;

Qu'il dépend tant de la communauté ayant existé entre les époux ... que de la succession de M. ... une propriété ... (désignation).

Qu'au moyen des revenus de ces immeubles, qui forment l'unique actif des dites communauté et succession, l'exposante a élevé et entretenu ses enfants jusqu'à ce jour, et servi les intérêts des créances ci-après énoncées ;

Qu'en outre, elle a, depuis le décès de son mari, fait planter sur la propriété environ ... hectares de vigne et fait aux constructions diverses réparations urgentes ;

Que les dites communauté et succession sont grevées d'un passif de ..., comprenant :

1° ... (Détailler le passif);

Que le remboursement de ces créances est demandé par les

susnommés qui menacent d'exercer des poursuites en expropriation forcée ;

Que pour effectuer ce remboursement, la comparante, qui ne dispose actuellement d'aucun argent, se propose de recourir à un emprunt qui serait contracté par elle et les mineurs ... solidairement ;

Que cet emprunt devra s'élever au moins à une somme de ... comprenant :

1° Capitaux à rembourser ... ;

2° Frais de quittances et mainlevées à donner par les créanciers ... ;

3° Intérêts arriérés de ces créances ... ;

4° Frais de la présente délibération et de son homologation par le tribunal civil de première instance ... ;

5° Frais de l'acte d'emprunt, environ ... ;

6° Intérêts à payer d'avance au bailleur de fonds ... ;

Total égal ...

Que les mineurs ... ont tout avantage à contracter cet emprunt ;

Et que, pour obtenir l'autorisation de le contracter, la comparante a, sur notre indication verbale, convoqué et réuni à ces jour, heure et lieu les membres du conseil de famille des dits mineurs,

Lecture faite, elle a signé   (*Signature.*)

Ont aussitôt comparu ... (Formule 13),

Lesquels réunis en conseil de famille sous notre présidence,

Vu les articles 457 et 458 du Code civil :

Considérant que le tuteur, même le père et la mère, ne peut emprunter pour le mineur, aliéner ou hypothéquer ses biens immeubles, sans y être autorisé par une délibération du conseil de famille, qui doit être homologuée par le tribunal de première instance ;

Que cette autorisation ne doit être accordée que pour cause d'une nécessité absolue ou d'un avantage évident ;

Attendu qu'il résulte de l'exposé qui précède et du compte sommaire présenté par la comparante, que les deniers, effets mobiliers et revenus des mineurs sont absolument insuffisants pour acquitter le passif ci-dessus détaillé ;

Attendu qu'il est établi qu'au moyen des revenus des immeubles ci-dessus désignés, la comparante a élevé et entretenu ses enfants jusqu'à ce jour, servi les intérêts dudit passif, fait planter environ ... hectares de vigne et fait réparer les constructions ;

Considérant que les créanciers demandent le remboursement de leurs créances et menacent d'exercer des poursuites en expropriation forcée qui entraîneraient des frais considérables et auraient pour conséquence la ruine complète des mineurs ;

Qu'il y a donc avantage évident à contracter un emprunt hypothécaire d'une somme de ... qui devra être employée comme il est dit ci-dessus ;

Après en avoir délibéré, conformément à la loi,

Ont reconnu avec nous qu'il y a nécessité absolue de contracter cet emprunt,

Et à l'unanimité, le conseil autorise la dame veuve...(Voir formule précédente).

DIX-NEUVIÈME FORMULE
Autorisation à un tuteur pour faire vendre les immeubles d'un mineur

L'an ... le ... (Formule 16).

A comparu :

Mme ..., sans profession, demeurant à ..., veuve de M. ...

Laquelle nous a dit et exposé :

Que de son mariage avec feu M. ... a été célébré à la mairie de ... le ...

Que cette union n'a été précédée d'aucun contrat en réglant les clauses et conditions civiles (ou a été précédée d'un contrat reçu par M^e ..., notaire à ..., le ..., aux termes duquel les futurs époux ont adopté le régime de ...) ;

Que M. ... est décédé à ..., le ..., laissant pour seuls héritiers, chacun pour un quart, ses quatre enfants mineurs issus de son union avec la comparante et placés sous la tutelle légale de celle-ci, qui sont :

1° ..., né le ..., à ... ; 2° ... ; etc.

Qu'après ce décès, il n'a pas été dressé d'inventaire (ou il a été dressé par Me ..., notaire à ..., le ..., un inventaire duquel il résulte que ... (Détailler l'actif et le passif).

Que, par délibération du conseil de famille des dits mineurs, tenu sous notre présidence, le ..., M. ... a été nommé subrogé tuteur des dits mineurs ;

Que les créanciers sus-nommés exigent le remboursement de leur créance ;

Qu'il dépend de la succession de son mari et de la communauté ayant existé entre eux, une propriété sise à ... (désignation ;

Et que voulant prévenir les conséquences d'une expropriation forcée et usant du reste des dispositions formelles de l'article 815 du Code civil, elle a, sur notre indication verbale, réuni et convoqué à l'amiable pour ces jour, heure et lieu, les membres du conseil de famille des mineurs ... afin que ce conseil, étant légalement constitué, soit appelé à émettre son avis sur la vente des immeubles ci-dessus désignés et sur la forme de cette vente, et de nommer un tuteur et un subrogé tuteur *ad hoc*, conformément à la loi.

Lecture faite, elle a signé.

(Signature.)

Ont aussitôt comparu ... (Formule 13).

Lesquels nous ont déclaré être prêts à délibérer sur les questions faisant l'objet de la précédente réunion.

Sur quoi nous, juge de paix, avons déclaré le conseil de famille des mineurs ... légalement constitué, et après lecture de l'exposé qui précède, avons procédé à l'examen des questions faisant l'objet de la présente réunion ;

Et après en avoir délibéré, conformément à la loi, le conseil de famille :

Considérant qu'aux termes de l'article 815 du Code civil, nul n'est tenu de rester dans l'indivision ;

Qu'il y a avantage évident pour les mineurs ... à faire procéder à la vente des biens dont il s'agit ;

Que, dans la circonstance, le conseil de famille ne saurait que donner un avis favorable, et qu'il y a lieu d'autoriser le tuteur *ad hoc* qui va être nommé, à suivre en justice l'action en liquidation et partage des dites communauté et succession et à y faire procéder dans les formes légales.

(Si le conseil estime qu'il y a lieu de renvoyer la vente devant un notaire : Considérant qu'il y a tout intérêt pour les mineurs ... à ce que la vente des immeubles ait lieu devant M⁰ ..., notaire à ..., en raison de la situation des biens ; qu'en effet l'étude de M⁰ ... se trouve à proximité des immeubles, ce qui permettra aux personnes qui désireront enchérir de s'y rendre facilement, tandis que le tribunal de ... en est bien plus éloigné ; que, d'un autre côté, les frais de procédure seront moins élevés.)

Considérant que dans les opérations dont il s'agit, il va y avoir réelle opposition d'intérêts entre les mineurs et leur tutrice et subrogé tuteur ; qu'il y a lieu, conformément aux dispositions de l'article 968 du Code de procédure civile, de leur nommer un tuteur et un subrogé tuteur *ad hoc* ;

A l'unanimité ;

Autorise la tutrice à poursuivre la vente des immeubles désignés en l'exposé qui précède, sur la mise à prix de ... (ou : en ... lots séparés sur la mise à prix de ... pour le premier lot ; de ... pour le deuxième lot ..) ;

Emet le vœu qu'il soit procédé à cette vente par le ministère de M⁰ ..., notaire à ..., qui sera, en outre, chargé des opérations de liquidation et partage desdites communauté et succession.

Dit que la partie restée disponible sur le prix de vente, déduction faite des dettes, sera employée en placements hypothécaires sur des immeubles situés en France ou en Algérie ;

Nomme pour tuteur *ad hoc* des dits mineurs M. . . . et pour subrogé tuteur *ad hoc* M. . . , membres du conseil, lesquels ont déclaré accepter cette mission.

De tout quoi . . . (Formule 13).

VINGTIÈME FORMULE
Nomination d'un subrogé tuteur *ad hoc*

L'an . . . le . . . (Formule 10),

A comparu :

Mme . . . sans profession, demeurant à . . . . veuve de M . . .

Laquelle a dit et exposé que son mari est décédé à . . . le . . . à la survivance de sa veuve commune en biens, et en laissant pour seuls héritiers, chacun pour moitié, ses deux enfants mineurs issus de son union avec la dite dame, placés sous la tutelle légale de la comparante et qui sont : 1° . . . né le . . . à . . . : 2° . . . ainsi que le constate un inventaire dressé par Me . . . notaire à . . . le . . . (ou un acte de notoriété dressé par Me . . . notaire à . . . le . . .) :

Que par délibération en date du . . . tenue sous notre présidence, M. . . . a été nommé subrogé tuteur desdits mineurs ;

Qu'il dépend tant de la communauté qui a existé entre la comparante et son défunt mari, que de la succession de ce dernier une propriété rurale sise à . . . (désignation) :

Que par exploit de Me . . . huissier à . . . en date du . . . elle a formé une demande en partage des biens dépendant desdites communauté et succession (ou qu'elle se propose de former une demande . . .) :

Que, conformément à l'article 420 du Code civil, cette demande a été formée contre M. . . . subrogé tuteur qui devra dans la circonstance remplir les fonctions de tuteur, en raison de l'opposition d'intérêts existant entre l'exposante et ses enfants ;

Qu'il est donc nécessaire de nommer un subrogé tuteur *ad hoc* qui devra remplacer dans cette instance le subrogé tuteur empêché et recevoir notamment toutes significations prescrites par la loi ;

Et que, sur notre indication verbale, elle a convoqué à ces jour, heure et lieu (le surplus comme en la formule 13).

VINGT-UNIÈME FORMULE
Nomination d'un curateur au ventre

L'an ... (Formule 10),

A comparu :

Mme ... sans profession, demeurant à ..., veuve de M ...

Laquelle nous a exposé :

Que son mari est décédé à ... le ...;

Qu'elle se trouve enceinte et que, conformément à l'article 393 du Code civil, il est nécessaire qu'un curateur au ventre soit nommé ;

Et que, sur notre indication verbale, elle a convoqué et réuni ... (Le surplus comme en la formule 13).

VINGT-DEUXIÈME FORMULE
Nomination d'un subrogé tuteur

L'an ... le ... (Formule 10),

A comparu :

Mme ... sans profession, demeurant à ..., veuve de M ...

Laquelle a dit et exposé :

Que son mari est décédé à ... le ... à la survivance de la comparante commune en biens et en laissant pour seuls héritiers, chacun pour un tiers, ses trois enfants issus de son union avec la comparante : 1° ... né à ... le .... etc.

Qu'en conformité de l'article 390 du Code civil, elle se trouve être tutrice naturelle et légale de ses enfants ;

Qu'elle se propose de faire procéder à l'inventaire des biens dépendant tant de la communauté ayant existé entre elle et son défunt mari, que de la succession de ce dernier ;

Qu'aux termes des articles 420 et 421 du Code civil, il

est nécessaire de nommer, préalablement à ces opérations, un subrogé tuteur aux dits mineurs ;

Qu'en outre, elle ne peut accepter au nom de ses enfants la succession de leur père qu'après une autorisation du conseil de famille.

Et que, sur notre indication verbale, elle a convoqué et réuni ... (le surplus comme en la Formule 13, et après la nomination du subrogé tuteur, ajouter : En outre, le conseil après avoir délibéré autorise la dame veuve ... à accepter, au nom de ses enfants mineurs, la succession de leur père mais sous bénéfice d'inventaire seulement et à signer à cet effet tous actes et toutes déclarations nécessaires).

De tout quoi ...

VINGT-TROISIÈME FORMULE
Délibération autorisant le tuteur à renoncer à une succession

L'an ... (Formule 10).

A comparu :

Mme ..., sans profession, demeurant à ... veuve de ...

Agissant au nom et comme tutrice naturelle et légale de ses trois enfants mineurs issus de son union avec son défunt mari et qui sont : 1° ... né à ... le ... 2° ...

Laquelle a dit et exposé :

Que son mari est décédé à .. le ... ;

Qu'après son décès il a été dressé par M^e .. , notaire à ... le ... un inventaire des biens dépendant de cette succession ;

Qu'il résulte de cet inventaire dont une expédition nous a été représentée, que le passif de cette succession est supérieur à l'actif ;

Que, par suite, les mineurs ... ont tout intérêt à y renoncer, mais qu'aux termes de l'article 461 du Code civil, cette répudiation ne pouvant être faite sans une autorisation du conseil de famille, elle a, sur notre autorisation verbale, convoqué et réuni à ces jour, heure et lieu ... (le surplus comme en la Formule 13, en la modifiant ainsi : Lesquels, constitués en conseil de famille sous notre présidence, après en avoir délibéré avec nous, attendu que le passif de la succession de M ... est supérieur à l'actif. Ont été d'avis à l'unanimité qu'il y a intérêt pour les mineurs ... à renoncer à cette succession et ont autorisé la comparante à faire cette renonciation au greffe du tribunal de première instance de ... passer et signer tous actes et faire le nécessaire.

De tout quoi ...

Emancipation

92. Par l'émancipation, le mineur est dégagé de la puissance paternelle et de la tutelle, et prend l'administration de sa personne et de ses biens dans les limites déterminées par la loi.

93. On appelle émancipation *légale* celle qui a lieu par la seule force de la loi ; elle s'opère de plein droit par le fait du mariage du mineur.

94. La femme émancipée par le mariage a pour curateur légal son mari.

95. L'émancipation expresse est celle qui résulte de la déclaration faite par les personnes auxquelles la loi donne le droit de la conférer.

96. Quand l'émancipation est faite par le père ou la mère elle s'opère par la seule déclaration de ceux-ci devant le juge de paix, assisté du greffier, et le père ou la mère qui émancipe l'enfant en devient le curateur légitime.

97. Les père et mère sont les seuls juges de l'émancipation à accorder à leurs enfants, pourvu que ceux-ci soient âgés de plus de 15 ans.

98. Le mineur resté sans père ni mère peut aussi être émancipé, si le conseil de famille l'en juge capable, mais seulement à l'âge de 18 ans accomplis et sur la réquisition de son tuteur ou d'un ou plusieurs parents ou alliés, ou même sur sa réquisition personnelle. En ce cas, l'émancipation résulte de la délibération qui l'autorise et de la déclaration que le juge de paix, comme président du conseil de famille, fait dans le même acte *que le mineur est émancipé.*

99. Le conseil de famille doit nommer un curateur au mineur.

VINGT-QUATRIÈME FORMULE

Emancipation d'un mineur par ses père et mère. (Employer la même formule si l'émancipation est faite par le père seul ou à son défaut par la mère survivante).

L'an ... le ... (Voir Formule 10).

Ont comparu :

M. ... et Mme ... son épouse, qu'il autorise, demeurant ensemble à ...

Lesquels nous ont déclaré que M. ..., enfant mineur issu de leur union, né à ..., le ..., étant âgé de plus de 15 ans et se trouvant en état de gérer et administrer ses affaires, ils entendent l'émanciper et qu'il jouisse, à compter de ce jour, de tous les droits accordés par la loi au mineur émancipé.

De laquelle déclaration les comparants nous ont requis acte ... (Voir Formule 10).

VINGT-CINQUIÈME FORMULE

Emancipation par le conseil de famille

L'an ... le ... (Formule 10).

A comparu :

M. ... (tuteur ou parent du mineur).

Lequel nous a exposé :

Que du mariage de M. ... et Mme .... tous deux décédés, est issu un enfant encore mineur ... (nom et prénoms) né à ..., le ...

Que ce dernier étant âgé de plus de 18 ans et se trouvant en état de gérer et administrer ses affaires, il estime qu'il serait avantageux pour lui qu'il fût émancipé ;

Qu'en conséquence, il a, sur notre indication verbale ... (Voir Formule 13) ;

Lesquels, constitués en conseil de famille sous notre présidence, après en avoir délibéré avec nous,

Ont été d'avis, à l'unanimité, que le mineur susnommé est capable d'être émancipé et ont autorisé formellement cette émancipation.

Sur quoi nous, juge de paix, vu cette autorisation et l'article 478 du Code civil, avons déclaré que le mineur ... est et demeure émancipé à compter de ce jour et jouira de tous les droits attachés à l'émancipation.

Ensuite, le conseil, après en avoir délibéré avec nous, a été d'avis, à l'unanimité, de nommer, comme de fait il nomme, pour curateur dudit mineur, M. ..., qui a déclaré accepter et a promis de remplir fidèlement sa mission.

De tout quoi ... (Formule 10).

Adoption

100. L'adoption a pour effet de créer à l'enfant une seconde famille qu'on nomme famille civile.

101. Deux époux peuvent être adoptés par une même personne, mais nul ne peut être adopté par plusieurs, si ce n'est par deux époux.

102. Pour pouvoir adopter, il faut :

1° Être âgé de plus de 50 ans et avoir 15 ans de plus que l'adopté ;

2° N'avoir, à l'époque de l'adoption, aucun descendant légitime né ou conçu ;

3° Si l'adoptant est marié et que son conjoint n'adopte pas, obtenir son consentement ;

4° Avoir fourni des secours et donné des soins non interrompus à l'adopté pendant sa minorité et pendant 6 ans au moins ;

5° Jouir d'une bonne réputation ;

6° Avoir la jouissance de ses droits civils.

103. L'adoption peut aussi être conférée en l'absence des causes indiquées sous les numéros 1 et 4, mais seulement à celui qui a sauvé la vie à l'adoptant soit dans un combat, soit en le retirant des flammes ou des flots, soit dans toute autre circonstance où il a exposé sa vie pour sauver celle de l'adoptant.

104. Pour pouvoir être adopté, il faut :

1° N'avoir pas encore été adopté ;

2° Être majeur ;

3° Si l'adopté a encore ses père et mère, ou l'un d'eux, qu'il obtienne leur consentement jusqu'à 25 ans accomplis, quel que soit son sexe, ou, après cet âge, qu'il requière leur consentement par un seul acte respectueux ;

4° Être citoyen français et jouir de ses droits civils ;

5° Si l'adoptée est une femme mariée, qu'elle soit autorisée de son mari ;

105. Les formes de l'adoption sont les suivantes :

1° Acte d'adoption passé devant le juge de paix du domicile de l'adoptant ;

2° Remise d'une expédition de cet acte, dans les dix jours suivants, au procureur de la République près le tribunal civil du domicile de l'adoptant, pour être soumis à l'homologation de ce tribunal ;

3° Jugement du tribunal rendu en la chambre du conseil, le ministère public entendu ;

4° Envoi des pièces dans le mois du jugement au procureur général près la Cour d'appel, pour être soumis à la Cour qui confirme ou réforme le jugement ;

5° Inscription dans les trois mots de l'arrêt, à peine de de déchéance, de l'acte d'adoption et de l'arrêt qui l'admet, sur les registres de l'état civil du domicile de l'adoptant.

VINGT-SIXIÈME FORMULE
Adoption d'une femme mariée par une personne veuve

L'an ... le ... (Formule 10),

A comparu :

La dame....) propriétaire demeurant à ..., veuve de M ...

Laquelle nous a dit et déclaré :

Qu'elle est veuve sans enfant ni descendant légitime de M... sus-nommé ;

Qu'elle a fourni des secours et des soins non interrompus à Mᵐᵉ ..., sans profession, fille de M. ... et de Mᵐᵉ ... tous deux décédés, épouse de M..., employé, avec lequel elle demeure à ..., et ce, depuis le ... jusqu'au ..., jour du mariage de la dite dame ;

Et qu'étant âgée de ... et réunissant toutes les qualités prescrites par les articles 343 et suivants du Code civil, elle adopte, par les présentes, la dite dame ..., âgée de ..., ici présente et intervenante et qui, avec l'autorisation de son mari, également ici présent, déclare accepter, avec reconnaissance, l'adoption à elle conférée, y consentir et se soumettre aux obligations que la loi impose à l'adopté envers l'adoptant ;

Desquelles déclarations d'adoption et de consentement à adoption, les susnommés nous ont requis acte que nous leur avons octroyé, à la charge de se conformer aux dispositions des articles 354 et suivants du Code civil.

Fait et reçu à .... dans notre cabinet, les jour, mois et an que dessus.

En présence de MM.

1° (au moins 4 témoins) ...; 2° ...; 3° ...; 4° ...

Lesquels nous ont déclaré et attesté pour vérité et notoriété publique :

Que la dame veuve ... est de bonne vie et mœurs et jouit d'une bonne réputation, ce qui, du reste, est à notre connaissance ;

Et qu'ils savent que depuis le ... jusqu'au ..., la dite dame veuve ... a fourni des secours et donné des soins non interrompus à la dame ... épouse ... et ce, tant par les aliments, vêtements et logement qu'elle lui a fournis dans sa propre demeure à ..., rue ..., que par l'éducation qu'elle lui a fait donner.

Lecture faite ...

Tutelle officieuse

106. On ne peut adopter un enfant avant sa majorité, mais on peut s'attacher un enfant à un titre légal pendant sa minorité en devenant son tuteur officieux.

107. Pour cela, il faut :

1° Etre âgé de plus de 50 ans ;

2° N'avoir point de descendants légitimes nés ou conçus ;

3° Obtenir le consentement de son conjoint ;

4° Etre capable d'exercer la tutelle ordinaire ;

5° Que l'enfant soit âgé de moins de 15 ans ;

6° Qu'il ne soit pas déjà pourvu d'un tuteur officieux ;

7° Obtenir le consentement des père et mère de l'enfant ou du survivant d'eux, ou, à leur défaut, du conseil de famille ;

108. Cette tutelle se forme par déclaration devant le juge de paix du domicile de l'enfant.

109. On doit adjoindre un subrogé tuteur au tuteur officieux, lors même que l'enfant n'aurait pas de biens personnels.

110. Le tuteur officieux est obligé de nourrir le pupille, de l'élever, de le mettre en état de gagner sa vie, d'administrer ses biens et d'en rendre compte, sans pouvoir imputer les dépenses de l'éducation sur les revenus du pupille.

111. A sa majorité, l'enfant peut être adopté par le tuteur officieux en observant les dispositions rapportées aux numéros 100 et suivants.

112. Après cinq ans de tutelle officieuse, le tuteur, dans la prévision de son décès avant la majorité de son pupille, peut lui conférer l'adoption par acte testamentaire.

VINGT-SEPTIÈME FORMULE
Procès-verbal de tutelle officieuse

L'an ... le ... (Formule 10),

A comparu :

M. ...

Lequel nous a dit et déclaré :

Qu'étant veuf non remarié de Mme ... sans enfants ni descendants légitimes et âgé de ..., il veut s'attacher par un titre légal le mineur ... né à ..., le ..., fils légitime de ... et de ..., demeurant à ...

Qu'il a proposé à ces derniers qui y ont consenti, de se charger de la tutelle officieuse dudit mineur.

(Si les père et mère du mineur sont décédés : que par délibération du conseil de famille dudit mineur, tenu sous notre présidence le ..., il a demandé et obtenu l'autorisation de se charger de la tutelle officieuse de ce mineur.)

Qu'en conséquence, il entend devenir le tuteur officieux dudit mineur, et qu'en cette qualité, il s'engage formellement à nourrir et élever son pupille, à compter de ce jour, promet de le mettre en état de gagner sa vie, et se soumet, sans aucune réserve, à toutes les obligations qui sont imposées aux tuteurs officieux par les articles 364 et suivants du Code civil.

Aux présentes sont à l'instant intervenus M. et Mme ...

(père et mère du mineur), lesquels ont déclaré accepter avec reconnaissance la proposition qui leur a été faite par M. ... et consentir à lui accorder la tutelle officieuse de leur enfant susnommé.

Sur quoi, nous, juge de paix, après avoir reçu les déclarations ci-dessus, avons constaté que la tutelle officieuse du mineur ... est accordée au comparant qui l'accepte avec toutes ses charges.

Fait à ..., le ...

Lecture faite ...

Apposition de scellés

113. Il y a lieu à apposition de scellés, notamment dans les cas suivants :

1° Après décès, lorsqu'il y a, parmi les héritiers, des incapables non pourvus de tuteurs, des absents ou des non présents, ou lorsque la succession est vacante ;

2° En cas de présomption d'absence, lorsque le disparu ne laisse personne pour veiller à la conservation de ses effets et valeurs ;

3° Sur une instance en divorce ou en séparation de corps et de biens ;

4° Après l'internement provisoire, dans une maison de santé, d'une personne présumée aliénée ;

5° En cas de faillite ou de liquidation judiciaire ;

6° En cas de dissolution de société ;

7° Lorsque le défunt était dépositaire public ;

8° Après le décès d'un officier général ou d'un officier supérieur de toute arme, inspecteur aux revues, intendant ou sous-intendant militaire, officier de santé en chef des armées, retirés ou en activité de service, et ce sur les papiers, cartes, plans et mémoires militaires autres que ceux dont le décédé est l'auteur. L'apposition des scellés doit, dans ce cas, être faite en présence du maire de la commune ou de son adjoint ;

9° Après le décès d'un officier général de la marine ;

10° Après le décès d'un notaire ou d'un autre possesseur de minutes ;

11° Après le décès du titulaire d'une cure, d'un évêché ou d'un archevêché ;

12° Et enfin chaque fois qu'un intérêt public ou privé doit être placé sous la sauvegarde de l'autorité.

114. L'apposition de scellés ne peut être faite que par le juge de paix du lieu de la situation des objets, assisté de son greffier.

115. En cas de décès, l'apposition peut être requise par tous ceux qui prétendent droit dans la succession ou dans la communauté, ainsi que par tous créanciers fondés en titre exécutoire ou autorisés par le président du tribunal de première instance ou le juge de paix.

116. Les scellés doivent être apposés aussitôt après le décès, si possible avant que le corps soit enlevé.

117. Le scellé s'appose au moyen de bandes de toile qui sont attachées aux deux bouts par des sceaux ou cachets en cire molle ou ardente, de manière à empêcher que la porte ne puisse être ouverte sans déchirer cette bande ou sans briser le cachet.

118. Le procès-verbal d'apposition doit contenir :

1° Les dates des an, mois, jour et heure ;

2° Les motifs de l'apposition ;

3° Les noms, profession et demeure du requérant s'il y en a, et son élection de domicile dans la commune où les scellés sont apposés ;

4° S'il n'y a pas de partie requérante, le procès-verbal

doit énoncer que le scellé a été apposé d'office ou sur réquisition :

5° L'ordonnance qui permet le scellé, s'il en a été rendu ;

6° Les comparutions et dires des parties ;

7° La désignation des lieux, bureaux, coffres, armoires, sur les ouvertures desquels le scellé a été apposé ;

8° Une description sommaire des effets qui ne sont pas mis sous scellés ;

9° Le serment, lors de la clôture de l'apposition, par ceux qui demeurent dans le lieu, qu'ils n'ont rien détourné, vu ni su qu'il ait été rien détourné, directement ni indirectement ;

10° L'établissement du gardien présenté ou établi d'office par le juge de paix, lequel gardien doit accepter sa nomination et signer le procès-verbal.

119. Si, lors de l'apposition, il est trouvé un testament ou d'autres papiers cachetés, le juge de paix en constate la forme extérieure, le sceau et la suscription, s'il y en a, paraphe l'enveloppe, avec les parties présentes si elles le savent ou le peuvent, et indique les jour et heure où le paquet sera par lui présenté au tribunal de première instance : il fait mention du tout dans son procès verbal, lequel est signé des parties, sinon mention est faite de leur refus. Si le testament est trouvé ouvert, le juge de paix en constate l'état et observe ce qui vient d'être indiqué.

120. S'il se rencontre des obstacles à l'apposition des scellés et s'il s'élève des difficultés, soit avant, soit pendant le scellé, il doit être sursis et statué en référé par le président du tribunal. Néanmoins, s'il y a péril dans le retard, le juge de paix peut statuer par provision, sauf à en référer ensuite au Président.

121. Dans tous les cas où il est référé par le juge de paix au président du tribunal, tout ce qui est fait et ordonné doit être constaté sur le procès-verbal dressé par le juge, et le président signe ses ordonnances sur ledit procès-verbal.

122. Les frais des gardiens sont taxés par les juges de paix de la manière suivante :

Dans les villes où il y a un tribunal de première instance, à raison de **2 fr.** par jour pendant les **12** premiers jours et de **0 fr. 80** pour chacun des autres jours.

Dans les autres villes et cantons ruraux, à raison de **1 fr. 50** par jour pendant les **12** premiers jours et de **0 fr. 60** pour chacun des autres jours.

123. Les clefs des serrures sur lesquelles le scellé a été apposé restent, jusqu'à sa levée, entre les mains du greffier de la justice de paix, lequel fait mention, sur le procès-verbal, de la remise qui lui en a été faite.

124. Lorsque les scellés sont apposés, les tiers intéressés peuvent s'opposer à ce qu'il soit procédé à la levée hors leur présence. Cette opposition peut être faite soit par une déclaration insérée dans le procès-verbal d'apposition, et signée par l'opposant, soit par un exploit signifié au greffier du juge de paix.

Levée de scellés

125. Le scellé ne peut être levé et l'inventaire fait que trois jours après l'inhumation s'il a été apposé auparavant et trois jours après l'apposition si elle a été faite depuis l'inhumation, à peine de nullité des procès-verbaux de scellés et inventaire, et de dommages et intérêts contre ceux qui les auraient faits et requis, à moins que pour des causes urgentes il n'en soit autrement ordonné par le président du tribunal de première instance.

126. Ce délai est prescrit d'abord pour laisser aux intéressés le temps d'apprendre le décès et de se mettre en mesure d'assister ou de se faire représenter à la levée des scellés et ensuite par une considération de décence publique et un sentiment de respect pour le défunt.

127. La levée de scellés ne devant avoir lieu qu'à la requête ou en présence de personnes capables ou de représentants des incapables, il ne peut y être procédé si les héritiers ou quelques-uns d'eux sont mineurs non émancipés, avant qu'ils n'aient été ou pourvus de tuteurs ou émancipés.

128. Tous ceux qui ont droit de faire apposer les scellés peuvent en requérir la levée.

129. Si le conjoint survivant, les héritiers présomptifs, l'exécuteur testamentaire, les légataires universels et à titre universel, sont connus, ils doivent être sommés d'assister à la levée des scellés, à moins qu'ils ne consentent à s'y trouver sur une simple convocation amiable.

130. Il n'est pas besoin d'appeler à la levée des scellés les intéressés demeurant hors de la distance de 5 myriamètres, mais on doit y appeler pour eux un notaire nommé d'office par le président du tribunal de première instance.

131. Les scellés sont levés successivement au fur et à mesure de la confection de l'inventaire.

132. Le procès-verbal de levée doit contenir :

1º La date ;

2º Les noms, profession, demeure et élection de domicile du requérant ;

3º L'énonciation, s'il y lieu, de l'ordonnance délivrée pour la levée ;

4º L'énonciation, s'il y a lieu, de la sommation ci-dessus mentionnée ;

5º Les comparutions et dires des parties ;

6º Les noms, s'il y a lieu, des notaires, commissaires-priseurs, et experts qui doivent opérer ;

7° La reconnaissance des scellés, s'ils sont sains et entiers, et, s'ils ne le sont pas, l'état des altérations ;

8° Les réquisitions à fin de perquisitions, le résultat desdites perquisitions et toutes autres demandes sur lesquelles il y aurait lieu de statuer.

133. Si la cause de l'apposition des scellés cesse avant qu'ils soient levés, ou pendant le cours de leur levée, ils sont levés sans description. Cette disposition trouve son application notamment lorsque tous les intéressés, majeurs et maîtres de leurs droits, sont présents sur les lieux ou dûment représentés et qu'ils s'accordent à demander la levée pure et simple.

VINGT-HUITIÈME FORMULE
Procès-verbal d'apposition de scellés (après décès à la requête du conjoint ou d'un héritier).

L'an ... le ... à ... heures du ...

A la requête de :

Mme ..., sans profession, demeurant à ..., veuve de ... en son vivant propriétaire à ... où il est décédé le ... ladite dame faisant élection de domicile en sa demeure,

Nous ..., juge de paix du canton de ..., assisté de M. ..., greffier,

Nous sommes transportés au domicile dudit M. ..., sis à ... rue ... numéro ..., à l'effet d'y procéder à l'apposition des scellés sur les meubles, effets, titres et papiers dépendant tant de la communauté qui a existé entre les époux ... que de la succession de M. ...

Arrivé audit lieu, nous avons opéré ainsi qu'il suit :

1° Dans une chambre à coucher, sise au premier étage, éclairée par deux croisées ouvrant sur la rue ..., nous avons trouvé les objets mobiliers suivants : (Désignation sommaire.)

Dans cette même chambre nous avons apposé nos scellés sur : 1° Les trois tiroirs et les trois ouvertures d'une commode à dessus de marbre, en bois de ..., placée ... ; 2° ... ; 3° La porte et les croisées de cette pièce.

Ces scellés consistent en bandes de toile cachetées à chaque bout avec de la cire rouge molle empreinte du sceau de notre justice de paix ;

2° Dans … etc. (Comme ci-dessus.)

Les clefs des meubles et portes placés sous scellés ont été remises à notre greffier.

Sur notre réquisition, la dame veuve … a prêté serment entre nos mains qu'elle n'a rien détourné, vu ni su qu'il ait été rien détourné, directement ni indirectement, aucun des objets dépendant desdites communauté et succession.

Et, sur la présentation que nous en a faite ladite dame veuve …, nous avons établi pour gardien des scellés et effets mobiliers décrits, le sieur …, cultivateur demeurant à …, lequel, intervenant aux présentes, a déclaré se charger de la garde à lui confiée. De tout quoi, nous avons dressé le présent procès-verbal les jour, mois et an que dessus après avoir vaqué à nos opérations depuis … jusqu'à … heures du …

Lecture faite, nous avons signé avec le greffier, la requérante et le gardien des scellés.

VINGT-NEUVIÈME FORMULE

Procès-verbal de reconnaissance et levées de scellés avec inventaire

L'an … le … à … heures du ..

A la requête de :

1° Mme …, sans profession, demeurant à …, veuve de M. …, en son vivant propriétaire à .. , où il est décédé le …

Agissant : 1° Comme ayant été commune en biens avec son défunt mari aux termes de leur contrat de mariage reçu par M^e …, notaire à …, le … (ou : à défaut de contrat notarié préalable à leur union célébrée à la mairie de … le …);

2° Et au nom et comme tutrice naturelle et légale de … son fils mineur né à …, le …, issu de son union avec son défunt mari.

2° M. …; 3° M. … (Enfants majeurs).

MM. ... et le mineur, pris comme seuls héritiers, chacun pour un tiers, de M. ..., leur père.

En présence de 1° M. ...

Agissant au nom et comme subrogé tuteur du mineur sus-nommé, nommé à cette fonction suivant délibération du conseil de famille, tenue sous notre présidence, le ... enregistrée ;

2° M. ... (Gardien des scellés).

Nous, juge de paix du canton de ..., assisté de Me ... greffier,

Nous sommes transporté au domicile dudit M. ... sis à ... rue ... numéro ... à l'effet d'y procéder à la reconnaissance et à la levée des scellés que nous avons apposés suivant notre procès-verbal en date du ... enregistré.

Arrivé audit lieu, et après avoir reconnu que les scellés dont il s'agit étaient sains et entiers, nous les avons successivement levés et, au fur et à mesure de cette levée, il a été procédé, en notre présence par Me ... notaire à ... à l'inventaire et à l'estimation des meubles et objets mobiliers dépendant desdites communauté et succession.

De tout quoi ... (Formule précédente).

TRENTIÈME FORMULE
Apposition de scellés après un jugement déclaratif de faillite

L'an ... le ... à ... du ...

A la requête de :

M. ...

Agissant en qualité de syndic provisoire de la faillite de M. ... ex-commerçant à ... nommé à cette fonction par jugement du tribunal de commerce de ... en date du ...

Et en vertu de ce même jugement qui a ordonné que les scellés seraient apposés au domicile du failli.

En présence de M. ... (failli).

Nous ... juge de paix ... (Voir 28e formule).

TRENTE-UNIÈME FORMULE

Procès-verbal de levée de scellés sur la réquisition du syndic

L'an ... le ... à ... heures ... du ...

A la requête de :

M. ...

Agissant ... (Voir formule précédente).

En présence de M. ... (failli) et de M. ... (gardien),

Nous, juge de paix du canton de ...., assisté de Me ...., greffier,

Nous sommes transporté au domicile dudit M. ... sis à ... rue ... numéro ... à l'effet d'y procéder à la reconnaissance et à la levée des scellés apposés suivant notre procès-verbal en date du ... enregistré.

Arrivé audit lieu et après avoir reconnu que les scellés dont il s'agit étaient sains et entiers, nous les avons successivement levés et, au fur et à mesure de cette levée, il a été procédé en notre présence, par le syndic, à l'inventaire et à l'estimation de toutes les facultés mobilières dépendant de la faillite dudit M. ...

De tout quoi ... (Formule 28).

Prestations de serment

134. La prestation de serment est un acte par lequel on promet, en prenant Dieu à témoin, devant l'autorité administrative ou judiciaire, de bien et fidèlement remplir les devoirs attachés à une fonction à laquelle on a été nommé ou à un emploi pour lequel on a été commissionné.

135. Le serment politique est aboli.

136. Tout fonctionnaire ou officier public astreint à un cautionnement doit, avant de prêter serment, justifier que ce cautionnement a été versé.

137. Le juge de paix reçoit spécialement le serment :

Des greffiers et commis-greffiers de sa justice de paix, même des greffiers-notaires au titre premier ;

Des gardes champêtres ;

Des gardes particuliers ;

Des gardes ventes ;

Des experts ;

Des employés et facteurs des postes et télégraphes ;

Et en général de tous les fonctionnaires et employés d'administration qui ne résident pas au chef-lieu où siége le tribunal du première instance.

TRENTE-DEUXIÈME FORMULE
Prestation de serment d'un greffier de justice de paix

L'an ... le ... à ... heures du ...

A ... au prétoire de la justice de paix du canton de ... arrondissement de ... département de ... en audience publique,

Devant nous ... juge de paix de ce canton, assisté de Me ... commis-greffier assermenté,

A comparu :

M. ...

Lequel nous a exposé :

Que par décret de M. le Président de la République française en date du ... dont il nous a représenté l'ampliation en due forme, il a été nommé greffier de cette justice de paix (et investi de la plénitude des attributions notariales *ou* avec le droit d'exercer les fonctions notariales conformément à la section II du décret du 18 janvier 1875) en remplacement de M. ...

Qu'en cette qualité il est astreint à un cautionnement de ... (3.000 fr. *ou* 1.500 fr.) et qu'il jouit d'un traitement annuel de 1.000 fr.

Qu'il a versé ce cautionnement entre les mains de M. le Receveur des Finances de ... ainsi que le constate un récépissé qui lui a été délivré à la date du ... sous le numéro ... visé par M. le Préfet de ... le ... et qu'il nous a représenté ;

Et qu'il nous prie de vouloir bien l'admettre à prêter le serment prescrit par la loi et l'installer en sa dite qualité :

Sur quoi, nous, juge de paix, après avoir fait donner lecture par le commis-greffier du décret et du récépissé de cautionnement présentés, avons soumis au comparant la formule de serment suivante :

« Je jure et promets de bien et fidèlement remplir, avec honneur et probité, les fonctions de greffier (ou de greffier-notaire) dont j'ai été investi ».

Ledit M. . . . sur notre interpellation et la main droite levée, a répondu : « Je le jure ».

Nous lui avons donné acte de ce serment et l'avons, en conséquence, déclaré installé dans ses fonctions.

De tout quoi, nous avons dressé le présent procès-verbal, que nous avons signé, après lecture, avec le comparant et le commis-greffier.

TRENTE-TROISIÈME FORMULE
Prestation de serment d'un commis-greffier rétribué par l'État

L'an . . . le . . . (Formule précédente).

A comparu :

M. . . .

Lequel nous a exposé :

Que sur la proposition de M. . . . greffier de cette justice de paix, M. le Procureur général près la Cour d'appel d'Alger l'a, par arrêté en date du . . . dont il nous a représenté l'ampliation en due forme, nommé commis-greffier près notre justice de paix, au traitement annuel de 500 fr., en remplacement de M. . . .

Et qu'il nous prie de vouloir bien . . . (Formule précédente).

TRENTE-QUATRIÈME FORMULE
Prestation de serment d'un commis-greffier non rétribué par l'État

L'an . . . le . . . (Formule 32).

A comparu :

M. . . .

Lequel nous a dit qu'ayant été choisi par le greffier de cette justice de paix pour remplir les fonctions de commis-greffier non rétribué par l'Etat, il nous prie de vouloir bien l'admettre à prêter le serment prescrit par la loi.

Sur quoi, nous, juge de paix, avons donné lecture au comparant de la formule de serment suivante ; (Formule 32).

TRENTE-CINQUIÈME FORMULE
Prestation de serment d'un expert

L'an ... le ... (Formule 32).

A comparu :

M. ...

Lequel nous a exposé :

Que suivant jugement rendu par le tribunal de paix de ... le ... entre le sieur ... d'une part, et le sieur ... d'autre part, il a été nommé comme expert chargé de ...

Qu'il accepte la mission qui lui a été confiée ;

Et qu'en conséquence il nous prie de vouloir bien recevoir le serment qu'il offre de prêter de bien et fidèlement procéder aux dites opérations.

Sur quoi, nous juge de paix, avons donné lecture au comparant de la formule de serment suivante :

« Je jure de bien et fidèlement procéder, en mon âme et conscience, aux opérations qui m'ont été confiées par le jugement sus énoncé ».

Ledit M. ... sur notre interpellation ... (Formule 32).

TRENTE-SIXIÈME FORMULE
Prestation de serment d'un employé du Gouvernement

L'an ... le ... (Formule 32).

A comparu :

M. ...

Lequel nous a dit :

Que par arrêté pris le ... par M. ... dont il nous a représenté une expédition, il a été nommé aux fonctions de ... à la résidence de ...

Et qu'il nous prie de vouloir bien l'admettre à prêter le serment prescrit par la loi.

Sur quoi, nous, juge de paix, avons donné lecture au comparant de la formule de serment suivante :

« Je jure et promets de bien et fidèlement remplir mes fonctions et d'observer en tout les devoirs qu'elles m'imposent. »

Pour un garde champêtre, ajouter :

« Enfin je jure et promets de veiller à la conservation de toutes les propriétés qui sont sous la foi publique et de toutes celles dont la garde m'a été confiée. »

Ledit M. ... sur notre interpellation ... (Formule 32).

TRENTE-SEPTIÈME FORMULE
Mention à mettre en marge de la commission d'un employé du Gouvernement

Je, soussigné, greffier de la justice de paix de ... certifie que cejourd'hui, le sieur ... a prêté le serment prescrit par la loi et qu'il en a été dressé acte, placé au rang des minutes du greffe.

A ... le ...   (*Signature et cachet.*)

TRENTE-HUITIÈME FORMULE
Formule de serment des employés des postes

Je jure de bien et fidèlement remplir les fonctions qui m'ont été confiées,

Et en outre, je promets de garder et observer exactement la foi due au secret des lettres et de dénoncer aux tribunaux toutes les contraventions qui viendraient à ma connaissance.

JUSTICE CIVILE

Conciliation

138. 1. Dans toutes les causes, excepté celles qui requièrent célérité et celles dans lesquelles le défendeur serait domicilié hors du canton, il est interdit aux huissiers de donner aucune citation en justice, sans qu'au préalable le juge de paix ait appelé les parties devant lui, au moyen d'un avertissement sur papier timbré à soixante centimes, rédigé et délivré par le greffier au nom et sous la surveillance du juge de paix et expédié par la poste sous bande simple scellée du sceau de la justice de paix avec affranchissement.

139. A cet effet, il doit être tenu par le greffier un registre sur papier libre, coté et paraphé par le juge de paix, constatant l'envoi et le résultat des avertissements.

140. Le coût de cet avertissement est de 0 fr. 90, comprenant : Timbre, 0 fr. 60 ; timbre poste 0 fr. 15 ; au greffier, 0 fr. 15. Total, 0 fr. 90.

141. Dans les cas qui requièrent célérité, la citation non précédée d'avertissement ne peut être remise qu'en vertu d'une permission donnée sans frais par le juge de paix.

142. II. Aucune demande principale introductive d'instance entre parties capables de transiger et sur des objets qui peuvent être la matière d'une transaction, ne peut être reçue dans les tribunaux de première instance tant que le défendeur n'a été préalablement appelé en conciliation devant le juge de paix, ou que les parties n'y aient volontairement comparu.

143. Sont dispensées du préliminaire de la conciliation :

1° Les demandes qui intéressent l'Etat et le domaine, les communes, les établissements publics, les mineurs, les interdits, les curateurs aux successions vacantes ;

2° Les demandes qui requièrent célérité ;

3° Les demandes en intervention ou en garantie ;

4° Les demandes en matière de commerce ;

5° Les demandes de mise en liberté, celles en main-levée de saisie ou opposition, en paiement de loyer, fermages ou arrérages de rentes ou pensions; celles des avoués en paiement de frais;

6° Les demandes formées contre plus de deux parties, encore qu'elles aient le même intérêt ;

7° Les demandes en vérification d'écriture, en désaveu en réglement de juges, en renvoi, en prise à partie ; les demandes contre un tiers saisi et en général sur les saisies, sur les offres réelles, sur la remise des titres, sur leur communication, sur les séparations de biens, sur les tutelles et curatelles, et enfin toutes les causes exceptées par les lois.

144. Le défendeur sera cité en conciliation :

1° En matière personnelle et réelle devant le juge de paix de son domicile ; s'il y a deux défendeurs, devant le juge de l'un d'eux, au choix du demandeur ;

2° En matière de société autre que celle de commerce, tant qu'elle existe, devant le juge du lieu où elle est établie ;

3° En matière de succession, sur les demandes entre héritiers jusqu'au partage inclusivement ; sur les demandes qui seraient intentées par les créanciers du défunt avant le partage ; sur les demandes relatives à l'exécution des dispositions à cause de mort, jusqu'au jugement définitif, devant le juge de paix du lieu où la succession est ouverte.

145. Le délai de la citation sera de trois jours au moins.

146. Les parties doivent comparaître en personne ou par un fondé de pouvoirs. Si elles s'entendent, le juge de paix doit dresser un procès-verbal contenant les conditions de leur arrangement. Ce procès-verbal a la valeur d'un acte authentique, mais il ne confère pas hypothèque et ne peut être revêtu de la formule exécutoire. Si elles ne se concilient pas, le juge de paix dresse un procès-verbal de non conciliation, sans insérer dans ce procès-verbal leurs dires respectifs, ni les interpellations qu'elles se sont faites, ni leurs réponses.

147. Celles des parties qui ne comparaît pas doit être condamnée à une amende de 10 fr. qui est prononcée par le tribunal postérieurement saisi de l'instance.

TRENTE-NEUVIÈME FORMULE
Procès-verbal de conciliation

L'an ... le ... (Formule 10).

A comparu :

M ... (Demandeur).

Lequel nous a dit que par exploit de M⁰ ... huissier à ... en date du ... enregistré, il a fait citer M ... à comparaître à ces jour, heure et lieu, devant nous, pour se concilier, si faire se peut, sur ... (Copier les termes de l'exploit).

Qu'il se présente pour essayer de se concilier sur ladite demande ;

Et qu'il nous prie de vouloir bien accorder notre médiation aux parties, offrant de développer sommairement les moyens sur lesquels ses conclusions sont fondées.

Lecture faite il a signé.   (*Signature*).

A l'instant a comparu ledit M ...

Lequel a déclaré qu'il reconnaît devoir à M ... la somme qui lui est réclamée, qu'il lui est impossible de se libérer actuellement et qu'il sollicite un délai de ... à partir d'aujourd'hui, offrant de servir les intérêts du capital au taux de ... pour cent l'an, payables par ...

M ... a déclaré accepter cette proposition et accorder le délai demandé,

Sur quoi, nous, juge de paix, avons donné acte aux parties de leurs comparutions, déclarations et propositions, et lesdits sieurs ... ont arrêté les conventions suivantes :

M ... reconnaît devoir à M ... la somme de ... pour les causes susdites.

Laquelle somme il s'oblige à payer au créancier, le ... avec faculté pour le débiteur de se libérer par anticipation quand bon lui semblera.

Et, jusqu'à complète libération, ledit M. ... s'oblige à servir à M. ... les intérêts du dit capital au taux de ... pour cent l'an payables par ... et à terme échu à compter d'aujourd'hui.

A défaut de paiement exact à son échéance d'un seul terme des intérêts ci-dessus stipulés et quinze jours après un simple commandement de payer resté infructueux, la somme capitale alors due deviendra immédiatement et de plein droit exigible si bon semble au créancier, sans qu'il soit besoin de remplir aucune autre formalité judiciaire.

Les frais de la citation sus-énoncée et du présent procès-verbal seront supportés par M ...

De tout quoi, nous avons dressé le présent procès-verbal, les jour, mois et an que dessus.

Et après lecture faite, les parties ont signé avec nous et le greffier.

QUARANTIÈME FORMULE
Procès-verbal de non conciliation

L'an ... le ... (Voir formule précédente jusqu'à la signature du demandeur).

A l'instant a comparu ledit M ...

Lequel a dit qu'il se présente pour obéir à justice ajoutant ...

Lecture faite il a signé.   (*Signature*).

Sur quoi, nous, juge de paix, avons donné acte aux parties de leurs comparutions et déclarations, et, n'ayant pu les concilier, les avons renvoyées à se pourvoir devant les juges qui doivent connaître de l'objet de la contestation.

De tout quoi ... (Formule précédente).

Jugements civils français

145. Indépendamment des règles spéciales qui régissent les justices de paix en Kabylie, de Bouïra, Aïn-Bessem et Mansourah, (Voir ci-après) il y a, en Algérie, deux classes bien distinctes de justices de paix : celle à compétence ordi-

naire (généralement celles établies dans les localités où il existe un tribunal de première instance) et celles à compétence étendue.

I. Compétence ordinaire

149. La compétence ordinaire est celle qui est réglée par les lois des 25 mai 1838, et 2 mai 1855, dont nous extrayons les articles suivants :

1. Les juges de paix connaissent de toutes actions purement mobilières ou personnelles, en dernier ressort jusqu'à la valeur de 100 fr. et à charge d'appel jusqu'à la valeur de 200 fr.

2. Les juges de paix prononcent, sans appel, jusqu'à la valeur de 100 fr. et, à charge d'appel, jusqu'au taux de la compétence en dernier ressort des tribunaux de première, instance (1,500 fr.) — Sur les contestations entre les hôteliers aubergistes ou logeurs, et les voyageurs ou locataires en garni, pour les dépenses d'hôtellerie et perte ou avarie d'effets ou objets déposés dans l'auberge ou dans l'hôtel ; — Entre les voyageurs, et les voituriers ou bateliers pour retard, frais de route et perte ou avarie d'effets accompagnant les voyageurs ; — Entre les voyageurs et les carrossiers ou autres ouvriers pour fournitures, salaires et réparations faites aux voitures de voyage.

3. Les juges de paix connaissent, sans appel, jusqu'à la valeur de 100 fr. et à charge d'appel à quelque valeur que la demande puisse s'élever : — Des actions en paiement de loyers ou fermages, des congés, des demandes en résiliation de baux, fondées sur le seul défaut de paiement des loyers ou fermages; des expulsions de lieu et des demandes en validité de saisie-gagerie : le tout lorsque les locations verbales ou par écrit n'excèdent pas annuellement 400 fr. — Si le prix principal du bail consiste en denrées ou prestations en nature, appréciables d'après les mercuriales, l'évaluation sera faite sur celles du jour de l'échéance, lorsqu'il s'agira du paiement des fermages.

Dans tous les autres cas, elle aura lieu suivant les mercuriales du mois qui aura précédé la demande. — Si le prix principal du bail consiste en prestations non appréciables d'après les mercuriales, ou s'il s'agit de baux à colon partiaire, le juge déterminera la compétence en prenant pour base du revenu de la propriété, le principal de la contribution foncière de l'année courante multiplié par cinq.

4. Les juges de paix connaissent sans appel et jusqu'à la valeur de 100 fr., et à charge d'appel jusqu'au taux de la compétence en dernier ressort des tribunaux de première instance ; 1° Des indemnités réclamées par le locataire ou fermier pour non jouissance provenant du fait du propriétaire, lorsque le droit à une indemnité n'est pas contesté ; 2° des dégradations et pertes dans les cas prévus par les articles 1732 et 1735 du Code civil. — Néanmoins, le juge de paix ne connaît des pertes causées par incendie ou inondation que dans les limites posées par l'article 1 de la présente loi.

5. Les juges de paix connaissent également sans appel, jusqu'à la valeur de 100 fr. et à charge d'appel à quelque valeur que la demande puisse s'élever : 1° Des actions pour dommages faits aux champs, fruits et récoltes, soit par l'homme, soit par les animaux, et celles relatives à l'élagage des arbres, et au curage soit des fossés, soit des canaux servant à l'irrigation des propriétés ou au mouvement des usines, lorsque les droits de propriété ou de servitude ne sont pas contestés ; 2° des réparations locatives des maisons ou fermes, mises par la loi à la charge du locataire ; 3° des contestations relatives aux engagements respectifs des gens de travail, au jour, au mois et à l'année et de ceux qui les emploient ; des maîtres et des domestiques ou gens de service à gages ; des maîtres et de leurs ouvriers ou apprentis, sans, néanmoins, qu'il soit dérogé aux lois et règlements relatifs à la juridiction des prud'hommes ; 4° des contestations relatives au paiement des nourrices, sauf ce qui est prescrit par les lois et règlements

d'administration publique, à l'égard des bureaux de nourrices de la ville de Paris et de toutes les autres villes ; 5° des actions civiles pour diffamations verbales et pour injures publiques ou non publiques, verbales ou par écrit; autrement que par la voie de la presse ; des mêmes actions pour risques ou voies de fait ; le tout lorsque les parties ne se sont pas pourvues par la voie criminelle.

6. Les juges de paix connaissent en outre, à charge d'appel : 1° des entreprises commises dans l'année sur les cours d'eau servant à l'irrigation des propriétés et au mouvement des usines et moulins, sans préjudice des attributions de l'autorité administrative, dans les cas déterminés par les lois et par les règlements ; des dénonciations de nouvel œuvre, complaintes, actions en réintégrande et autres actions possessoires fondées sur des faits également commis dans l'année ; 2° des actions en bornage et celles relatives à la distance prescrite par la loi, les règlements particuliers à l'usage des lieux, pour les plantations d'arbres ou de haies, lorsque la propriété ou les titres qui l'établissent ne sont pas contestés ; 3° des actions relatives aux constructions et travaux énoncés dans l'article 674 du Code civil, lorsque la propriété ou la mitoyenneté du mur ne sont pas contestées ; 4° des demandes en pension alimentaire n'excédant pas 150 fr. par an et seulement lorsqu'elles seront formées en vertu des articles 205, 206 et 207 du Code civil.

7. Les juges de paix connaissent de toutes les demandes reconventionnelles ou en compensation qui, par leur nature ou leur valeur, sont dans les limites de leur compétence, alors même que, dans les cas prévus par l'article 1er, ces demandes, réunies à la demande principale, s'élèveraient au-dessus de 200 fr. Ils connaissent, en outre, à quelques sommes qu'elles puissent monter, des demandes reconventionnelles en dommages et intérêts, fondées exclusivement sur la demande principale elle-même.

8. Lorsque chacune des demandes principales, reconventionnelles ou en compensation, sera dans les limites de la compétence du juge de paix en dernier ressort, il prononcera sans qu'il y ait lieu à l'appel. — Si l'une de ces demandes n'est susceptible d'être jugée qu'à charge d'appel, le juge de paix ne prononcera sur toutes qu'en premier ressort. — Si la demande reconventionnelle ou en compensation excède les limites de sa compétence, il pourra, soit retenir le jugement de la demande principale, soit renvoyer sur le tout les parties à se pourvoir devant le tribunal de première instance sans préliminaire de conciliation.

9. Lorsque plusieurs demandes formées par la même partie seront réunies dans une même instance, le juge de paix ne prononcera qu'en premier ressort si leur valeur totale s'élève au-dessus de 100 fr., lors même que quelqu'une de ces demandes serait inférieure à cette somme. Il sera incompétent sur le tout, si ces demandes excèdent, par leur réunion, les limites de sa juridiction.

10. Dans les cas où la saisie-gagerie ne peut avoir lieu qu'en vertu de permission de justice, cette permission sera accordée par le juge de paix du lieu où la saisie devra être faite, toutes les fois que les causes entreront dans sa compétence. S'il y a opposition de la part des tiers pour des causes et pour des sommes qui, réunies, excéderaient cette compétence, le jugement en sera déféré aux tribunaux de première instance.

11. L'exécution provisoire des jugements sera ordonnée dans tous les cas où il y a titre authentique, promesse reconnue ou condamnation précédente dont il n'y a point eu d'appel. Dans tous les autres cas, le juge pourra ordonner l'exécution provisoire nonobstant appel sans caution, lorsqu'il s'agira de pension alimentaire, ou lorsque la somme n'excédera pas 300 fr., et avec caution au-dessus de cette somme. La caution sera reçue par le juge de paix.

12. S'il y a péril en la demeure, l'exécution provisoire pourra être ordonnée sur la minute du jugement avec ou sans caution, conformément aux dispositions de l'article précédent.

13. L'appel des jugements des juges de paix ne sera recevable ni avant les trois jours qui suivront celui de la prononciation des jugements, à moins qu'il n'y ait lieu à exécution provisoire, ni après les trente jours qui suivront la signification à l'égard des personnes domiciliées dans le canton. Les personnes domiciliées hors du canton auront, pour interjeter l'appel, outre le délai de trente jours, le délai réglé par les articles 73 et 1033 du Code de procédure civile.

14. Ne sera pas recevable l'appel des jugements mal à propos qualifiés en premier ressort ou qui, étant en dernier ressort, n'auraient point été qualifiés. Seront sujets à l'appel, les jugements qualifiés en dernier ressort, s'ils ont statué soit sur des questions de compétence, soit sur des matières dont le juge de paix ne pouvait connaître qu'en premier ressort. Néanmoins, si le juge de paix s'est déclaré compétent, l'appel ne pourra être interjeté qu'après le jugement définitif.

15. Les jugements rendus par le juge de paix ne pourront être attaqués par la voie du recours en cassation que pour excès de pouvoir.

150. Nous faisons remarquer que la Chambre a été saisie d'un projet de loi sur la réforme des justices de paix, projet d'après lequel la compétence ordinaire, en premier ressort, pour les actions personnelles et mobilières, serait élevée à 1.500 fr.

II. Compétence étendue

151. Les juges de paix à compétence étendue (généralement ceux institués dans les localités où il n'existe pas de tribunal de première instance) connaissent de toutes les actions personnelles et mobilières, en matière civile et commerciale, en dernier ressort jusqu'à la valeur de 500 fr. et en premier ressort jusqu'à la valeur de 1.000 fr. Ils exercent en outre les

fonctions des présidents des tribunaux de première instance comme juges de référés en toutes matières et peuvent, comme eux, ordonner toutes mesures conservatoires.

III. Compétence en Kabylie
à Bouïra, Aïn-Bessem, Mansourah

152. Les juges de paix de Tizi-Ouzou et de Bougie et les juges de paix du ressort de ces deux arrondissements, statuant sur les actions civiles et commerciales autres que celles qui intéressent exclusivement les indigène kabyles ou arabes, ou musulmans étrangers, appliquent la loi française, d'après les règles établies pour les justices de paix de l'Algérie.

153. Ils connaissent :

1° Des matières spéciales attribuées aux juges de paix de France par les lois des 25 mai 1838, 20 mai 1854 et 2 mai 1855, dans les limites du premier ressort fixées par lesdites lois, et, en dernier ressort jusqu'à la valeur de 500 fr.

2° Des actions purement personnelles et mobilières, civiles ou commerciales, à savoir : en dernier ressort jusqu'à celles de 1.000 fr.

154. Ils exercent, en outre, à l'exception des juges de paix de Tizi-Ouzou et de Bougie :

1° Les fonctions de présidents des tribunaux de première instance comme juges de référés en toute matière et pourront, comme eux, ordonner toutes mesures conservatoires ;

2° Toutes les attributions conférées par la loi française au président du tribunal, en ce qui concerne l'exéquatur à donner aux sentences arbitrales.

155. Les dispositions qui précèdent sont applicables aux justices de paix de Bouïra, Aïn-Bessem et Mansourah.

QUARANTE-UNIÈME FORMULE
Jugement civil contradictoire (ou par défaut contre le défendeur)

L'an ... le ... à ... heures du ...

Le tribunal de paix des ville et canton de ..., arrondissement de ..., département de ..., composé de M. ..., juge de paix, assisté de : 1° M⁰ ..., greffier ; 2° M. ..., interprète judiciaire assermenté pour la langue arabe, a, dans son audience civile et commerciale de ce jour, tenu au prétoire de la justice de paix, rendu le jugement dont la teneur suit :

Entre : 1° Le sieur ..., commerçant, demeurant à ..., demandeur aux fins de l'exploit ci-après énoncé, comparaissant en personne (ou comparaissant par M. ..., employé, demeurant à ..., son mandataire, en vertu d'une procuration sous seing privé en date à ... du ..., dont l'original enregistré est demeuré ci-annexé après mention), d'une part ; 2° Et le sieur ..., cultivateur, demeurant à ..., défendeur aux fins dudit exploit, comparaissant en personne (ou ne comparaissant pas ni personne pour lui), d'autre part. Faits. Suivant exploit de ..., huissier à ..., en date du ... enregistré, le demandeur a fait citer le défendeur à comparaître à l'audience de ce jour, devant ce tribunal statuant en matière civile (ou commerciale) pour s'entendre condamner par toutes les voies de droit à payer au requérant ... (copier les termes de l'exploit) sous toutes réserves. L'affaire ayant été inscrite au rôle de ce tribunal sous le numéro ..., a été appelée et est venue en ordre utile à l'audience de ce jour. A l'appel de la cause, le sieur ... (demandeur) a conclu à ce qu'il plaise au tribunal lui adjuger les conclusions contenues en son exploit introductif d'instance qu'il a oralement développées à la barre. Le sieur ... a répondu ... (si le défendeur ne comparaît pas : Le sieur n'a pas comparu ni personne pour lui). Sur quoi nous, juge de paix, attendu ... à écrire sous la dictée du juge) ... (Si le défendeur ne comparaît pas : Attendu que le défendeur, quoique régulièrement cité, ne comparaît pas ni personne pour lui ; attendu que ce défaut de comparution fait présumer qu'il n'a rien à objecter à la demande du sieur ..., qui paraît juste et fondée). Par ces motifs, jugeant contradictoirement (ou par défaut), et en premier (ou dernier) ressort, condamnons le sieur . . . à payer au sieur . . . la somme principale de . . . pour les causes susdites, ainsi que les intérêts de ce capital au taux légal, à compter du . . . date de la demande introductive d'instance, et tous les dépens liquidés par nous à la somme de . . . en ce non compris le coût du présent jugement, de sa signification, et de sa mise à exécution, s'il y a lieu. (Si le jugement est par défaut contre le défendeur : Commettons Me . . . huissier à . . . pour la signification du présent jugement.) Ainsi jugé et prononcé en audience publique tenue à . . . les jour, mois et an que dessus, En foi de quoi le présent jugement a été signé par M . . . . juge de paix et Me . . . greffier ayant tenu la plume à l'audience.

(*Signatures.*)

QUARANTE DEUXIÈME FORMULE
Jugement de défaut congé contre le demandeur

L'an . . . le . . . (Formule précédente),

Entre : 1° Le sieur . . . (profession et domicile), demandeur, aux fins de l'exploit ci-après énoncé, ne comparaissant pas, ni personne pour lui, d'une part ; 2° Et le sieur . . ., défendeur, aux fins dudit exploit, comparaissant en personne, d'autre part. Faits . . . (Formule précédente). A l'appel de la cause, le demandeur n'ayant pas comparu, le défendeur a requis défaut et a conclu à ce qu'il plaise au tribunal le renvoyer de l'action intentée contre lui et condamner le demandeur aux dépens, ajoutant qu'il ne doit absolument rien à M. . . . Sur quoi, nous, juge de paix, attendu que le demandeur ne comparaît pas, ni personne pour lui ; attendu que ce défaut de comparution fait présumer qu'il reconnaît que sa demande est mal fondée. Par ces motifs, jugeant en premier (ou dernier ressort), donnons défaut contre M. . . . et pour le profit, renvoyons le défendeur des fins de la demande formée contre lui par l'exploit susénoncé, et condamnons le sieur . . . (demandeur) à tous les dépens liquidés par nous à la somme de . . . non compris le coût du présent jugement et de sa signification, s'il y a lieu.

Ainsi jugé ... (Formule précédente).

QUARANTE-TROISIÈME FORMULE
Jugement contradictoire rendu sur opposition

L'an ... le ... (Formule 41),

Entre : 1° Le sieur ... propriétaire, demeurant à ... demandeur au principal et défendeur à l'opposition ci-après énoncée, comparaissant en personne, d'une part ; 2° Et le sieur ... cultivateur, demeurant à ... défendeur en principal et demandeur en opposition suivant exploit de ... huissier à ... du ... enregistré, comparaissant en personne, d'autre part. Faits. Suivant jugement rendu par le tribunal de céans le ... enregistré, le sieur ... a été condamné par défaut à payer au sieur ... la somme de ... pour ..., les intérêts et les frais. Ce jugement ayant été signifié au sieur ... le ... il y a formé opposition par l'exploit susénoncé, et a fait citer le sieur ... à comparaître à l'audience de ce jour, devant ce tribunal statuant en matière ... pour ... (copier les termes de l'opposition). L'affaire a été de nouveau inscrite au rôle de ce tribunal sous le numéro ... et est venue en ordre utile à l'audience de ce jour. A l'appel de la cause, le sieur ... a repris et développé oralement à la barre les conclusions de son opposition et en a requis l'adjudication à son profit. Le sieur ... a répliqué que ... Et il a conclu à ce qu'il plaise au tribunal débouter le sieur ... des fins de son opposition et ordonner l'exécution pure et simple du jugement précité. Sur quoi, nous, juge de paix, attendu d'une part, que l'opposition formée par le sieur ... au jugement de ... est régulière ; attendu, d'autre part... Par ces motifs, jugeant contradictoirement et en ... ressort, recevons le sieur ... opposant au jugement par défaut rendu contre lui le ..., déboutons ledit sieur ... des fins de son opposition, et disons que le jugement précité sortira son plein et entier effet (ou : mettons à néant le jugement précité et déboutons le sieur ... des fins de sa demande introductive d'instance) ; condamnons en outre le sieur ... à tous les dé-

pens liquidés par nous à la somme de . .   en ce non compris le
coût du présent jugement et de sa mise à exécution s'il y a lieu.

Ainsi jugé ... (Formule 41).

QUARANTE-QUATRIÈME FORMULE
Jugement par défaut rendu sur opposition

L'an ... le ... (Formule 41),

Entre : 1° Le sieur ... (Formule précédente) ; 2° Et le sieur
... (Formule précédente), ne comparaissant pas ni personne
pour lui, d'autre part. Faits ... (Formule précédente). A
l'appel de la cause, le sieur ... n'a pas comparu ni personne
pour lui. Le sieur ... a conclu à ce qu'il plaise au tribunal
confirmer le jugement de défaut susénoncé, et a développé les
conclusions contenues en son exploit introductif d'instance.
Sur quoi, nous, juge de paix, attendu que le sieur ... opposant au jugement du ... ne comparait pas, ni personne pour
lui ; attendu que ce défaut de comparution fait présumer qu'il
n'a rien à objecter à la demande du sieur ... qui parait juste
et fondée. Par ces motifs, jugeant par défaut, sur opposition et
en dernier ressort (ou premier ressort), confirmons purement
et simplement le jugement précité du ... et disons qu'il sortira
son plein et entier effet. Condamnons en conséquence le sieur
... à payer au sieur ... la somme principale de ... pour les
causes susdites ainsi que les intérêts de ce capital au taux légal
à compter de la demande introductive d'instance et tous les
dépens liquidés par nous à ... en ce non compris le coût du
présent jugement et de sa mise à exécution s'il y a lieu.

Ainsi jugé ... (Formule 41).

QUARANTE-CINQUIÈME FORMULE
Jugement qui nomme des experts ou ordonne une enquête

L'an ... le ... (Formule 41).

Sur quoi, nous, juge de paix, attendu que le tribunal ne
possède pas les éléments nécessaires pour statuer sur le mérite de la demande ; qu'il y a donc lieu de procéder préalablement à une expertise et à une enquête sur les liens, objet

du litige; attendu que les parties sont d'accord sur le choix
et la mission des experts. Par ces motifs, jugeant contradictoirement, avant faire droit et en ... ressort, nommons les
sieurs ... comme experts dispensés du serment préalable à
leur entrée en fonction, avec mission : De procéder en présence des parties à toutes enquêtes et contre-enquêtes nécessaires; entendre tous indicateurs et témoins; examiner les
livres, registres et pièces que les parties peuvent avoir à produire; obtenir tous renseignements; régler et arrêter définitivement tous comptes pouvant exister à ce jour, entre le demandeur et le défendeur, et dresser ensuite rapport de leurs
opérations, lequel devra être déposé au greffe de cette justice
de paix, sous quinzaine de ce jour, pour, sur ce rapport, être
alors statué par le tribunal ce qu'il appartiendra. Réservons
jusqu'à solution de l'instance les dépens liquidés par nous à la
somme de ... en ce non compris le coût du présent jugement.

Ainsi jugé ... (Formule 41).

QUARANTE-SIXIÈME FORMULE
Jugement sur prorogation de juridiction

L'an ... le ... à ... heures de ... à ... au prétoire de
la justice de paix de cette ville.

Devant nous ... juge de paix du canton de ... assisté de
M° ... greffier.

Ont comparu :

1° ... (demandeur),

D'une part ;

2° ... (défendeur),

D'autre part.

Lesquels nous ont déclaré :

Que M. ... est créancier de M. ... d'une somme principale de ... pour ...

Que M. ... ne pouvant s'acquitter en ce moment de ce qu'il
doit à M. ... celui-ci se proposait de former contre son débiteur, devant le tribunal civil de première instance de ... une

action en paiement de ladite somme, mais que, pour éviter les frais qu'entraînerait l'obtention d'un jugement devant ledit tribunal, les parties ont résolu de porter devant nous la demande dont il s'agit ;

Qu'à cet effet et conformément à l'article 7 du Code de procédure civile, les comparants se présentent volontairement devant nous, et nous demandent jugement sur leur différend susénoncé, prorogeant sur ce notre compétence et nous autorisant à statuer en dernier ressort ;

Qu'ils nous prient donc de vouloir bien leur accorder immédiatement audience, et de les entendre dans leurs conclusions respectives pour statuer ensuite ce qu'il appartiendra.

Desquelles comparutions, déclarations et prorogation de compétence, les comparants nous ont requis acte que nous leur avons octroyé.

Et ils ont signé après lecture.   (*Signatures.*)

Et nous ... juge de paix du canton de ... avons rendu le jugement dont la teneur suit :

Entre le sieur ... d'une part, et le sieur ... d'autre part.

La cause appelée, le sieur ... a conclu à ce qu'il plaise au tribunal condamner le sieur ... à lui payer, avec intérêts et dépens, la somme principale de ... pour les causes susdites.

Le sieur ... a reconnu devoir ladite somme et consenti à ce qu'il fut prononcé jugement contre lui.

Sur quoi, nous, juge de paix,

Attendu que la dette est reconnue ; attendu ...

Par ces motifs : Jugeant contradictoirement et en dernier ressort, condamnons le sieur ... (Voir formule 41).

Jugements de simple police

156 Sont considérées comme contraventions de police simple, les faits qui, d'après les dispositions du 4e livre du Code pénal, peuvent donner lieu soit à 15f d'amende ou au-dessous, soit à 5 jours d'emprisonnement ou au-dessous, qu'il y ait ou non confiscation des choses saisies et quelle qu'en soit la valeur.

157. La connaissance des contraventions de police est attribuée exclusivement au juge de paix du canton dans l'étendue duquel elles ont été commises.

158. Aux termes de l'article 62, paragraphe 2 de l'ordonnance du 26 septembre 1842, le mode de procéder devant les tribunaux de simple police d'Algérie est réglé par les sections 1 et 3 du chapitre 1, titre 1, du livre 2, Code instruction criminelle, auxquelles nous renvoyons.

159. Néanmoins l'appel des jugements de simple police, dans le cas où il est autorisé, doit être, sous peine de déchéance, déclaré au greffe des tribunaux de paix dans les dix jours, au plus tard à partir de celui où le jugement a été prononcé contradictoirement, et si le jugement est par défaut, dans les dix jours au plus tard, après celui de sa signification, outre le délai à raison des distances.

160. Les procès-verbaux de simple police sont remis la veille de l'audience au juge ou au greffier par le ministère public pour être enrôlés.

161 Aussitôt après leur réception, le greffier porte dans une colonne spéciale du registre *ad hoc* le numéro d'ordre, le nom du prévenu et la nature de la contravention.

162. Indépendamment de ce registre, le greffier en tient un deuxième pour mentionner les noms des personnes qui désirent se porter partie civile à l'audience *ainsi que le montant de la consignation à faire.*

163. A l'audience, les affaires sont appelées par l'huissier de service, par numéro d'ordre, et le greffier consigne, soit dans le registre même, soit dans le registre des notes d'audience, les dires des parties et des témoins, ayant soin de men-

tionner, sous peine de nullité, que les témoins ont été entendus sous la foi du serment, ainsi que le prononcé du jugement.

164. Les affaires remises pour une cause quelconque, sont retirées par le ministère public, à l'exception des affaires venant en citation directe.

165. Aussitôt après l'audience, le greffier classe tous les procès-verbaux auxquels il a été donné suite et mentionne sur le répertoire le résultat de chaque procès-verbal.

166. Aussitôt ces jugements couchés, et même dans son intérêt personnel, le greffier fera enregistrer lesdits jugements, en ayant soin de ne jamais recevoir d'appel avant l'enregistrement du jugement.

167. Le jugement doit mentionner : 1° Que les témoins ont été entendus sous la foi du serment ; 2° Que le ministère public a été entendu ; 3° Le montant de l'amende et des dommages-intérêts, la liquidation des frais exposés par l'Etat et par la partie civile, l'article de loi appliqué et lu à l'audience et l'application de la contrainte par corps.

168. Les frais liquidés comprennent :

Timbre et enregistrement du procès-verbal	2f 70
Frais de citation................	
Enregistrement........	
Droit de poste	0 20
Allocation	0.05 et 0.10 s'il y a prison.
Extrait.....................	0.25 et 0.50 s'il y a prison.
Timbre du jugement............	

169. Comme en matière civile, le permis de citer les prévenus et témoins ne peut être délivré par le juge de paix qu'après un avertissement remis sans frais par voie administrative. Cette disposition concerne seulement les citations à la requête du ministère public et non celles à la requête de la partie civile.

170. Lorsqu'il y a partie civile en cause dans une affaire de simple police ou correctionnelle, les droits de timbre et d'enregistrement doivent être acquittés par elle. A cet effet, le greffier peut exiger d'avance la consignation entre ses mains du montant de ces droits.

171. Dans les appels où il y partie civile, les expéditions de l'acte d'appel et du jugement doivent être faites sur timbre, à moins qu'il y ait indigence constatée.

172. Un greffier ne doit pas se faire juge de la recevabilité d'un pourvoi en cassation contre un jugement rendu en simple police; il ne peut non plus refuser de recevoir un pourvoi sous le prétexte que la partie doit au préalable verser entre ses mains une consignation affectée aux frais de timbre et d'enregistrement.

173. L'acte de pourvoi en cassation a été assujetti par la loi du **28** avril **1816** à un droit fixe de **25** fr., augmenté de moitié par la loi du **28** février **1872**, en outre des deux décimes et demi prescrits par les lois du **6** prairial an **VII**, **2** juillet **1862**, **8** juin **1864** et **23** août **1875**, soit ensemble une somme de **46** fr. **88**. Ce tarif est applicable en Algérie comme en France d'après la jurisprudence de la Cour de cassation. Le greffier qui reçoit la déclaration du pourvoi doit adresser au receveur des Contributions diverses un exécutoire supplémentaire de tous les frais occasionnés par le pourvoi, jusqu'au moment de son envoi à la Cour suprême, y compris les frais d'enregistrement.

174. Pour le recouvrement des amendes et des frais de justice, prononcés par le tribunal de paix, jugeant en matière correctionnelle et de simple police, le greffier est tenu de délivrer au directeur des Contributions diverses de son département, avec lequel il a la franchise postale :

1o Un extrait dit définitif lorsque le jugement est contradictoire et que les délais d'appel sont expirés ;

2° Un extrait dit provisoire, lorsque le jugement est rendu par défaut ;

Enfin, l'extrait dit complémentaire, appelé encore duplicata, délivré en remplacement de l'extrait dit provisoire, lorsque le jugement par défaut a été signifié et est devenu définitif.

175. Il ne doit pas être délivré d'extraits provisoires, à la suite des condamnations par défaut, savoir :

1° Lorsque le tribunal juge en matière correctionnelle ;

2° Lorsque le jugement est rendu en exécution de la loi du 23 janvier 1873 (ivresse) ;

3° Lorsqu'il y a condamnation par défaut à l'emprisonnement, car, dans ce cas, il faut légalement que le jugement soit signifié au condamné, pour qu'il puisse être tenu de subir sa peine.

176. Donc, pour tous autres jugements, il y a lieu à la délivrance d'extraits provisoires, que le service des Contributions transmet au ministère public pour signification s'il y a lieu.

177. Si l'extrait provisoire a été signifié, l'original de signification et l'extrait provisoire sont remis au greffier par le ministère public, l'original de signification pour être conservé aux archives du greffe, l'extrait provisoire pour être joint au nouvel extrait, appelé complémentaire ou duplicata, qui devra être établi et sur lequel seront ajoutés au montant des frais du jugement primitif : 1° Les frais d'enregistrement ; 2° Ceux de signification.

178. Les extraits sont adressés par le greffier au directeur des Contributions diverses de son département, avec lequel, comme nous l'avons dit, il jouit de la franchise postale, accompagnés d'un bordereau sur lequel ils sont classés de la manière suivante :

1° Les extraits provisoires ;

2° Les extraits définitifs ;

3° Les extraits complémentaires.

Les colonnes 5, 6 et 7 du bordereau doivent être additionnées, en ayant soin de faire ressortir un total spécial pour chaque catégorie d'extraits.

179. Les jugements de simple police et correctionnels porteront une série de numéros d'ordre, exclusivement réservée aux relations du greffe avec le service des Contributions diverses.

180. La circulaire du ministre de la Justice en date du 22 décembre 1879 porte en effet que :

« A l'avenir tous les jugements d'un même tribunal recevront un numéro d'ordre appartenant à une série non interrompue recommencée chaque année. Ce numéro sera reproduit sur les extraits de jugement ou d'arrêts, les états de liquidation et les exécutoires supplémentaires.

« Les extraits seront classés dans un bordereau d'envoi sur lequel les greffiers reproduiront les numéros des jugements. Dans le cas où, pour une cause quelconque, un extrait ne pourra être remis au moment de la formation du bordereau d'envoi, le greffier devra se borner à y mentionner son numéro d'ordre. »

Ajoutons : En mentionnant dans la colonne numéro 8 le motif pour lequel l'extrait n'est pas envoyé comme : Jugement de renvoi, remis pour signification, délit forestier etc., etc.

181. Tout procès-verbal dressé pour cause d'irrévérence à l'audience donne lieu à un extrait pour le recouvrement de l'amende prononcée, lorsqu'il n'y a pas une peine de prison appliquée, en tous cas, pour le recouvrement des frais.

182. Ces extraits sont remis au receveur de l'Enregistrement avec bordereau à l'appui.

183. Enfin, le greffier délivre des extraits de prison au ministère public, et sur sa réquisition, lorsqu'une condamnation à une peine d'emprisonnement est prononcée et que le jugement est devenu définitif.

184. Le service des Contributions diverses paie au greffier le montant des extraits définitifs qu'il lui a adressés dans le courant de l'année, à raison de 0 fr. 25 par extrait.

185. Le service de l'Enregistrement paie les articles du bordereau à raison de 0 fr. 05 par article et tous autres extraits ou bulletins, à raison de 0 fr. 25 par extrait ou bulletin. Il paie aussi les rôles d'expédition délivrée au ministère public pour signification sans qu'il puisse être compté plus de deux rôles par expédition.

186. Les extraits sont classés dans un bordereau d'envoi sur lequel le greffier reproduit les numéros des jugements et tous les renseignements énoncés sur lesdits extraits.

187. Le greffier doit également fournir à l'administration des Contributions diverses un extrait des condamnations prononcées en matière de pêche côtière, conformément au décret du 9 janvier 1852. Les jugements rendus en cette matière étant exempts de timbre et enregistrés gratis, les frais ne doivent comprendre que : Droit de poste, 2 fr. ; allocation, 0 fr. 05 ; extrait, 0 fr. 25, Ensemble, 2 fr. 30.

188 Il est dû au greffier 0 fr. 05 par chaque article du bordereau d'envoi et 0 fr. 25 pour chaque extrait définitif ou provisoire, mais il n'est rien dû pour les extraits définitifs en remplacement d'extraits provisoires ni pour les pièces rectificatives. Les frais d'extraits définitifs sont imputés sur le budget du ministère des Finances, tandis que les frais d'extraits provisoires sont considérés comme frais de justice et acquittés à ce titre par le Receveur de l'enregistrement, pour le compte et sur le budget du ministère de la Justice. Les mémoires des greffiers pour frais d'extraits, sont, avant mandatement, soumis à la vérification du directeur des Contributions diverses.

189. Quant à l'allocation de 0 fr. 05 par article porté sur les bordereaux d'envoi, laquelle est à la charge du ministère de la Justice, elle est payée directement par les receveurs de l'Enregistrement, sans intervention du directeur des Contributions diverses. (Circulaire ministérielle du 24 juin 1880 § 2).

190. Il n'est dû aux juge de paix et greffier aucune indemnité pour descente de lieu en matière de simple police.

QUARANTE-SEPTIÈME FORMULE
(Donnée par M. le Procureur général dans sa circulaire du 17 avril 1855)

Jugement de police

Ministère public ... contre ...

Entre le ministère public près le tribunal de simple police du canton de ...

D'une part ;

Et le nommé ... défendeur,

D'autre part.

Point de fait.

Suivant un procès-verbal dressé par ... visé pour timbre et enregistré, dont il a été donné lecture à l'audience par le greffier, il a été constaté que ...

(Ici la brève énonciation du fait).

Pour raison de ce fait et suivant exploit de ... l'inculpé a été cité à comparaître cejourd'hui à l'audience, pour s'entendre condamner aux peines et amendes prononcées par la loi.

Point de droit ;

Doit-on condamner l'inculpé à ... (l'emprisonnement ou à l'amende).

Que doit-on statuer à l'égard des dépens ?

Nous, juge de paix, ouï ...

Attendu que du procès-verbal dressé par ... le ... il résulte que ...

Attendu que ce fait constitue une contravention laquelle est prévue et punie par l'article ... du Code pénal, dont il a été donné lecture par nous, à l'audience, lequel est ainsi conçu ...

Faisant application de cet article à l'inculpé, le condamne à .. et aux dépens liquidés à la somme de ... compris timbre et enregistrement du présent jugement.

Ainsi fait et prononcé par nous ...

Et avons signé avec ...

QUARANTE-HUITIÈME FORMULE
Jugement contradictoire sur la poursuite d'une partie civile (sur timbre)

L'an ... le ... (Formule 41).

Entre : 1º M ... remplissant près ce tribunal les fonctions de ministère public, d'une part ; 2º M ... demandeur aux fins de l'exploit ci-après énoncé (ou demandeur s'étant porté partie civile à l'audience) comparaissant en personne, d'autre part ; 3º Et M ... défendeur comparaissant en personne, de troisième part. Faits. Suivant exploit ... (voir formule 41) ou s'il n'y a pas de citation à la requête de la partie civile : suivant procès-verbal ... (voir formule précédente) et ajouter : le sieur ... a déclaré se porter partie civile et a réclamé au prévenu la somme de ... à titre de dommages-intérêts. Le défendeur a répondu ... Le ministère public a demandé l'application des articles ... Sur quoi, nous, juge de paix, ouï le ministère public en ses conclusions, attendu ... (voir formule précédente) attendu, en ce qui concerne la demande de la partie civile, que le tribunal possède les éléments suffisants d'appréciation pour évaluer le préjudice subi, à la somme de ... Par ces motifs, jugeant contradictoirement et en ... ressort, 1ent statuant sur l'action du ministère public, condamnons le prévenu à ... d'amende et aux frais envers l'État liquidés à ... Fixons à ... jours la durée de la contrainte par corps. 2ent statuant sur la demande de la partie civile, condamnons le sieur ... à payer au sieur ... à titre de dommages-intérêts, la somme principale de ... ainsi que tous les dépens liquidés par nous à ...

en ce non compris le coût du présent jugement et de sa mise à exécution s'il y a lieu. Ainsi jugé ... (Formule 41).

QUARANTE-NEUVIÈME FORMULE
Acte d'appel en matière de simple police ou en matière correctionnelle

L'an ... le ... au greffe du tribunal de simple police du canton de ... arrondissement de ... département de ...

Devant nous, greffier de ce tribunal,

A comparu :

M ...

Lequel a, par les présentes, déclaré interjeter appel d'un jugement rendu par ce tribunal, le ... sur la poursuite du ministère public, enregistré, aux termes duquel il a été condamné à ... pour ...

Ajoutant qu'il se réserve de déduire et faire valoir en temps et lieu ses moyens d'appel contre le dit jugement.

De laquelle déclaration d'appel, le comparant nous a requis acte que nous lui avons octroyé.

Lecture faite, il a signé avec nous.   (*Signature*).

CINQUANTIÈME FORMULE
Pourvoi en cassation contre un jugement de simple police

L'an ... le ... (Formule précédente).

Lequel a, par les présentes, déclaré se pourvoir en cassation contre un jugement rendu par ce tribunal, le ... enregistré, entre le comparant, et aux termes duquel il a été condamné à ... pour ... Ajoutant qu'il se réserve ... (Formule précédente).

Jugements correctionnels

191. Les juges de paix à compétence étendue connaissent en 1er ressort :

1° De toutes les contraventions de la compétence des tribunaux correctionnels qui sont commises ou constatées dans leur ressort ;

2° Des infractions aux lois sur la chasse ;

3° De tous les délits, même en matière forestière, n'emportant pas une peine supérieure à 6 mois de prison ou 500 fr. d'amende.

192. Les appels de leurs jugements sont portés au tribunal dont dépend la justice de paix.

193. Les juges de paix à compétence ordinaire connaissent à charge d'appel des délits et contraventions en matière forestière, dans tous les cas où l'amende réclamée par la citation ne s'élève pas au-delà de 150 fr.

194. La forme de procédure en matière correctionnelle est réglée par les dispositions du Code d'instruction criminelle.

195. En ce qui concerne la partie civile et le recouvrement des amendes prononcées, voir ce qui a été dit pour les jugements de simple police.

196. Le droit de poste en matière correctionnelle est de 2 fr. au lieu de 0 fr. 20. Il y a lieu en outre d'ajouter aux dépens les frais du bulletin numéro 1, soit 0 fr. 25.

197. Les extraits des jugements rendus en matière forestière doivent être remis par le greffier aux agents forestiers dans les dix jours du jugement.

198. Lorsque des condamnations sont prononcées en matière correctionnelle et en matière d'ivresse, le greffier doit adresser un bulletin numéro 1 au parquet dont dépend la justice de paix. Ce bulletin doit contenir les renseignements d'état civil du condamné dans l'ordre suivant : le nom patronymique en gros caractères, le ou les prénoms, puis ensuite les surnoms ou sobriquets s'il y en a.

199. Nous rappelons ici pour ordre que toute personne qui

veut obtenir le relevé ou extrait de son casier judiciaire doit
en faire la demande sur timbre de 0 fr. 60 à M. le Procureur
de la République près le tribunal de première instance de son
lieu de naissance, en indiquant ses nom, prénoms, domicile,
profession, si elle est mariée ou célibataire, le lieu et la date
de sa naissance et les noms et prénoms de ses père et mère.
A cette demande doit être joint un mandat-poste de 1 fr. 25 à
l'adresse du greffier du tribunal pour frais de casier et d'envoi. Si la demande est faite en vue d'un engagement militaire
elle est dispensée du timbre et le mandat poste est réduit à
1 fr. 15.

CINQUANTE-UNIÈME FORMULE
Jugement en matière corre.tionnelle

A l'audience publique du tribunal de paix séant à ... du
... tenue pour les affaires de police correctionnelle, par M.
... juge de paix.

En présence du Ministère public et assisté de M. ... greffier, il a été rendu le jugement suivant :

Entre le ministère public, demandeur, aux fins d'un exploit
du ministère de ... huissier à ... en date du ... visé pour
timbre et enregistré,

Et le sieur ... (nom, prénoms, profession et domicile) né
à ... le ... fils de ... et de ... marié (ou célibataire) ayant
... enfants, lettré (ou illettré).

A l'appel de la cause, le ministère public a exposé que par
l'exploit susénoncé, il avait fait citer M. ... à comparaître
devant le tribunal à la présente audience pour se défendre
comme prévenu ... et il a requis qu'il plût au tribunal, lecture faite de ... procéder à l'audition des témoins, et à l'in-
terrogatoire du prévenu. Le sieur ... greffier a fait lecture ...
Les témoins cités ont comparu ; ils ont été entendus et avant
de déposer, ils ont fait serment de dire toute la vérité et rien
que la vérité.

Le prévenu a été interrogé.

Le greffier a tenu note des déclarations des témoins entendus et des réponses du prévenu.

Le ministère public a résumé l'affaire et requis contre le prévenu … l'application des articles …

Le prévenu …

Puis le tribunal après en avoir délibéré a statué en ces termes : Attendu …

Par ces motifs.

Condamne le sieur … à …

Le condamne en outre par corps … (durée) au remboursement des frais liquidés à …

Le tout par application des articles … du Code pénal, … du Code d'instruction criminelle, dont lecture a été faite par M. le Juge de paix et qui sont ainsi conçus :

....

En foi de quoi, le présent jugement a été signé par le juge de paix et par le … greffier du siège ledit jour …

Indigénat

200. Les infractions spéciales à l'indigénat sont déterminées dans trois arrêtés pris par MM. les Préfets d'Alger, Oran et Constantine, les 16, 30 septembre et 1er octobre 1882.

201. Ces infractions sont passibles des peines édictées par les articles 464, 465, 466 du Code pénal.

202. La répression de ces infractions appartient aux juges de paix dans les communes de plein exercice et aux administrateurs dans les communes mixtes du territoire civil.

203. Les jugements rendus en cette matière, même par défaut, sont considérés comme définitifs et ne sont, en aucun cas, susceptibles d'appel.

204. La minute est dispensée du timbre et de l'enregistrement. Les frais ne comprennent donc que : Allocation, 0 fr. 05 (et 0 fr. 10 s'il y a prison) ; Extrait, 0 fr. 25 ; Poste, 0 fr. 20. Plus, s'il y a prison, 0 fr. 25 pour coût de l'extrait d'emprisonnement.

Nous ne donnons pas ici la formule des jugements en matière d'indigénat, qui sont établis sur des imprimés spéciaux.

Justice criminelle

205. La présence du greffier est indispensable pour les procès-verbaux constatant le corps du délit, l'état des lieux, la saisie des pièces à conviction, la réception de serments, de rapport d'expert (articles 59 et 62 du Code d'instruction criminelle), pour la rédaction des informations et interrogatoires (article 73 du même Code).

206. Elle n'est facultative que pour la réception des dénonciations, des plaintes et désistements, pour l'expédition des cédules, mandats, réquisitions, commissions rogatoires.

207. Le rôle du greffier se borne à écrire sous la dictée du juge de paix et à recevoir les pièces à conviction qu'il doit inscrire sur le registre dont nous avons parlé au numéro 30.

208. Le receveur des Domaines fait, de concert avec le greffier, au commencement de chaque année, le récolement : 1° De tous les objets déposés et non réclamés pendant le courant de l'année écoulée, à l'exception, bien entendu, des pièces nécessaires aux instructions pendantes ; 2° De tous les objets confisqués ; De toutes les sommes d'argent ou matières d'or et d'argent.

209 Il en dresse trois états, chacun en double expédition ; ces états sont certifiés conformes à son registre par le greffier.

210. Le juge de paix rend une ordonnance autorisant la remise des objets récolés au service des Domaines ; ce dernier prend livraison du numéraire et remplit les formalités voulues pour parvenir à la vente aux enchères publiques des autres objets confisqués ou déposés.

211. Aux termes de l'article 89 du décret de 1811, l'indemnité du greffier ou commis assermenté qui accompagnera le juge de paix à plus de 5 kilomètres de sa résidence est de 6 fr. par jour, et s'il se transporte à plus de 2 myriamètres, de 8 fr.

212. Les mémoires relatifs à cette indemnité doivent reproduire exactement le nombre de jours consacrés au transport, ainsi que la distance, sous les peines du faux.

213. Le tableau officiel des distances est obligatoire tant qu'il n'a pas été réformé par l'autorité compétente. (Décision de la Chancellerie du 28 octobre 1823.)

214. Si le transport a eu lieu sur un point qui n'est pas indiqué au tableau, on y fait figurer le centre le plus rapproché qui s'y trouve rapporté.

215. Et si, dans le voisinage du lieu où le transport a été effectué, il ne se trouve aucun point inscrit au tableau officiel, la distance du chef-lieu de canton à ce lieu doit être affirmée par le juge de paix sur le mémoire, sous le contrôle du parquet de première instance.

CINQUANTE-DEUXIÈME FORMULE
Taxe pour le transport des pièces à conviction

Nous ..., juge de paix du canton de ..., vu l'article 9 du décret du 18 juin 1811, requérons le sieur ... demeurant à ..., de transporter en ... jour au greffe au tribunal de première instance séant à ..., un ... ficelé pesant ..., contenant des pièces de conviction saisies dans l'affaire, ou dans la procédure criminelle instruite contre le nommé ..., prévenu de ..., moyennant la somme de ..., prix convenu avec ledit ...

A ..., le ...

LE JUGE DE PAIX, (*Signature.*)

CINQUANTE-TROISIÈME FORMULE
Réquisitoire pour une translation de prévenus qui se trouvent dans l'impossibilité d'aller à pied

Nous ... soussigné, juge de paix de ..., arrondissement de ..., département de ...

Vu les articles 4, 5, 6 du décret du 18 juin 1811 ; vu aussi le certificat ci-annexé de ..., médecin, demeurant à ..., attestant que le nommé ..., arrêté comme prévenu de ..., est dans l'impossibilité de se rendre à pied à ..., où il doit être conduit dans la maison d'arrêt, en vertu du mandat d'arrêt décerné par nous le ... contre lui.

Requérons M. le Maire de la commune de ... de pourvoir à la translation dudit ... par tous les moyens de transport et au prix le plus modéré qu'il sera possible.

Fait à ..., le ...

(*Signature et sceau.*)

CINQUANTE-QUATRIÈME FORMULE
Taxe à témoin

Taxé sur sa réquisition, à M. ..., demeurant à ..., témoin entendu dans l'information suivie contre le nommé ..., inculpé de ..., à la somme de 2 fr. pour 10 kilomètres parcourus le ... à ..., en vertu de l'article 2 de la loi du 7 avril 1812 et, comme il n'y a pas de partie civile en cause, ordonnons que ladite somme soit payée sur les fonds généraux des frais de justice criminelle par le receveur de l'Enregistrement de ...

Ledit témoin a déclaré savoir (ou ne savoir) signer.

LE JUGE DE PAIX, (*Signature.*)

CINQUANTE-CINQUIÈME FORMULE

Mandat de taxe délivré au témoin qui se trouve hors d'état de fournir aux frais de son déplacement

Nous soussigné, juge de paix du canton de ..., arrondissement de ..., département de ... Vu la copie de la citation délivrée au sieur ..., le ..., pour comparaître en témoignage devant ..., à ..., arrondissement de ..., département de ... ;

Vu le certificat ci-joint délivré par le maire de la commune de ... constatant l'impossibilité dans laquelle se trouve le témoin de fournir aux frais de son déplacement ;

Vu enfin l'article 135 du règlement du 18 juin 1811,

Mandons au receveur de l'Enregistrement au bureau de ..., de payer audit ... la somme de ...

A ..., le ...

(*Signature et sceau.*)

Justice musulmane et kabyle

216. Aux termes du décret du 17 avril 1889, les musulmans résidant en Algérie, non admis à la jouissance des droits de citoyens français, continuent à être régis par leurs droits et coutumes, en ce qui concerne :

Leur statut personnel ;

Leurs successions ;

Ceux de leurs immeubles dont la propriété n'est pas établie conformément à la loi du 26 juillet 1873, ou par un titre français, administratif, notarié ou judiciaire.

217. Ils sont régis par la loi française pour toutes les autres matières, ainsi que pour la poursuite et répression des crimes, délits et contraventions.

218. En ce qui concerne le statut personnel et les successions, les musulmans sont régis par les coutumes de leur pays d'origine ou par les contumes du rite spécial auquel ils appartiennent

219. En matière réelle entre Arabes, Kabyles, Ibadites ou musulmans étrangers, la loi ou coutume applicable est celle de la situation des biens.

220. Dans tous les cas où la loi française est applicable, les musulmans sont justiciables de la juridiction française.

221. Les contestations relatives au statut personnel et aux droits successoraux sont portées devant le cadi.

222. Toutefois, sont portés devant le juge de paix : 1° Les contestations relatives au statut personnel et aux droits successoraux des Mozabites, introduites hors le M'zab ; 2° Les différends sur les mêmes matières entre Kabyles, en quelque lieu qu'ils soient ; 3° Les mêmes différents entre Kabyle et Arabe ou musulman étranger dans les justices de paix de Bouïra, d'Aïn Bessem et de Palestro (arrondissement d'Alger), et de Mansourah (arrondissement de Sétif).

223. Dans tous les cas, les parties peuvent, d'un commun accord, saisir le juge de paix. L'accord est réputé établi et le défendeur ne peut plus demander son renvoi devant une autre juridiction lorsqu'il a, soit fourni ses défenses, soit demandé un délai pour les produire, soit laissé prendre un jugement contre lui.

224. Toutes les contestations entre musulmans sur des matières autres que celles relatives au statut personnel et aux droits successoraux sont portées devant le juge de paix qui connaît :

En dernier ressort, des actions civiles, commerciales, mobilières et immobilières dont la valeur n'excède pas 500 fr. en principal ;

En premier ressort, de toutes les actions dont la valeur

excède ce taux et des contestations relatives au statut personnel, lorsqu'elles lui sont référées par le commun accord des parties.

225. Le juge de paix peut, en outre, statuer en référé ou rendre des ordonnances sur requête dans les cas prévus par le Code de procédure civile.

226. Les juges de paix sont saisis dans les contestations entre musulmans, soit par la comparution volontaire des parties, soit par un avertissement délivré à la requête du demandeur.

227. Cet avertissement établi par le greffier, contient les noms, professions et demeures du demandeur et du défendeur, le résumé succint de la demande et l'indication des jour et heure de l'ouverture de l'audience à laquelle l'affaire sera appelée.

228. Il est dû au greffier pour la rédaction de cet avertissement 1 fr. 50 et pour l'inscription au rôle du greffe 0 fr. 75.

229. Il est institué dans chaque justice de paix des aoûns chargés du service des avertissements, ainsi que de toutes les notifications à la requête des parties.

230. Ces avis ou avertissements, traduits en langue arabe par l'interprète assermenté auquel il est alloué pour chaque traduction 0 fr. 40, sont remis par le greffier à l'aoûn qui en effectue la signification, savoir :

1º Au siège même de la justice de paix, par la remise à personne ou à domicile ;

2º Dans toutes les localités des communes mixtes où il n'existe point de justice de paix et qui ne sont point desservies par la poste, aux administrations de ces communes mixtes, 15 jours au moins avant la date fixée pour la comparution. Les administrateurs sont chargés de les faire distribuer aux intéressés.

Si l'administrateur ne réside pas au siège même de la justice de paix, l'avertissement lui est adressé par lettre chargée.

3° Partout ailleurs par lettre chargée.

231. Les frais et honoraires de l'aoûn qui doivent être consignés au greffier sont ainsi fixés :

Remise de chaque avertissement ou notification à personne à domicile ou à l'administrateur civil, au siège même de la justice de paix, 0 fr. 50.

Remise à la poste par lettre chargée adressée aux parties ou à l'administrateur civil, 0 fr. 90.

Remise à personne ou à domicile, à défaut de service postal, dans un rayon de deux kilomètres de la justice de paix, 1 fr. ; au-delà de deux kilomètres, 2 fr.

222. Toute affaire est inscrite au rôle du greffe avant d'être portée à l'audience. Les parties comparaissent toujours en personne, à moins d'empêchement absolu ; dans ce cas, elles ne peuvent se faire représenter que soit par un parent, soit par un notable de leur tribu, justifiant de sa qualité de mandataire, soit par un oukil.

233. Si toutes les parties se présentent, elles sont entendues en leurs explications et le jugement est rendu sur le champ. Toutefois, il est loisible au juge, soit d'ordonner la remise des pièces et de renvoyer en ce cas le jugement à une prochaine audience, soit d'ordonner tous moyens d'instruction avant de statuer.

234. Lorsqu'une ou plusieurs parties ne comparaissent pas au jour indiqué, il est procédé ainsi qu'il suit : Le juge prononce la radiation de l'affaire si le demandeur ne se présente pas ; lorsque le demandeur ou l'un des demandeurs est présent et que le défendeur ou l'un des défendeurs ne comparaît pas, le juge de paix prend connaissance de l'affaire : il déboute immédiatement le demandeur si la demande ne lui paraît aucunement justifiée ; s'il estime que la demande nécessite un débat contradictoire, il indique une audience ultérieure à laquelle l'affaire sera appelée pour recevoir jugement.

235. Le greffier inscrit sur le plumitif le jour et l'heure auxquels l'affaire doit être appelée à nouveau. Il informe la partie qui ne s'est pas présentée par un avis contenant le nom, la profession et la demeure du demandeur, le résumé de la demande, le renvoi prononcé et l'indication de l'audience fixée pour rendre le jugement.

236. Il est alloué au greffier pour la rédaction de cet avis 1 fr. 50.

237. Si, à cette audience, la partie ne se présente pas quoique dûment avertie, il est rendu jugement. Ce jugement n'est pas susceptible d'opposition.

238. Les minutes des jugements sont rédigées conformément à la loi française; elles sont affranchies des droits de timbre et d'enregistrement. Elles mentionnent si les parties étaient ou non présentes lorsque le jugement a été prononcé.

239. Les frais auxquels peuvent donner les instances suivies devant le juge de paix sont évalués par lui, avancés par la partie demanderesse et consignés entre les mains du greffier. Ils sont taxés par le jugement sur le fond.

240. Les jugements des juges de paix sont exécutés selon les règles de la loi musulmane, par les soins des cadis et des cadis-notaires ou des bachs-adels, et à défaut par un agent d'exécution désigné pour chaque affaire, par décision spéciale du juge de paix, rendue d'office sur la demande des parties.

241. La partie requérante peut être tenue de faire l'avance des frais d'exécution qui sont taxés par le juge de paix.

242. Les appels des jugements rendus en premier ressort par les juges de paix, sont portés dans l'arrondissement d'Alger, devant la Cour d'appel; partout ailleurs, même hors du Tell, devant le tribunal civil de l'arrondissement.

243. L'appel des jugements contradictoires rendus en premier ressort par les cadis ou les juges de paix n'est recevable que dans les trente jours de la connaissance qui en est donnée aux parties par un avertissement établi et délivré comme il est dit ci-dessus et contenant les noms, prénoms, profession et domiciles des parties, la date du jugement attaqué, son dispositif et le tribunal duquel il émane.

244. Le délai d'appel des jugements rendus en l'absence du défendeur ne commence à courir que du jour où a été fait le premier acte d'exécution.

245. L'appel est interjeté par une déclaration faite au greffier de la justice de paix. Cette déclaration contient le nom des parties contre lesquelles l'appel est interjeté, la désignation du tribunal devant lequel l'affaire sera portée et les indications contenues dans l'avertissement prévu par l'article précédent. Elle est consignée sur un registre spécial. Il est délivré récépissé à l'appelant par le greffier. Copie de la déclaration d'appel est remise par l'*aoûn* à chacun des intimés, suivant les formes indiquées ci-dessus.

246. Le greffier qui a reçu la déclaration en donne avis au greffier de la Cour ou au tribunal qui doit connaître de l'appel.

247. L'appelant qui succombe est condamné à une amende de 5 fr. Cette amende doit être consignée au greffier de la justice de paix au moment où la déclaration d'appel est faite.

248. Récépissé de cette consignation est remis à l'appelant contre le paiement de la somme de 0 fr. 15.

249. Il est alloué au greffier, pour la rédaction de la déclaration d'appel, avec inscription au registre, 0 fr. 60.

250. Les expéditions d'actes ou jugements en matière musulmane sont délivrées sur papier timbré dans la forme ordinaire ; il est alloué au greffier 0 fr. 50 par rôle.

251. Toutes les dispositions qui précèdent sont applicables à tout le territoire de l'Algérie, à l'exception des ressorts des tribunaux de Tizi-Ouzou, de Bougie et des territoires de commandement.

252. En ce qui concerne les justices de paix du ressort des tribunaux de Tizi-Ouzou et de Bougie, et les justices de paix de Bouïra, Aïn-Bessem et Mansourah, elles sont régies par les dispositions suivantes :

253. Le droit musulman ou kabyle continue à régir les conventions civiles ou commerciales entre indigènes, Arabes ou Kabyles, ou musulmans étrangers, ainsi que les questions religieuses et d'Etat, sauf les modifications qui ont pu ou pourront y être apportées.

254. Toutefois, la déclaration faite par les parties lors de la convention ou depuis, qu'elles entendent se soumettre à la loi française, entraine l'application de cette loi.

255. Entre indigènes Arabes ou Kabyles, ou musulmans étrangers, soumis à des lois différentes quant à l'objet de la convention ou de la contestation, la loi applicable sera : en matière réelle celle du lieu de la situation de l'immeuble, et en matière personnelle et mobilière, celle du lieu où s'est formé le contrat, ou à défaut de convention, la loi du lieu où s'est accompli le fait qui a donné naissance à l'obligation ; si les parties ont indiqué lors du contrat, à quelle loi elles entendaient se soumettre, cette loi sera appliquée.

256. Entre toutes personnes autres que des indigènes, Arabes, ou Kabyles ou musulmans étrangers, les juges de paix des deux arrondissements de la Kabylie, y compris ceux des chefs-lieux d'arrondissement connaîtront :

1° Des matières spéciales attribuées aux juges de paix de France par les lois des 25 mai 1838, 20 mai 1854, et 2 mai 1855, dans les limites du premier ressort fixées par lesdites lois et en dernier ressort jusqu'à la valeur de 500 fr. ;

2º Des actions purement personnelles et mobilières, civiles ou commerciales, savoir : en dernier ressort jusqu'à celles de 1000ᶠ.

Ils exercent en outre, à l'exception des juges de paix de Tizi-Ouzou et de Bougie :

1º Les fonctions de présidents des tribunaux de première instance, comme juges de référés en toute matière et pourront comme eux, ordonner toutes mesures conservatoires ;

2º Toutes les attributions conférées par la loi française au président du tribunal, en ce qui concerne l'exéquatur à donner aux sentences arbitrales.

257. Dans les contestations entre Arabes, le juge de paix sera assisté d'un assesseur arabe ; dans les contestations entre Kabyles, d'un assesseur kabyle, dans les contestations entre Arabes et Kabyles, de l'assesseur arabe et de l'assesseur kabyle. Les assesseurs des juges de paix ont voix consultative ; dans les matières religieuses et d'État, ainsi que dans toutes les causes sujettes à appel, leur avis sur le point de droit sera mentionné dans le jugement.

258. Seront applicables en justice de paix, entre indigènes Arabes ou Kabyles ou musulmans étrangers, les articles 15, 25, 27, 30 et 32 du décret du 13 décembre 1866, ainsi conçus :

ARTICLE 15. — Des oukils peuvent seuls représenter les parties ou défendre leurs intérêts devant les cadis lorsque les parties refusent de comparaître sur avertissement dûment justifié. Celles-ci peuvent toutefois donner à un de leurs parents ou un de leurs amis musulmans, un mandat spécial et par écrit de les représenter pour une affaire déterminée. Les oukils sont nommés, révoqués et suspendus par notre gouverneur général de l'Algérie.

ARTICLE 25. — La demande est introduite devant le cadi, soit par la comparution volontaire et simultanée des parties, soit par celle du demandeur seul. Dans ce dernier cas, le cadi, par l'intermédiaire d'un aoûn, fait donner avis écrit au défendeur de comparaître devant lui à un jour qu'il indique. En cas de non comparution sur cet avis, il accorde un délai à l'expiration duquel il annonce publiquement à l'audience le jour où il prononcera son jugement et en fait donner avis au défendeur par l'aoûn. L'accomplissement de ces diverses formalités est mentionné à sa date sur un registre tenu par le cadi à cet effet. — Les parties ne peuvent se faire représenter ou défendre que comme il a été dit en l'article 15. — Si un musulman est absent de son domicile, pour fait de guerre au service de la France, et s'il n'est pas régulièrement représenté, aucun jugement ne peut être prononcé contre lui avant l'expiration de trois mois après la fin de la campagne.

ARTICLE 26. — Les séances sont publiques à peine de nullité. Néanmoins si cette publicité paraît dangereuse pour l'ordre et pour les mœurs, le cadi ordonne que les débats aient lieu à huis-clos. Dans tous les cas, le jugement est prononcé publiquement.

ARTICLE 30. — Le délai de l'appel est de 30 jours à partir de celui où le jugement a été prononcé par le cadi lorsque ledit jugement porte les mentions exigées par l'article 28, numéro 6. Dans le cas contraire, le délai ne court que du jour de la remise dûment constatée de l'expédition du jugement à personne ou à domicile. Au cas d'absence pour faits de guerre, le délai d'appel est prorogé comme il a été dit à l'article 25.

ARTICLE 32. — La déclaration d'appel sera reçue par l'adel du cadi qui en donnera récépissé à l'appelant et sera tenu de l'enregistrer sur un registre à ce destiné. — Ladite déclaration pourra également être faite, soit devant le procureur de la République, soit devant le commissaire civil, soit devant le juge de paix le plus proche, soit devant les officiers des bureaux arabes revêtus du caractère d'officier de police judiciaire en territoire militaire, lesquels en transmettront copie au cadi qui a rendu le jugement, ou à son adel, avec

invitation de le transcrire sur le registre ci-dessus mentionné.
— L'adel en donne immédiatement avis à la partie adverse,
et adresse, dans les 48 heures, au ministère public près la
juridiction d'appel, copie de la déclaration et du jugement.
— La déclaration faite devant l'un des fonctionnaires indiqués
aura pour effet de constater l'appel et d'en fixer la date. —
Les fonctionnaires qui auront reçu cette déclaration en donneront, en même temps, avis au greffier de la Cour ou du
tribunal qui doit connaître de l'appel. — Dans les affaires
où il y aura eu en première instance plusieurs parties, s'il
n'est interjeté appel que contre une ou plusieurs d'entre
elles, la déclaration le mentionnera expressément.

259. Les obligations imposées dans ces articles au cadi
ou à l'adel incombent au juge de paix ou à son greffier.

260. Les juges de paix pourront exceptionnellement, en
cas d'urgence, spécifiée dans le jugement et en exigeant une
caution, ordonner l'exécution provisoire de leurs décisions,
nonobstant appel.

261. — Les jugements ou arrêts définitifs rendus entre
indigènes ou musulmans étrangers par les juges de paix, les
tribunaux et la Cour, s'exécutent, selon les règles et usages
actuellement en vigueur, par les soins des cadis-notaires ou
de leurs suppléants.

262. A défaut pour une cause quelconque du cadi-notaire
ou de son suppléant, il sera pourvu à la nomination d'un
agent d'exécution dans chaque affaire, par décision spéciale
du juge de paix rendue d'office et sur la demande des parties.

263. Les actes auxquels donnera lieu l'exécution seront
rétribués conformément au tarif du 21 mars 1868.

264. La partie requérante pourra être tenue de faire
l'avance des frais d'exécution qui, dans tous les cas, seront
taxés par le juge de paix.

265. Il est alloué aux greffiers de justice de paix des arrondissements de Tizi-Ouzou et de Bougie en matière de justice arabe ou kabyle, lorsque que l'expédition du jugement sera réclamée par les parties, un droit d'expédition de 0 fr. 75 par rôle. Est maintenu au profit desdits greffiers, le droit fixe de 0 fr. 75, déterminé par l'arrêté du 22 octobre 1861.

266. Il est créé deux emplois d'aoûns au siège de chacune des justices de paix des deux arrondissements judiciaires de Tizi-Ouzou et de Bougie (à l'exception de Fort-National), pour les besoins de la Justice française dans ses rapports avec les musulmans Arabes ou Kabyles.

267. Ces aoûns sont nommés, suspendus et révoqués par le procureur général.

268. Les aoûns devront être pourvus d'une monture et déférer à toute réquisition du procureur de la République ou du juge de paix, pour la remise aux intéressés des avis de comparution devant les diverses juridictions françaises ou des expéditions des jugements rendus par défaut.

269. Il est alloué aux aoûns, savoir : Pour la remise des avis de comparution devant les tribunaux de Bougie, de Tizi-Ouzou et de Constantine, ou pour la remise des expéditions des jugements de défaut rendus en premier ressort par les tribunaux de Tizi-Ouzou et de Bougie :

1° Dans l'intérieur de la ville ou dans un rayon de 1000 mètres, 1 fr. ;

2° Au delà de 1000 mètres, 2 fr.

270. Les frais de remise des avis de comparution et de notification seront consignés par les demandeurs ou appelants au greffe de la justice de paix du canton du domicile des défendeurs ou intéressés, ou des parties défaillantes.

271. Les avis seront établis sur papier non timbré, rédigés en Français et en Arabe, et remis dûment formalisés par les

greffiers aux aoûns qui devront leur faire connaître ultérieurement la date exacte de la remise des avis aux intéressés.

272. Les greffiers devront avoir à ces divers effets, un registre non timbré, coté et paraphé par le juge de paix, sur lequel ils inscriront le montant de la consignation faite pour les avis de comparution et la date de la remise de ces avis aux aoûns et celle de la remise par ceux-ci aux intéressés. Ils délivreront, enfin de tout, un certificat qui sera transmis à la juridiction saisie de l'affaire et joint au dossier de la procédure.

273. Il sera prélevé sur les allocations destinées aux aoûns un quart réservé au greffier et à l'interprète, savoir : 3/5 pour le greffier et 2/5 pour l'interprète.

274. La répartition de ces différentes allocations aura lieu à la fin de chaque mois par le greffier. Il sera fait masse de celles afférentes aux aoûns qui seront partagées entre eux par moitié ; toutefois, si un seul aoûn avait fait le service pendant une partie ou la totalité du mois, sans que l'autre justifiât d'un empêchement légitime pour le sien, il aurait droit pour la même période de temps à la totalité des allocations.

275. Les juges de paix de Bouïra, Aïn Bessem et Mansourah connaissent, en outre, en premier ressort, de toutes les affaires qui, par application du décret du 29 août 1874, sont portées directement devant le tribunal de Tizi-Ouzou.

276. Les appels des jugements rendus en premier ressort par ces justices de paix, en matière musulmane ou kabyle, sont portés devant la Cour d'appel d'Alger.

Formules. — Les jugements en matière musulmane ou kabyle étant rédigés sur des imprimés spéciaux, nous n'avons pas cru devoir en donner ici les formules.

TROISIÈME PARTIE

COMMISSAIRES-PRISEURS

---

1. Les greffiers de paix remplissant les fonctions de commissaires-priseurs, c'est-à-dire ceux institués dans les localités où il n'en existe pas, sont soumis aux lois et règlements suivants qui régissent les commissaires-priseurs d'Algérie, savoir :

Arrêté ministériel du 1ᵉʳ juin 1841

Règlement général sur les fonctions de commissaire-priseur

2. Les commissaires-priseurs institués en Algérie procèdent exclusivement dans le lieu de leur résidence et dans un rayon de 4 kilomètres, à la vente aux enchères publiques de tous les biens, meubles et marchandises neuves ou d'occasion, à l'exception des droits mobiliers incorporels dont la vente s'effectuera par le ministère des notaires. Pourront néanmoins les huissiers procéder, concurremment et par continuation de poursuites, à la vente des fruits et objets mobiliers saisis.

3. Les ventes seront faites au comptant, le commissaire-priseur sera responsable de la réalisation immédiate des prix, à moins qu'il n'y ait terme accordé ou consenti par les propriétaires des objets vendus.

4. Les préposés de l'administration continueront à vendre publiquement aux enchères les meubles et effets mobiliers appartenant à l'État, d'après les lois et ordonnances en vigueur. Il sera toutefois loisible à l'administration de confier ces ventes aux commissaires-priseurs. Ces derniers procéderont seuls aux ventes faites pour le compte de l'Etat lorsqu'elles intéresseront des tiers.

5. Il est interdit à tout particulier et à tous autres officiers publics de s'immiscer dans les prisées et ventes attribuées aux commissaires-priseurs, à peine d'une amende qui ne pourra excéder la moitié du prix des objets prisés ou vendus, sans préjudice de tels dommages-intérêts qu'il appartiendra.

6. Les commissaires-priseurs pourront recevoir toutes déclarations concernant les ventes, recevoir et visiter toutes les oppositions qui y seront formées, introduire devant les autorités compétentes tous référés auxquels leurs opérations donneraient lieu ; et à cet effet ajourner, par le procès-verbal, les parties intéressées, devant lesdites autorités.

7. Toute opposition, toute saisie-arrêt formée entre les mains des commissaires-priseurs, toute signification de jugement qui en prononcent la validité, seront sans effet, à moins que l'original des dites opposition, saisie-arrêt ou signification du jugement n'ait été visé par le commissaire-priseur ; en cas d'absence ou de refus, il en sera dressé procès-verbal par l'huissier qui sera tenu de le faire viser par le maire ou le fonctionnaire qui en tiendra lieu.

8. Les commissaires-priseurs auront la police dans les ventes ; ils pourront faire toutes réquisitions aux dépositaires de la force publique, pour y maintenir l'ordre et dresser tous procès-verbaux de rébellion.

9. Il est interdit aux commissaires-priseurs, à peine de destitution : 1° de se rendre adjudicataire, directement ou indirectement, d'objets qu'ils sont chargés de priser ou de vendre ; 2° d'exercer par eux-mêmes, par personne interposées ou prête-nom. la profession de marchands de meubles, de marchands fripiers ou tapissiers, et même d'être associé à aucun commerce de cette nature ; 3° de vendre de gré à gré et autrement qu'aux enchères publiques ; 4° de comprendre

dans les ventes de meubles, objets mobiliers ou marchandises non appartenant aux personnes dénommées dans les déclarations prescrites par l'article 13.

10. Les commissaires-priseurs tiendront un répertoire sur lequel ils inscriront leurs opérations jour par jour et qui sera préalablement visé au commencement, coté et paraphé à chaque page, par le juge du tribunal civil ou le juge de paix de leur résidence.

11. Ce répertoire qui énoncera les noms des propriétaires, la nature des objets vendus, la date et le montant de la vente, et la quotité des droits d'enregistrement perçus, sera arrêté tous les 3 mois par le receveur d'enregistrement ; une expédition en sera déposée chaque année, avant le 1er mars, au greffe du tribunal.

12. Aucun commissaire-priseur ne pourra procéder à une vente avant d'en avoir fait préalablement la déclaration au bureau d'Enregistrement dans l'arrondissement duquel la vente aura lieu. Cette déclaration sera inscrite à sa date sur un registre spécial et signée du commissaire-priseur ; elle contiendra les noms, qualité et domicile de l'officier public, du requérant et de la personne dont les meubles ou effets mobiliers seront mis en vente, avec l'indication de l'endroit où la vente se fera et du jour de l'ouverture.

13. Les commissaires-priseurs transcriront en tête de leurs procès-verbaux de vente les copies de leurs déclarations. Chaque objet adjugé sera porté de suite au procès-verbal ; le prix y sera inscrit en toutes lettres et tiré hors ligne en chiffres. Chaque séance sera close et signée par l'officier public et deux témoins domiciliés.

14. Lorsqu'une vente aura lieu par suite d'inventaire, il en sera fait mention au procès-verbal avec indication de la date de l'inventaire et du nom du notaire qui y aura procédé.

15. Toute contravention aux dispositions contenues dans

les articles **12, 13** et **14** sera punie d'une amende de 50 fr. sans préjudice des dommages-intérêts dûs aux parties, s'il y a lieu. Les amendes seront recouvrées comme en matière d'enregistrement. A défaut de constatation par procès-verbaux des contraventions aux dispositions du présent arrêté, la preuve par témoins sera toujours admissible.

16. Les commissaires-priseurs se conformeront aux lois, ordonnances, arrêtés et réglements sur la vente de certaines marchandises telles que : armes, substances réputées dangereuses, matières d'or et d'argent, matériel d'imprimerie, voitures de place et autres, à l'égard desquelles des précautions ou formalités particulières sont prescrites.

17. Les préposés de la régie et de l'Enregistrement sont autorisés à se transporter dans tous les lieux où se feront des ventes publiques et par enchéres et à s'y faire représenter les procès-verbaux de vente et les copies des déclarations préalables. Ils constateront en la forme ordinaire les contraventions qu'ils auront reconnues.

18. Les procès-verbaux des commissaires-priseurs seront exécutoires par provision en vertu d'une simple ordonnance d'exéquatur rendue par eux.

19. Les procès-verbaux de prisée et de vente de meubles seront enregistrés, pour chaque vacation, dans les dix jours de sa date.

20. Tout commissaire-priseur sera tenu de déclarer au pied de la minute de son procès-verbal en le représentant à l'enregistrement, et de certifier, par sa signature, qu'il a ou n'a pas connaissance d'opposition aux scellés ou autres opérations qui ont précédé ladite vente.

21. Dans la huitaine de la consommation des ventes, les commissaires-priseurs devront rendre leurs comptes aux ayants-droit ; ils recevront quittance et décharge en la forme prescrite par l'avis du Conseil d'Etat du 21 octobre 1809. S'il existe des oppositions, comme aussi en cas de contestations entre les intéressés et lorsque les ventes ont été ordonnées par justice, ils effectueront le dépôt du reliquat à la caisse des dépôts et consignations.

22. Après le dixième jour à partir de la dernière séance du procès-verbal de vente, les commissaires-priseurs seront débiteurs envers qui de droit et au taux légal, de l'intérêt des sommes demeurées entre leurs mains.

23. En cas de retard dans le compte à rendre aux parties ou dans le dépôt à effectuer, le procureur général, sur la demande de tout intéressé et même d'office, fera au commissaire priseur toutes réquisitions nécessaires et provoquera, s'il y a lieu, la suspension ou la révocation.

24. Le directeur des Finances, sur l'avis du procureur général, décernera contrainte contre le commissaire-priseur pour le versement dans la caisse publique, du reliquat des ventes dont il n'aura pas été compté avec les parties. L'exécution des contraintes aura lieu comme en matière d'enregistrement.

25. Il est alloué aux commissaires-priseurs : 1° Pour droit de prisée et par chaque vacation de 3 heures, 6 fr. ; 2° Pour assister aux référés, 5 fr. ; 3° Pour tous droits de vente, non compris les déboursés faits pour y parvenir et pour en acquitter les droits, 7 fr. 50, quel que soit le produit de la vente ; 4° Pour consignation à la caisse quand il y aura lieu, 5 fr. ; 5° Pour seconde expédition ou extrait de procès-verbaux de vente, pour chaque rôle de trente lignes à la page, 1 fr. 50.

26. Lorsque la taxe des vacations, droits et remises alloués aux commissaires-priseurs sera requise, elle sera faite par le juge civil du tribunal de première instance ou par le juge de paix du district.

27. Toutes perceptions directes ou indirectes autres que

celles autorisées, à quelque titre et sous quelque domination que ce soit, sont formellement interdites. L'infraction à cette disposition sera punie de destitution sans préjudice de l'action en répétition de la partie lésée et des peines prononcées par la loi contre la concussion.

28. Il est également interdit aux commissaires-priseurs de faire aucun abonnement ou modification à raison des droits ci-dessus fixés, si ce n'est avec l'Etat ou les établissements publics. Toute contravention sera punie d'une suspension de 3 à 6 mois ; en cas de récidive, la destitution sera prononcée.

29. Les commissaires priseurs sont placés sous la surveillance du procureur général qui leur adresse, au besoin, les avertissements qu'il juge nécessaires. Quand il y a lieu à suspension ou révocation, il est statué par le ministre sur le rapport du procureur général, qui provoque et transmet les explications de l'inculpé.

30. Les commissaires-priseurs se conforment aux dispositions des lois générales ou spéciales sur les patentes, les cautionnements, l'enregistrement, la tenue des répertoires et leurs vérifications, en tout ce qui n'a pas été prévu par le présent arrêté.

31. Tout commissaire-priseur qui cessera ses fonctions sera tenu de remettre ses minutes à son successeur, et, s'il n'en est pas nommé, à l'officier public désigné par le tribunal.

Arrêté ministériel du 25 août 1842
Modification au tarif des droits de vente

30. ARTICLE PREMIER. — Sont exceptés des dispositions du tarif établi par l'article 28 de l'arrêté du 1er juin 1804 :
1° Les ventes aux enchères de navires, agrès ou apparaux et de marchandises ou effets quelconques faites en vertu de jugements, décisions ou ordonnances de la juridiction consulaire, dans les circonstances suivantes : après faillite, par suite de sauvetage, pour cause d'avarie, de délaissement, de liquidation

forcée et de laissé pour comptes ; 2° les ventes publiques volontaires faites par les commerçants, de navires, agrès ou appareaux et de marchandises autres qu'effets mobiliers ou à usage.

31. ARTICLE 2. — Dans les ventes énumérées en l'article qui précède, il sera alloué aux commissaires-priseurs 3 fr. pour 100 jusqu'à 5.000 fr. inclusivement ; 2 fr. pour 100 de 5.000 à 10.000 fr. et 1 fr. 50 p. 100 au-dessus de 10.000 fr.

32. ARTICLE 3. — Moyennant l'allocation allouée ci-dessus, tous les frais quelconques de publicité, d'emmagasinage et de vente, sauf les droits d'enregistrement, resteront à la charge des commissaires-priseurs.

33. ARTICLE 4. — Sont expressément maintenues en ce qui n'y est point dérogé par le présent arrêté, les dispositions des arrêtés antérieurs sur la matière.

Arrêté ministériel du 7 janvier 1842, modifiant l'article 25, § 3 de l'arrêté du 1er juin 1841

34. ARTICLE PREMIER. — Les droits proportionnels alloués aux commissaires-priseurs par l'article 25 § 3 de l'arrêté du 1er juin 1841, à raison des ventes auxquelles ils sont appelés à procéder, seront acquittés par l'acheteur. Cette obligation sera mentionnée dans les affiches indicatives de la vente.

Décision ministérielle du 4 août 1859

35. La redevance à laquelle pourront prétendre à l'avenir les commissaires-priseurs pour remboursement des avances faites par eux à l'occasion des ventes collectives d'objets de peu d'importance appartenant à des propriétaires divers, est réduite au taux uniforme de trois pour cent.

Arrêté ministériel du 20 septembre 1850
Recouvrement des contributions diverses

36. ARTICLE 8. — Tous receveurs, agents, économes, notaires, commissaires-priseurs, fermiers, locataires et autres dépositaires et débiteurs de deniers provenant du chef des

redevables et affectés au privilège du Trésor et de la caisse municipale, sont tenus, sur la demande qui leur en est faite par le receveur chargé du recouvrement, de payer en l'acquit des redevables, sur le montant et jusqu'à concurrence des sommes qu'ils doivent ou qui sont entre leurs mains, les sommes dues par ces derniers. Les commissaires-priseurs séquestres et autres dépositaires sont autorisés à payer d'office les sommes dues avant de procéder à la délivrance des deniers. Les quittances des receveurs leur seront allouées en compte.

Arrêté du Gouverneur général de 27 février 1875

Au sujet de la déclaration préalable à faire pour les officiers ministériels, résidant dans une localité autre que celle où se trouve le bureau de l'Enregistrement, à chaque vente d'objets mobiliers aux enchères publiques.

37. Vu les art. 2 et 3 de la loi du 22 pluviôse an VII, relatifs aux obligations imposées aux officiers ministériels chargés de procéder à la vente d'objets mobiliers aux enchères publiques.

Considérant qu'il importe de faciliter à ceux de ces officiers ministériels résidant dans les localités où il n'existe pas de bureau de l'Enregistrement, les moyens d'effectuer la déclaration qu'ils doivent souscrire préalablement à chaque vente.

ARTICLE PREMIER. — Les officiers ministériels résidant dans une localité autre que celle où se trouve le bureau de l'Enregistrement dont dépend leur office pourront ne pas se transporter à ce bureau pour y souscrire la déclaration préalable aux ventes aux enchères publiques d'objets mobiliers qu'ils sont chargés d'effectuer.

ARTICLE 2. — Cette déclaration sera remplacée, le cas échéant, par une déclaration établie sur papier timbré et rédigée dans les formes déterminées par l'article 3 de la loi du 22 pluviôse, an VII, susvisée; le déclarant devra l'adresser au receveur de l'enregistrement de la circonscription assez à temps pour qu'elle lui parvienne un jour au moins avant la vente.

Après l'avoir transcrite sur le registre à ce destiné, le receveur la renverra à l'officier ministériel expéditeur revêtu de de la mention du numéro sous lequel elle aura été transcrite.

Commentaires

38. Nous avons vu sous l'article 1er de l'arrêté ministériel du 1er juin 1841 que les commissaires-priseurs institués en Algérie procèdent exclusivement aux ventes publiques dans le lieu de leur résidence et dans un rayon de 4 kilomètres, mais il résulte d'une circulaire de M. le Procureur général en date à Alger du 1er décembre 1891, que les greffiers de paix établis dans une localité dépourvue de commissaires-priseurs, ont le monopole absolu dans toute l'étendue de leur canton des ventes énumérées audit article et que le droit de concurrence, originairement reconnu aux commissaires-priseurs, a été supprimé au profit des greffiers.

39. Les greffiers ne peuvent procéder à la vente des droits mobiliers incorporels, c'est-à-dire des créances, rentes, achalandages de fonds de commerce ou autres droits purement incorporels.

40. Ils peuvent vendre les marchandises neuves et les marchandises provenant de faillites, en se conformant aux prescriptions de la loi du 25 juin 1851, dont nous extrayons les articles suivants :

ARTICLE PREMIER. — Sont interdites les ventes en détail des marchandises neuves à cri public, soit aux enchères, soit au rabais, soit à prix fixe proclamé, avec ou sans l'assistance des officiers ministériels.

ARTICLE 2. — Ne sont pas comprises dans cette défense les ventes prescrites par la loi ou faites par autorité de justice, non plus que les ventes après décès, faillite ou cessation de commerce, ou dans tous les autres cas de nécessité dont l'appréciation sera soumise au tribunal de commerce. Sont également exceptées les ventes à cri public de comestibles et d'objets de peu de valeur connus dans le commerce sous le nom de menue mercerie.

Article 3. — Les ventes publiques et en détail de marchandises neuves qui auront lieu après décès ou par autorité de justice seront faites selon les formes prescrites et par les officiers ministériels préposés pour la vente forcée du mobilier conformément aux articles 625 et 945 du Code de procédure civile.

Article 4. — Les ventes de marchandises après faillite seront faites conformément à l'article 486 du Code de commerce par un officier public de la classe que le juge commissaire aura déterminée.

Quant au mobilier du failli, il ne pourra être vendu aux enchères que par le ministère des commissaires-priseurs, notaires, huissiers ou greffiers de justices de paix, conformément aux lois et règlements qui déterminent les attributions de ces différents officiers.

Article 5. — Les ventes publiques et par enchères, après cessation de commerce ou dans les autres cas de nécessité prévus par l'article 2 de la présente loi, ne pourront avoir lieu qu'autant qu'elles auront été préalablement autorisées par le tribunal de commerce, sur la requête du commerçant propriétaire, à laquelle sera joint un état détaillé des marchandises. — Le tribunal constatera, par son jugement, le fait qui donne lieu à la vente ; il indiquera le lieu de son arrondissement où se fera la vente ; il pourra même ordonner que les adjudications n'auront lieu que par lots dont il fixera l'importance. — Il décidera d'après les lois et règlements d'attribution qui, des courtiers ou commissaires-priseurs et autres officiers publics sera chargé de la réception des enchères. L'autorisation ne pourra être accordée pour cause de nécessité qu'au marchand sédentaire ayant depuis un an au moins son domicile réel dans l'arrondissement où la vente doit être opérée. Des affiches apposées à la porte du lieu où se fera la vente énonceront le jugement qui l'aura autorisée.

41. Le greffier doit procéder lui-même aux ventes qui lui sont confiées. Aucune formalité spéciale, en dehors de la dé-

claration préalable à faire au bureau de l'Enregistrement, n'est exigée pour les ventes volontaires faites à la requête de personnes majeures et maîtresses de leurs droits. S'il s'agit de ventes forcées ou concernant des mineurs ou autres incapables, elles ne peuvent avoir lieu qu'après l'accomplissement des formalités prescrites par les articles 945 et suivants du Code de procédure civile.

42. Si la vente dure plusieurs jours, il n'est pas nécessaire de faire plusieurs déclarations préalables il suffit d'indiquer dans le procès-verbal que la vente est renvoyée au ... à ... heures.

43. Sont dispensées de la déclaration préalable : les ventes du mobilier national et des effets du mont de pitié.

44. Si le greffier est empêché de faire la déclaration préalable, elle peut être faite pour lui par un mandataire spécial.

45. Lorsque le greffier remet la continuation d'une vente de meubles à des jour et heure non précisés dans le procès-verbal de ses premières opérations, il doit déclarer au bureau de l'Enregistrement le jour auquel cette continuation aura lieu. Si la vente n'a pas lieu au jour indiqué par la déclaration, une nouvelle déclaration n'est pas nécessaire, pourvu qu'il soit dressé un procès-verbal de renvoi.

46. Il doit être conservé minute de tous les procès-verbaux de vente.

47. En cas d'opposition à la vente, le greffier doit s'abstenir d'y procéder, n'étant pas juge de la valeur de cette opposition.

48. Un arrêt de la Cour d'appel d'Alger en date du 3 novembre 1884, a décidé que les greffiers qui procèdent à une vente mobilière n'ont pas droit aux honoraires proportionnels revenant aux commissaires-priseurs, mais simplement aux vacations accordées aux huissiers, mais par sa circulaire du 26 février 1885, M. le Procureur général a déclaré que cette

question se trouve aujourd'hui tranchée par l'article 932 du
décret du 3 septembre 1884, et que ce décret, en soumettant
les greffiers commissaires-priseurs aux obligations de l'arrêté
ministériel du 1er juin 1841, a voulu leur accorder en même
temps les honoraires alloués par l'article 28 de cet arrêté et
par l'article 2 de l'arrêté ministériel du 25 août 1842. (Voir
ci-dessus).

49. Les ventes à la suite des saisies ou par continuation
de poursuites peuvent être faites par les greffiers ou par les
huissiers.

50. Il revient aux greffiers commissaires-priseurs la somme
de 6 fr. par chaque vacation de 3 heures; lorsqu'ils se trans-
portent dans une des communes de leur canton pour une
vente mobilière, le temps consacré à leur voyage est taxé
comme vacation.

51. Lorsque les objets mobiliers dépendant d'une succession
sont d'une valeur minime et ne comportent qu'un procès-verbal descriptif, les greffiers appelés à procéder à une levée de
scellés ne peuvent profiter de leur qualité de commissaire-priseur pour s'attribuer en sus de leur vacation comme greffier
des vacations de prisée qui ne leur sont dues que dans le cas
où les objets mobiliers ont une valeur assez grande pour né-
cessiter un inventaire régulier.

52. Les greffiers agissant comme commissaires-priseurs ne
peuvent se faire payer par les acheteurs les droits d'encaissement lorsqu'ils ne perçoivent pas immédiatement après la vente
le prix des objets vendus.

PREMIÈRE FORMULE
Déclaration préalable
*Extrait du registre des déclarations préalables aux ventes publiques
de meubles*

N° ... — L'an ... le ...

Devant nous, receveur de l'enregistrement de ...

A comparu :

M⁰ .. greffier de la justice de paix du canton de ...

Lequel a déclaré que le dimanche ... 189.. à ... heures du ... et jours suivants, s'il y a lieu, sur la place ... il procédera, à la requête de ... à la vente aux enchères publiques de divers meubles et objets mobiliers, au comptant et le 7 1/2 pour 100 en sus.

De laquelle déclaration le comparant a requis acte et signé.

(*Signature.*)

DEUXIÈME FORMULE
Procès-verbal de vente volontaire avec ou sans opposition

... (Copie de la déclaration préalable.)

L'an ... le ... à ... heures du ... à ... sur la place ..

A la requête et en présence de M. ...

Nous ... greffier de la justice de paix du canton de ... remplissant les fonctions de commissaire-priseur, assisté de MM. ... témoins majeurs et réunissant les qualités prescrites par la loi,

Avons procédé de la manière suivante à la vente aux enchères publiques des meubles et objets mobiliers ci-après désignés appartenant à ... et ce, après que la vente a été annoncée par ... publications, au son du tambour, et après avoir prévenu les enchérisseurs que la vente a lieu au comptant et qu'ils auront à payer en sus de leurs prix et entre nos mains le 7 1.2 pour 100 desdits prix pour nos honoraires, savoir :

1° Une table en bois blanc, adjugée à M. ... pour
pour la somme de ... ci....................... .. ..

2° ... etc., ci........................... .. ..

Total........... ....

Lesquels prix d'adjudication ont été immédiatement versés entre nos mains par les adjudicataires.

De tout quoi nous avons dressé le présent procès-verbal, les jour, mois et an susdits.

Employé une vacation.

Et après lecture faite, le réquérant a signé avec nous et les témoins. (*Signataires.*)

Le greffier soussigné déclare qu'il n'a reçu aucune opposition, soit à la vente, soit aux deniers en provenant.

A ... le ...   (*Signature.*)

Ou bien : Le greffier soussigné déclare qu'il lui a été signifié les oppositions suivantes : Du ... exploit de ... huissier à ... requête de M. ... à l'encontre de M. ... pour garantie de ...

S'il y a opposition à la vente : A l'instant est intervenu M. ... Lequel a déclaré qu'il s'oppose formellement à ce que la vente soit continuée par les motifs que ...

Lecture faite, il a signé.   (*Signature.*)

Le requérant a répondu que les motifs de l'intervenant ne sont nullement fondés et qu'il nous requiert de passer outre.

Et il a signé après lecture.   (*Signature.*)

Sur quoi, nous, greffier soussigné, attendu que nous ne sommes pas juge du mérite de ladite opposition, avons suspendu nos opérations et avons renvoyé les parties à se pourvoir devant qui il appartiendra.

De tout quoi ... (Formule précédente).

TROISIÈME FORMULE
Vente judiciaire de meubles (mineurs)

... (Copie de la déclaration préalable.)

L'an ... le ...

Devant nous ... greffier de la justice de paix du canton de ... soussigné, assisté de MM. ... témoins majeurs,

Ont comparu :

1° ...; 2° ... (les majeurs); 3° M. ...

Agissant au nom et comme tuteur des mineurs ... issus du mariage d'entre M. ... et Mme ... décédés, nommé à cette fonction suivant délibération du conseil de famille tenue sous la présidence de M. le juge de paix du canton de ... le ... enregistrée.

Lesquels ont dit :

Que MM. ... et les mineurs ... sont les seuls héritiers

de ... ainsi que le constate un inventaire dressé par M° ... notaire à ... le ...

Que suivant ordonnance rendue sur requête par M. le Président du tribunal civil de première instance de ... le ..., M. ... en sa qualité de tuteur des mineurs ... a été autorisé à faire procéder par le ministère du greffier soussigné, à la vente aux enchères publiques de meubles et d'objets mobiliers dépendant des successions de ... le tout détaillé dans l'inventaire ci-dessus énoncé ;

Que cette vente a été annoncée : 1° Par des placards apposés aux endroits voulus par la loi, ainsi que le constate un procès-verbal de ... huissier à ... en date du ... rédigé sur un exemplaire de ces placards ; 2° Par une insertion faite dans le journal ... feuille du ... ; 3° Par des affiches apposées dans les communes de ... ; 4° Par publications au son du tambour ;

Que suivant exploit de ... huissier à ... du ..., M. ... (nom et prénoms du subrogé tuteur) en sa qualité de subrogé tuteur des mineurs ... a été sommé de se trouver aujourd'hui, à ... pour être présent à la vente, avec déclaration qu'il y serait procédé tant en sa présence qu'en son absence ;

Et qu'ils requièrent le greffier soussigné de procéder à ladite vente, au comptant et le 7 1/2 pour 100 en sus.

Les originaux de l'ordonnance, des placards et des exploits susénoncés, et d'un exemplaire du journal ... le tout enregistré, sont demeurés ci annexés après mention.

A l'instant est intervenu M ... subrogé tuteur desdits mineurs, lequel a déclaré consentir à ce que cette vente ait lieu.

Lecture faite, les comparants ont signé avec l'intervenant.

(*Signatures*).

Sur quoi nous, greffier soussigné, avons procédé de la manière suivante à la vente dont il s'agit, savoir :

1° Une table ... (Voir formule 2).

(*Signature.*)

QUATRIÈME FORMULE
Vente de meubles dépendant d'une succession vacante

... (Copie de la déclaration préalable.)

L'an ... le ... à ... heures du ...

A ... sur la place ...

A la requête et en présence de M ...

Agissant :

1° En qualité de curateur ad hoc à la succession vacante de M. ... en son vivant propriétaire demeurant à ... où il est décédé le ... nommé à cette fonction en vertu d'une ordonnance rendue sur requête par M le Juge de Paix du canton de ... le ... enregistrée, dont l'original est demeuré ci-annexé après mention.

2° En vertu de l'article 15 de l'ordonnance du 26 décembre 1842.

Nous, greffier ... (Voir formule 2).

CINQUIÈME FORMULE
Vente après faillite

... (Copie de la déclaration préalable.)

L'an ... le (Voir ci-dessus).

A la requête et en présence de M. ...

Agissant en qualité de syndic de la faillite du sieur ... ex-commerçant à ..., nommé à cette fonction par jugement du tribunal de commerce de ... en date du ..., enregistré.

Et en vertu d'une ordonnance de M. le Juge commissaire de ladite faillite en date du ..., dont l'original enregistré est demeuré ci-annexé après mention.

Après que toutes les formalités prescrites par la loi ont été remplies, ainsi que le constatent :

1° Un procès-verbal de ..., huissier à ..., en date du ..., dont l'original enregistré est demeuré ci-annexé après mention, rédigé sur un exemplaire des placards apposés aux endroits voulus par la loi.

2° Un exemplaire du journal ... feuille du ..., qui est

également demeuré ci-annexé après mention contenant l'insertion de l'annonce de la présente vente.

Nous ..., greffier ... (Voir formule 2).

Nota. — Les honoraires ne sont que de 3 pour 100.

SIXIÈME FORMULE
Vente de marchandises neuves

... (Copie de la déclaration préalable.)

L'an ... (Formule 3).

A comparu :

M. ...,

Lequel a déposé :

Que suivant jugement rendu sur requête par le tribunal de commerce de ..., le ..., dont une expédition est demeurée ci-annexée après mention, il a été autorisé, pour cause de cessation de commerce, à faire vendre aux enchères publiques par le ministère du greffier soussigné, les marchandises neuves lui appartenant détaillées en un état joint à la requête.

Que le même jugement a décidé que cette vente se ferait par lots dont la mise à prix ne serait pas inférieure à la somme de ...

Que cette somme a été annoncée ... (Formule 3).

Un exemplaire dudit journal ainsi que l'original du procès-verbal précité, le tout enregistré, sont demeurés ci-annexés après mention.

Et qu'il requiert le greffier soussigné de procéder à ladite vente, au comptant et le 3 pour 100 en sus.

Sur quoi nous, greffier soussigné, avons procédé de la manière suivante à la vente dont il s'agit, savoir :

1° ... (Voir formule 2).

QUATRIÈME PARTIE

NOTARIAT

---

1. Les notaires institués en Algérie et en Kabylie n'étant pas établis dans tous les cantons, les greffiers de justice de paix peuvent être désignés par le garde des sceaux pour remplir les fonctions de notaires dans les cantons où il n'en n'existe pas.

2. Il existe deux classes de greffiers-notaires :

3. 1° Les greffiers-notaires au titre premier, c'est-à-dire ceux possédant la plénitude des attributions notariales et dont nous n'avons pas à nous préoccuper ici ;

4. 2° Les greffiers-notaires au titre deux, c'est-à-dire ceux institués par la section deux du décret du 18 janvier 1875, articles 6 et suivants, ainsi conçus :

ARTICLE 6

5. Lorsque le greffier de paix ne justifiera pas de l'obtention de l'un des deux certificats de capacité énoncés en l'article 3, la plénitude des attributions notariales ne lui sera jamais dévolue.

6. Il pourra seulement être autorisé à recevoir et rédiger en la forme des actes notariés, les conventions des parties qui requerront son ministère à cet effet, à l'exception des actes dont la réception est exclusivement réservée aux notaires.

7. Les actes ainsi rédigés ne vaudront que comme écrits sous signatures privées. Néanmoins, et sauf le cas où ces ac-

tes pourraient être délivrés en brevet par les notaires, il en sera conservé minute qui restera déposée au greffe de la justice de paix.

ARTICLE 7

8. Le greffier pourra être également autorisé à recevoir et rédiger, en la forme des actes notariés, les procurations qui auront même efficacité et authenticité, comme si elles avaient été reçues et rédigées par un notaire.

ARTICLE 8

9. Il pourra aussi être autorisé à recevoir des testaments en présence de deux témoins, et les reconnaissances d'enfants naturels, dans la même forme.

10. Néanmoins, ces testaments et reconnaissances seront nuls et non avenus si, en cas de survie du testateur ou de l'auteur de la reconnaissance, ils n'ont pas été renouvelés dans les six mois, avec les formalités ordinaires, devant les officiers publics compétents. Avis devra être donné aux parties des cette disposition lors de la réception de l'acte et mention en sera faite dans ledit acte, sous peine de 100 fr. d'amende contre le greffier. Cette contravention sera constatée et poursuivie en la même forme que les autres contraventions en matière de notariat.

ARTICLE 9

10. Le greffier pourra encore, dans les cas prévus par les articles 928 et 942 du Code de procédure civile, être désigné par le juge de paix pour représenter à la levée des scellés ou à l'inventaire, les intéressés non présents.

11. Il pourra également dresser les inventaires conformément aux articles 942 du Code de procédure civile. Dans ce cas, comme dans celui où le greffier aura la plénitude des attributions notariales, le juge de paix pourra ordonner qu'il sera passé outre à l'inventaire en l'absence d'un officier public pour représenter les intéressés non présents.

ARTICLE 10

12. Le greffier sera soumis, pour tout ce qui est relatif à ses fonctions notariales, aux règlements en vigueur sur le notariat. Il aura droit pour les actes par lui reçus, pour l'expédition des actes dont la minute sera déposée au greffe de la justice de paix et pour les vacations, à la moitié des honoraires ou rétributions allouées aux notaires de l'Algérie. Il lui sera alloué les mêmes indemnités qu'en matière de justice de paix.

ARTICLE 11

13. Les attributions conférées aux greffiers de paix, en matière notariale, cesseront de plein droit lorsqu'un notaire sera institué dans le canton, et en ce cas, les minutes et répertoires seront remis à cet officier public.

14. Toutes les règles qui vont suivre s'appliquent aux actes reçus par les greffiers-notaires au titre deux.

— — —

Ressort

15. Les greffiers-notaires exercent leurs fonctions dans toute l'étendue du ressort de la justice de paix, sans préjudice du droit qu'ont les notaires établis au siège du tribunal de première instance, d'instrumenter dans toute l'étendue de l'arrondissement judiciaire.

— — —

Témoins instrumentaires

16. Les actes sont reçus par le greffier-notaire en présence de deux témoins mâles, majeurs, citoyens français, jouissant de leurs droits civils et justifiant de leur inscription sur les listes électorales, sachant signer et domiciliés dans l'arron-

dissement communal où l'acte est passé, c'est-à-dire dans l'arrondissement de la sous-préfecture (Décret du **26** octobre **1880**).

17. Les aveugles et les sourds-muets ne peuvent être témoins dans les actes notariés.

18. Les témoins ne doivent avoir aucun intérêt dans l'acte auquel ils concourent.

19. Les parents ou alliés, soit du greffier-notaire, soit des parties contractantes au degré prohibé par l'article 8 de la loi du **25** ventôse an **XI** (en ligne directe à tous les degrés, et en ligne collatérale jusqu'au degré d'oncle ou de neveu inclusivement), leurs clercs et leurs serviteurs ne peuvent être témoins, mais les témoins instrumentaires peuvent être parents entre eux, même frères.

20. La présence réelle des témoins instrumentaires n'est exigée que dans les actes notariés contenant donation entre vifs, donation entre époux pendant le mariage, révocation de donation ou de testament, reconnaissance d'enfant naturel, notification d'acte respectueux et *les procurations pour recevoir ces divers actes* : elle n'est requise qu'au moment de la lecture des actes par le greffier-notaire et de la signature par les parties ou de la déclaration par elles de ne savoir signer, et elle doit être mentionnée à peine de nullité.

21. Voir également ce qui sera dit au chapitre des testaments.

22. Dans tous les autres actes, la présence réelle des témoins instrumentaires n'est pas exigée (loi du **21** juin 1843); ils signent après coup, hors la présence des parties.

PREMIÈRE FORMULE
Témoins instrumentaires (Actes ordinaires)

Par devant M^e ... greffier-notaire à ... arrondissement de ... département de ..., soussigné, autorisé à remplir les fonctions de notaire dans les conditions indiquées par la section 2 du décret du 18 janvier 1875,

Assisté de MM. Louis Vérinaud, propriétaire, âgé de ... et de Jacques Richard, commerçant, âgé de ...

Témoins instrumentaires requis, demeurant à ... et réunissant les qualités exigées par le décret du 26 octobre 1886,

A comparu ...

DEUXIÈME FORMULE
Acte pour lequel la présence réelle des témoins est exigée

Par devant Me ... (Voir formule 1.)

En présence de MM. ... (Voir même formule.)

Témoins testamentaires ...   id.

Ajouter à la fin de l'acte, avant la signature :

La lecture des présentes par Me ... au comparant (ou aux parties) et la signature par lui (ou par elles) ont eu lieu en la présence réelle et continuelle des deux témoins instrumentaires.

Si l'une des parties ne sait signer :

La lecture des présentes par Me ... aux parties, la signature par M. ... et la déclaration par M. ... de ne savoir signer, ont eu lieu en la présence réelle et continuelle des deux témoins instrumentaires.

Interprète

23. Toutes les fois qu'une personne ne parlant pas la langue française est partie ou témoin dans un acte, le greffier-notaire doit, outre les témoins ordinaires, être assisté d'un interprète assermenté qui explique l'objet de la convention avant toute écriture, explique de nouveau l'acte rédigé, et signe comme témoin additionnel.

24. En cas d'empêchement de l'interprète attaché à la justice de paix, s'il s'agit de la langue arabe, et dans le cas où

il n'existerait pas d'interprète assermenté dans la localité, s'il s'agit d'une autre langue, le greffier-notaire peut toujours appeler un individu auquel il fait prêter serment.

25. Les signatures qui ne seraient pas écrites en caractères français sont traduites en français et la traduction en est certifiée et signée au pied de l'acte par l'interprète.

26. Les parents ou alliés, soit du greffier-notaire, soit des parties contractantes en ligne directe à tous les degrés et en ligne collatérale jusqu'au degré d'oncle ou de neveu inclusivement, ne peuvent remplir les fonctions d'interprète.

27. Ne peuvent être pris pour interprètes d'un testament public, les légataires à quelque titre que ce soit, ni leurs parents ou alliés jusqu'au degré de cousin germain inclusivement.

TROISIÈME FORMULE
Interprète assermenté

Dont acte,

Fait et passé à ... en ...

L'an ... le ...

En présence de M. ..., interprète judiciaire assermenté pour la langue ... demeurant à ...

Lequel, après explications préalables, a traduit et reproduit oralement du français en ... le contenu des présentes à M. ... qui a dit le bien comprendre et l'approuver.

QUATRIÈME FORMULE
A défaut de l'interprète assermenté

En présence de M. ... employé, demeurant à ... connu comme parlant parfaitement les langues française et ... appelé à défaut de l'interprète titulaire empêché (ou appelé à défaut d'interprète assermenté pour la langue ... à la résidence de ...)

Lequel, serment prêté ès mains du greffier-notaire soussigné, de bien et fidèlement remplir sa mission, a, après explications préalables ... (Comme ci-dessus.)

Témoins certificateurs

28 Lorsque le nom, l'état et la demeure des parties ne sont pas connus du greffier-notaire qui reçoit leurs conventions, ils doivent lui être attestés par deux témoins connus de lui et ayant les mêmes qualités que celles requises pour être témoin instrumentaire.

29. Toutefois, dans les actes intéressant des musulmans, si le greffier-notaire ne connaît pas le nom, l'état ou la demeure des parties ou de l'une d'elles, ils peuvent lui être attestés par tout musulman résidant en Algérie, mâle, majeur et connu de lui. Les parents et alliés de la femme musulmane sont admis à attester son identité (décret du 7 juin 1889).

30. En ce qui concerne les militaires en activité de service, l'identité et la capacité civile des contractants sont ordinairement attestées par deux officiers ou par deux sous-officiers.

CINQUIÈME FORMULE
Témoins certificateurs

En présence de MM. . . .

Témoins certificateurs qui ont attesté au greffier-notaire soussigné l'identité, l'individualité et la capacité civile des parties (ou du comparant), qu'ils ont dit bien connaître.

Légalisation

31. Lorsque les actes notariés doivent être employés en dehors de l'Algérie, la signature du greffier-notaire sera légalisée par le juge de paix ou son suppléant.

SIXIÈME FORMULE

Vu par nous . . . juge de paix du canton de . . . pour légalisation de la signature de Mᵉ . . . greffier-notaire à . . . apposée ci-dessus (ou ci-contre, ou d'autre part), à . . . le . . .

Enregistrement

32. Le délai pour faire enregistrer les actes notariés est de dix jours lorsque le greffier-notaire réside dans la commune du bureau. Il est de quinze jours lorsque le greffier-notaire réside hors de cette commune.

33. Pour les protêts, le délai d'enregistrement n'est que de quatre jours.

Corps de l'acte

34. Les actes des greffiers-notaires doivent être écrits en langue française, en un seul contexte, lisiblement, sans abréviation, blanc, lacune ni intervalle.

35. Les sommes et les dates doivent être écrites en toutes lettres.

36. Les renvois en marge et au bas des pages et le nombre des mots rayés dans tout le texte de l'acte doivent être approuvés par l'initiale du nom propre et le paraphe de chacune des parties, de l'interprète, des témoins et du greffier-notaire.

37. Les actes doivent énoncer : 1° Les noms et lieu de résidence du greffier-notaire qui les reçoit ; 2° les noms, prénoms, qualités et demeures des parties ; 3° les noms, âges, professions et demeures des témoins ; 4° les nom et demeure de l'interprète s'il y a lieu ; 5° le lieu, l'année et le jour où les actes sont passés ; 6° les procurations des contractants, lesquelles, certifiées par les parties qui en font usage, demeurent annexées à la minute ; 7° la lecture faite aux parties par le greffier-notaire et, le cas échéant, la traduction orale faite par l'interprète.

38. Ils doivent exprimer les sommes en francs, décimes et centimes, et en mesures métriques les quantités, poids ou mesures.

39. Les greffiers-notaires sont tenus d'annexer aux actes par eux reçus l'original ou la traduction certifiée par un interprète assermenté et signée des parties, des actes émanés des officiers publics indigènes, ou de tous fonctionnaires étrangers, et auxquels les nouvelles conventions se référeraient.

40. Lorsque l'état d'une partie qui s'oblige n'est pas connu du greffier-notaire, celui-ci doit exiger avant la passation de l'acte, la représentation du contrat de mariage de ladite partie, si elle se déclare mariée, ou son affirmation personnelle et sous serment qu'elle n'a point fait de conventions matrimoniales et si elle déclare n'être point mariée, son affirmation, également sous serment, que réellement elle ne l'est pas. Le tout doit être constaté dans l'acte.

41. Dans les actes translatifs de propriété immobilière, les greffiers-notaires énoncent la nature, la situation, la contenance, les tenants et aboutissants des immeubles, les noms des précédents propriétaires et le caractère et la date des mutations successives.

42. Les greffiers-notaires doivent, sous peine d'une amende de 50 à 200 fr., mentionner dans leurs actes le nom patronymique des indigènes musulmans qui comparaissent devant lui, lorsque ces indigènes habitent une localité où l'état-civil a été constitué.

SEPTIÈME FORMULE
Énonciation d'un acte reçu par un officier public indigène

Aux termes d'un acte reçu par M. . . ., cadi de la Mahakma de . . ., le . . ., dont l'original texte arabe et la traduction en français faite par M. . . ., interprète assermenté, enregistrés (ou à enregistrer en même temps que les présentes), sont demeurés ci-annexés après avoir été signés des parties et revêtus d'une mention d'annexe.

HUITIÈME FORMULE
État des personnes

M. et Mᵐᵉ . . . déclarent qu'ils sont mariés sous le régime

de ..., aux termes de leur contrat de mariage reçu par
Me ..., notaire à ..., le ..., dont ils ont représenté une
expédition au greffier-notaire soussigné.

NEUVIÈME FORMULE

Ou bien :

M. et Mme ... déclarent qu'ils sont mariés sous le régime
de la communauté légale de biens, à défaut de contrat notarié
préalable à leur union célébrée à la mairie de ... le ...

DIXIÈME FORMULE

Ou bien :

M. ... déclare sous la foi au serment qu'il est célibataire.

ONZIÈME FORMULE
Clôture d'un acte

Dont acte,

Fait et passé à ...

En l'étude ... (ou bien : en la demeure de M. ...).

L'an mil huit cent quatre-vingt-quatorze, le ...

(Voir ci-dessus pour les témoins et l'interprète.)

Lecture faite (ou : lecture et interprétation faites), M. ...
a signé (ou les parties ont signé) avec l'interprète, les témoins
et le greffier-notaire.

Si l'une des parties ne sait signer :

Lecture faite, M. ... ayant déclaré ne savoir signer, de
ce requis par Me ... (ou par Me ..., à l'aide de l'interprète),
M. ... a signé avec les témoins et le greffier-notaire.

Si l'une des parties sait signer, mais ne le peut :

Lecture faite, M. ... ayant déclaré savoir signer, mais ne
le pouvoir pour cause de ..., M. ... a signé avec le greffier-
notaire.

Minutes et brevets

43. Les originaux des actes notariés peuvent être écrits

sur papier timbré de toute dimension, sans observer le nombre de lignes ou de syllabes.

44. L'acte en minute est celui dont l'original reste en la possession du greffier-notaire pour en délivrer expédition ou extrait.

45. L'acte en brevet est celui dont l'original est délivré par le greffier-notaire aux parties.

46. Les greffiers-notaires sont tenus de conserver minute de tous les actes qu'ils reçoivent, à l'exception des actes dits simples, ou unilatéraux, ou ne contenant pas des stipulations que les tiers puissent invoquer, ou n'ayant pour objet qu'une chose d'un intérêt momentané, lesquels peuvent être délivrés en brevet, ce sont notamment :

47. 1° Les certificats de vie de quelque espèce que ce soit ;

48. 2° Les procurations autres que celles pour faire ou accepter une donation, pour révoquer une donation ou un testament, pour reconnaître un enfant naturel, pour transférer tout ou partie d'une rente sur l'État d'un chiffre supérieur à 50 fr. ou plusieurs rentes sur l'État dont les chiffres réunis excèdent 50 fr.

49. Il est aussi dans l'usage de recevoir en minute les procurations générales ou celles ayant pour objet plusieurs affaires distinctes, et enfin celles pour faire un acte respectueux.

50. 3° Les substitutions de pouvoirs ;

51. 4° Les actes de notoriété, sauf ceux qui ont pour objet de constater, à défaut d'inventaire, le nombre et les qualités des héritiers ;

52. 5° Les quittances de loyers, fermages, salaires, arrérages de pensions ou rentes ;

53. 6° Les mainlevées d'oppositions ;

54. 7° Les autorisations maritales ;

55. 8° Les reconnaissances de dettes.

56. Les greffiers-notaires sont responsables de la conservation des minutes, à moins que la perte ne soit survenue
pour cause d'accidents de force majeure.

57. Ils ne peuvent s'en dessaisir dans aucun cas, si ce
n'est en vertu d'autorité de justice.

58. Les minutes d'un greffier-notaire décédé ou révoqué,
sont remises à son successeur, et, jusqu'à ce que celui-ci soit
installé, déposées, avec les répertoires, au greffe de la justice
de paix, après inventaire régulier dressé par le juge de paix
qui les place ensuite sous scellés.

59. Lorsque le greffier-notaire est démissionnaire, ou
change de résidence, il remet lui-même à son successeur les
minutes et répertoires.

DOUZIÈME FORMULE
Remise de service

*Etat sommaire des minutes remises par Me ... ancien greffier-notaire
à ..., à Me ..., son successeur, par suite des récolements faits sur
les répertoires.*

Exercice de Me ..., du ... au ...

Manquent les minutes suivantes :

1° Du ..., vente par ... à ...

2° Du ..., etc...

Exercice de Me ..., du ... au ...

Il ne manque aucune minute.

Fait double à ..., le ...   (*Signature.*)

Expédition, grosse, extrait, copie collationnée

60. L'*expédition* est la copie littérale de la minute d'un
acte, de la mention d'enregistrement et des annexes de cet
cet acte par le greffier-notaire qui en est détenteur.

61. Elle ne doit être délivrée qu'aux personnes intéressées en nom direct, leurs mandataires, leurs héritiers ou ayants-droit.

62. Elle est signée par le greffier-notaire qui la délivre ; les renvois et les bas des pages sont simplement paraphés.

63. Une mention marginale, paraphée par le greffier-notaire et placée en face des dernières lignes de l'expédition, indique le nombre des rôles, ainsi que celui des renvois et des mots rayés comme nuls.

64. A la fin de l'expédition, on appose le cachet du greffier-notaire à côté de sa signature.

65. Les expéditions sont écrites sur timbre à 1 fr. 80 ; elles contiennent 25 lignes à la page et environ 15 syllabes à la ligne. Deux pages d'une expédition forment le *rôle*.

66. La *grosse* est semblable à l'expédition, mais elle porte en tête le même intitulé que les lois (République française — Au nom du peuple français), et à la fin un mandement aux officiers de justice, pareil à celui qui est employé pour les jugements.

67. Elle donne à l'acte la force exécutoire.

68. Les actes des greffiers-notaires ne valant que comme actes sous signatures privées, ne peuvent être grossoyés. C'est du moins notre opinion, car il semble résulter, au contraire, d'une circulaire de M. le Procureur général en date du 26 février 1885, que les greffiers-notaires au titre deux peuvent délivrer une grosse.

69. Les actes donnant lieu à la délivrance de grosses sont ceux qui contiennent obligation de choses certaines et liquides ou pouvant être liquidées.

70. La grosse est soumise à toutes les règles de l'expédition, mais elle ne peut être délivrée qu'une seule fois, à moins d'une ordonnance du président du tribunal de première instance.

71. L'*extrait* est la relation littérale ou par analyse de quelques-unes des dispositions d'un acte ; il est également soumis aux règles de l'expédition.

72. La *copie collationnée* est la copie faite par un notaire assisté de deux témoins instrumentaires, d'une pièce qui lui est représentée et qu'il rend.

73. On peut l'écrire sur du papier timbré de toute dimension et sans observer le nombre de lignes ni celui des syllabes.

TREIZIÈME FORMULE
Expédition

Après avoir copié l'acte en entier, on rapporte les signatures y apposées et on ajoute :

A la suite (ou en marge) de la minute se trouve la mention d'enregistrement suivante :

Enregistré ... etc...

QUATORZIÈME FORMULE
Expédition d'un acte reçu par un prédécesseur

Après avoir copié la mention d'enregistrement, on ajoute :

L'an ..., le ..., collation des présentes a été faite par Me ..., greffier-notaire à ... soussigné, sur la minute de l'acte de ..., dont la teneur précède, étant en sa possession comme successeur immédiat (ou médiat) de Me ..., et comme tel, détenteur de ses minutes.

QUINZIÈME FORMULE
Extrait

A la fin de l'extrait, on ajoute :

Me ..., greffier-notaire soussigné, certifie que l'acte dont extrait précède ne contient aucune clause modificative ni restrictive de ce qui est ci-dessus transcrit.

SEIZIÈME FORMULE
Copie collationnée

Après la copie littérale de la pièce représentée, ajouter :

L'an ..., le ...

M° ..., greffier-notaire à ... soussigné,

Assisté de MM. ...

Témoins instrumentaires requis,

A collationné la présente copie sur l'original (ou l'expédition) du contrat de ..., dont la teneur précède, représenté audit greffier-notaire et par lui à l'instant rendu.

Lecture faite, les témoins ont signé avec le greffier-notaire.

(*Faire signer, répertorier, enregistrer et délivrer en brevet.*)

Répertoire, copie de répertoire et registres

Répertoire

74. Le répertoire est un cahier ou registre sur lequel les greffiers-notaires sont tenus d'inscrire, jour par jour, les actes qu'ils reçoivent.

75. Il doit être fait sur papier timbré (ordinairement à 1 fr. 80). Il est visé, coté et paraphé par le juge de paix ou son suppléant, avant l'inscription des actes ; il ne doit contenir ni blanc, ni interligne, ni grattage.

76. Chaque article du répertoire contient : 1° Un numéro d'ordre ; 2° La nature de l'acte ; 3° Son espèce (minute ou brevet) ; 4° Les nom, prénoms, et demeures des parties ; 5° L'indication des biens, leur situation et le prix lorsqu'il s'agit d'actes ayant pour objet la propriété, l'usufruit ou la jouissance d'immeubles ; 6° La somme prêtée, cédée et transportée s'il s'agit d'obligation, cession ou transport ; 7° la relation de l'enregistrement.

77. Les certificats de vie délivrés aux retraités de l'État, des départements ou des communes ne sont pas répertoriés.

78. Les greffiers-notaires sont tenus de présenter tous les trois mois dans les premiers dix jours des mois de janvier,

juillet et octobre, leurs répertoires au receveur de l'Enregistrement de leur résidence, qui les vise et qui énonce dans son visa le nombre des actes inscrits.

Copie du répertoire

79. Dans les deux premiers mois de chaque année, c'est-à-dire avant le 1er mars, les greffiers-notaires sont tenus d'effectuer au greffe du tribunal de première instance de leur arrondissement, le dépôt du double, par eux certifié et écrit sur papier timbré, du répertoire des actes qu'ils ont reçus dans le courant de l'année précédente.

Registre de dépôts de testaments olographes

80. Les greffiers-notaires doivent tenir un registre visé, coté et paraphé comme il est dit pour le répertoire, sur lequel ils inscrivent, à la date du dépôt, les noms, prénoms, professions, domiciles et lieux de naissance des personnes qui leur remettent un testament olographe. Ce registre est également soumis au visa trimestriel du receveur de l'Enregistrement.

Registre de dépôts de sommes ou valeurs

81. Enfin, les greffiers-notaires doivent tenir un registre coté, paraphé et soumis au visa du receveur de l'Enregistrement comme il est dit ci-dessus, sur lequel ils mentionnent, jour par jour, par ordre de date, sans blancs, lacunes ni renvois : 1° Toutes les sommes ou valeurs qu'ils reçoivent en dépôt, à quelque titre que ce soit ; 2° Les noms, prénoms, professions et demeures des déposants ; 3° La date des dépôts ; 4° l'emploi qui a été fait des valeurs déposées.

82. Les greffiers notaires ne peuvent conserver plus de six mois les sommes qu'ils détiennent pour le compte de tiers, à quelque titre que ce soit ; les fonds qui n'ont pu être remis aux intéressés dans ce délai doivent être versés à la caisse des dépôts et consignations.

Registre des protêts

83. Voir ce qui sera dit au mot « Protêts ».

DIX-HUITIÈME FORMULE
Répertoire

NUMÉROS d'ordre	DATES des actes	NATURE ET ESPÈCE DES ACTES		NOMS, PRÉNOMS ET DOMICILE DES PARTIES INDICATION SITUATION ET PRIX DES BIENS	ENREGISTREMENT	
		Brevets	Minutes		Dates	Droits
				MOIS DE JANVIER 1894		
1	3	Procuration		Par Louis Rouvier, de Dellys, à Alexandre Janin, du même lieu, pour toucher	4	1.65
2	4		Vente	Par Reski 'Ahmed ben Abdallah) du douar... commune de ... à ... du même lieu, d'une terre sise à ... d'une contenance de ... n ... du plan, moyennant un prix de 200 francs.	6	6.06

En tête de ce registre doit se trouver la mention suivante :

Nous .... juge de paix du canton de ..., avons coté et paraphé, par premier et dernier feuillet, le présent registre contenant ... feuillets, pour servir de répertoire des actes qui seront reçus par M⁰ ..., greffier-notaire à ...

En notre cabinet, à ..., le ...

(Signature et cachet.)

DIX NEUVIÈME FORMULE
Copie du répertoire

Écrire en tête :

Copie du répertoire des ctes notariés reçus par M⁰ ..., greffier-notaire à ..., département de ..., pendant l'année ...

Ajouter, après avoir copié textuellement le répertoire :

M⁰ ... certifie véritable la présente copie qu'il a établie à ..., le ...

(Signature et cachet.)

VINGTIÈME FORMULE
Registre des dépôts de testaments olographes

Écrire en tête du registre :

Nous ..., juge de paix du canton de ...., avons coté et paraphé par premier et dernier feuillet, le présent registre contenant ... feuillets, pour servir à constater les dépôts de testaments olographes faits à M⁰ ..., greffier-notaire à ...

En notre cabinet, à ..., le ...

(Signature et cachet.)

Inscriptions

Le ..., M. ... (nom, prénoms, profession et domicile), né à ..., le ..., m'a déposé une enveloppe cachetée avec de la cire rouge, portant l'empreinte d'un cachet aux initiales ... et m'a déclaré que dans cette enveloppe se trouve son testament olographe.

(Signature.)

Le ..., restitué à M. ... le pli qu'il m'a déposé le ...

(Signature du déposant.)

VINGT-UNIÈME FORMULE

Registre des dépôts de sommes ou valeurs (Voir mention de cote et paraphe ci-dessus

Nos d'ordre	DATES	NOMS, PRÉNOMS profession et domicile des déposants	SOMMES déposées	DESTINATION des sommes déposées	SOMMES sorties	EMPLOI FAIT des sommes déposées
1	2 janvier 1891	Louis Auton, propriétaire à ...	1000ᶠ	Prix de vente de ce jour, à être remis à M....., vendeur, ou à ses créanciers, après l'accomplissement des formalités hypothécaires.	200º00 800º00 1000º00	Remis au vendeur le ... (signature du recevant sur un timbre de quittance). Envoyés sous pli chargé à M ...... créancier hypothécaire du vendeur, le ...

Jours fériés

84. Les jours de fêtes légales sont : 1º Le dimanche; 2º Les jours de Noël, l'Assomption, l'Ascension et la Toussaint; 3º Le premier janvier; 4º Le 14 juillet.

85. Les actes notariés sont valablement passés tous les jours de l'année, à l'exception des actes ayant une espèce de caractère judiciaire, tels que les inventaires, les procès-verbaux quelconques, les protêts.

Actes de la compétence des greffiers-notaires au titre deux

86. Les greffiers-notaires au titre deux sont autorisés à recevoir les actes suivants, même lorsque les parties ne savent pas signer :

87. 1° Toutes les procurations, avec les même efficacité et authenticité que si elles étaient reçues par un notaire ;

88. 2° Les inventaires ;

89. 3° Les testaments, sous la condition qu'en cas de survie du testateur, ils soient renouvelés dans les six mois devant les officiers publics compétents ;

90. 4° Les reconnaissances d'enfants naturels sous la même condition ;

91. 5° Et enfin les conventions des parties qui requièrent leur ministère, à l'exception des actes dont la réception est exclusivement réservée aux notaires et sous la condition que les actes ainsi rédigés ne valent que comme écrits sous signatures privées.

92. Ces conditions sont les suivantes :

93. Autorisation maritale.

94. Autorisation de faire le commerce.

95. Substitution de pouvoirs.

96. Révocation de procuration.

97. Décharge de mandat.

98. Dépôt de pièces.

99. Rapport pour minute.

100. Billet à ordre.

101. Endossement.

102. Acte de notoriété.

103. Compte de tutelle, récépissé et approbation de ce compte.

104. Partage amiable.

105. Dépôt de testament olographe.

106. Quittances sans main-levée d'inscription.

107. Cautionnement.

108. Ratification.

109. Vente de meubles et d'immeubles.

110. Retrait de réméré.

111. Adjudication volontaire d'immeubles.

112. Vente de fonds de commerce.

113. Transport de créance chirographaire.

114. Cession de droits successifs.

115. Main-levée de saisie-arrêt ou opposition.

116. Echange.

117. Baux et résiliation de baux.

118. Cession de bail ou sous-location.

119. Sociétés.

120. Protêt.

121. Obligation pure et simple.

122. Obligation avec gage ou nantissement.

123. Obligation avec antichrèse.

123bis Marchés divers.

123ter Liquidations musulmanes.

Procurations

124. La procuration est l'acte qui prouve l'existence d'un mandat conféré par une personne à une autre personne.

125. Lorsque la procuration est en brevet, le nom du mandataire peut être laissé en blanc.

126. Le mandat peut être donné à une ou plusieurs personnes en les chargeant d'agir conjointement ou en stipulant que l'une pourra gérer à défaut de l'autre.

127. On ne peut donner mandat pour se marier, tester ou prêter serment.

128. Le mandat général est celui qui est donné pour toutes les affaires du mandant; celui qui est donné pour une affaire ou certaines affaires seulement est spécial.

129. L'autorisation maritale ne pouvant être que spéciale, la femme ne peut, pendant le mariage, donner soit à son mari, soit à un tiers, le mandat d'aliéner tous ses immeubles ou de les hypothéquer, ou de contracter des emprunts dont le montant ne serait pas déterminé.

130. Le mari peut donner à sa femme tous mandats généraux ou spéciaux.

131. La femme ne peut constituer un mandataire sans l'autorisation de son mari.

132. La procuration donnée par l'enfant pour faire les trois actes respectueux peut être unique, c'est-à-dire qu'elle n'a pas besoin d'être renouvelée.

133. En ce qui concerne les procurations à établir en minute ou en brevet et celles pour lesquelles la présence réelle des témoins instrumentaires est exigée, voir ce qui a été dit sous les numéros 20, 46 et suivants.

VINGT-DEUXIÈME FORMULE
Intitulé de procuration

Par devant Me ...

Ont comparu :

M. ... et Mme ... son épouse qu'il autorise demeurant ensemble à ...

Lesquels ont, par les présentes, constitué pour leur mandataire aux effets ci-après :

M. ...

Auquel ils donnent pouvoir de, pour eux et en leurs noms :

VINGT-TROISIÈME FORMULE
Procuration générale par un mari et sa femme

1. Gérer et administrer tant activement que passivement tous les biens et affaires présents et à venir des constituants.

2. Louer et affermer par telle forme, à telles personnes, pour le temps et aux prix, charges et conditions que le mandataire avisera, tout ou partie des biens meubles et immeubles qui appartiennent et appartiendront par la suite aux comparants ou à chacun d'eux séparément, passer, prolonger, renouveler et accepter tous baux, les résilier, même ceux existants, avec ou sans indemnité, donner et accepter tous congés ; faire dresser et reconnaître tous états de lieux ; faire toutes assurances contre l'incendie, signer toutes polices d'assurances.

3. Procéder à tous bornages et arpentages.

4. Vendre en bloc ou en détail, à l'amiable ou aux enchères, par telle forme, aux prix, charges et conditions que le mandataire jugera convenables, tout ou partie des biens meubles et immeubles qui peuvent ou pourront appartenir aux constituants, faire dresser tous cahiers de charges, établir toutes origines de propriété, obliger les comparants solidairement entre eux à toutes garanties et au rapport de toutes justifications et mainlevées ; fixer toutes époques d'entrée en jouissance, déterminer les lieux, modes, époques de paiement

des prix ; faire toutes délégations ; renoncer au nom de Mᵐᵉ . . à l'effet de son hypothèque légale contre son mari, tant sur les immeubles vendus que sur leurs prix.

5. Vendre, céder et transférer au cours de la Bourse que le mandataire avisera, toutes rentes sur l'État français ou tous autres États, actions et obligations de toute nature et valeurs industrielles quelconques, qui peuvent et pourront appartenir aux constituants, signer tous transferts, en recevoir les prix, commettre tous agents de change.

6. Faire, avec ou sans garantie, tous transports et cessions de créances, aux prix et conditions qu'il plaira au mandataire ; consentir toutes prorogations.

7. Entendre, débattre, clore et arrêter tous comptes avec tous créanciers, débiteurs, banquiers, dépositaires, comptables et tiers quelconques, en fixer les reliquats actifs et passifs.

8. Toucher et recevoir toutes les sommes en principal, intérêts, frais et autres accessoires qui peuvent et pourront être dûes aux constituants, à tel titre, pour telle cause et sous quelque dénomination que ce soit.

9. Faire tous emprunts de sommes ou valeurs, de toutes sociétés ou de tous particuliers, aux conditions et aux taux d'intérêt que le mandataire jugera à propos ; obliger les constituants solidairement entre eux au remboursement des sommes prêtées et au service des intérêts, aux époques et de la manière convenues ; remettre en gage, à titre de nantissement, tous objets mobiliers, créances et valeurs ; affecter et hypothéquer tout ou partie des immeubles qui appartiennent et appartiendront à M. et Mᵐᵉ ..., conjointement ou séparément ; céder et déléguer les créances et reprises de Mᵐᵉ ... contre son mari et consentir toutes subrogations et antériorités dans l'effet de l'hypothèque légale de ladite dame contre son mari ; faire toutes déclarations d'assurance contre l'incendie des constructions hypothéquées, consentir au pro-

fit des prêteurs toutes délégations des indemnités qui seraient allouées en cas de sinistre.

10. Acquérir tous biens meubles et immeubles aux prix et conditions que le mandataire avisera ; faire et accepter toutes déclarations de command.

11. Faire tous échanges, avec ou sans soulte.

12. Payer et acquitter toutes les sommes que les comparants peuvent ou pourront devoir à quelque titre et pour quelque cause que ce soit.

13. Accepter tous actes de transports et délégations.

14. Recueillir toutes successions ouvertes ou qui viendraient à s'ouvrir au profit des constituants ; faire procéder à toutes appositions et levées de scellés, ainsi qu'à tous inventaires ; prendre connaissance de tous testaments, en consentir ou contester l'exécution ; faire et accepter la délivrance de tous legs ; faire toutes cessions de droits successifs, aux prix et conditions qu'il plaira au mandataire.

15. Procéder à l'amiable ou en justice à tous comptes, liquidations et partages des biens et valeurs dans lesquels les comparants peuvent et pourront avoir des droits ; établir les masses, faire et exiger tous rapports ; exercer et consentir tous prélèvements, former les lots, les choisir à l'amiable ou les tirer au sort, faire et accepter tous abandonnements, fixer toutes soultes, les recevoir ou payer, laisser tous objets en commun, donner tous pouvoirs pour les administrer ou les recouvrer.

16. En cas de faillite de quelques débiteurs, prendre part à toutes assemblées et délibérations de créanciers, nommer tous syndics et agents, signer tous concordats et contrats d'union ou s'y opposer, produire tous titres et pièces, affirmer la sincérité des créances des constituants, contester celles des autres créanciers, faire toutes remises, recevoir tous dividendes, accepter toutes garanties, accorder toutes prorogations.

17. Assister à toutes assemblées et délibérations des socié-

tés ou conseils de famille, nommer tous tuteurs et subrogés
tuteurs, prendre toutes décisions.

18. Retirer de la poste aux lettres ou de tous roulages,
messageries et chemins de fer, ou recevoir à domicile, les lettres, caisses, paquets et colis chargés ou non chargés et ceux
renfermant des valeurs déclarées, à l'adresse des comparants,
toucher tous mandats de poste.

19. En cas de difficultés quelconques et notamment à défaut de paiement, exercer toutes les poursuites, contraintes et
diligences nécessaires ; citer et comparaître devant tous juges
de paix, traiter, transiger, compromettre, se concilier, sinon
assigner et défendre devant tous juges et tribunaux compétents, obtenir tous jugements et arrêts, les faire mettre à exécution par tous les moyens et voies de droit, notamment par
la saisie mobilière ou immobilière, ou s'en désister ; produire
à tous ordres et distributions, obtenir tous bordereaux de collocation, en toucher le montant.

20. De toutes sommes reçues, donner bonnes et valables
quittances, consentir mentions et subrogations avec ou sans
garanties, faire mainlevée pure et simple avec désistement de
tons droits de privilége, hypothèque et action résolutoire, et
consentir la radiation entière et définitive de toutes inscriptions d'office et autres, ainsi que de toutes saisies, oppositions et
autres empêchements quelconques, le tout avec ou sans constatation de paiement.

21. Faire toutes déclarations d'état-civil et autres, déclarer
notamment, ainsi que le font ici les constituants, sous la foi
du serment :

Qu'ils sont mariés en premières noces sous le régime de la
communauté légale de biens, à défaut de contrat notarié préalable à leur union célébrée à la mairie de ... le ...

Et qu'ils ne sont et n'ont jamais été chargés de fonctions
emportant hypothèque légale.

22. Aux effets ci-dessus, passer et signer tous actes, élire

domicile, substituer et généralement faire tout ce qui sera nécessaire,

Dont acte.

Si les mandants ou l'un d'eux sont commerçants, ajouter les pouvoirs suivants :

23. Continuer et faire toutes les opérations de commerce des constituants, acheter et vendre toutes marchandises, se charger de toutes commissions et fournitures, passer tous marchés, fournir, viser et accepter toutes traites, lettres de change, billets à ordre, mandats et chèques, sur tous particuliers et caisses, signer tous endossements, acceptations et avals, tous comptes et bordereaux ; faire tous protêts.

VINGT-QUATRIÈME FORMULE
Procuration pour faire un acte respectueux

Demander respectueusement à M. ... et Mme ..., son épouse, demeurant ensemble à ..., père et mère du comparant, leur conseil sur le mariage que celui-ci se propose de contracter avec Mlle ..., sans profession, demeurant à ..., née à ..., le ..., fille de M. ... et de Mme ...

Requérir toute notification, faire toutes déclarations et généralement faire le nécessaire.

Dont acte, en minute.

VINGT-CINQUIÈME FORMULE
Procuration pour faire mainlevée d'une inscription

Faire mainlevée pure et simple avec désistement de tous droits d'hypothèque (s'il s'agit d'une inscription d'office, ajouter : privilège et action résolutoires) et consentir la radiation entière et définitive d'une inscription prise au profit du constituant au bureau des hypothèques de ..., le ..., volume ..., numéro ..., en vertu d'un acte reçu par Me ..., notaire à ..., le ... (ou : d'un jugement rendu par le tribunal de ..., le ...), pour sûreté d'une somme principale de ...

Consentir la décharge du conservateur qui opérera la radiation de cette inscription, passer et signer tous actes et faire le nécessaire.

Dont acte.

VINGT-SIXIÈME FORMULE
Procuration pour toucher une créance

Toucher et recevoir de M. ..., propriétaire demeurant à ..., ou de tous autres qu'il appartiendra, la somme de ... formant le montant en principal d'une obligation souscrite au profit du constituant par M. ..., aux termes d'un acte reçu par Me ..., notaire à ..., le ... (ou : d'un jugement rendu par le tribunal de ..., le ...).

Recevoir également tous intérêts, frais et autres accessoires.

Ou bien :

Toucher et recevoir de M. ... ou de tous autres qu'il appartiendra, toutes les sommes en principal, intérêts, frais et autres accessoires, qui peuvent ou pourront être dues au constituant par ledit M. ..., en vertu de tels titres et pour quelque cause que ce soit.

Entendre, débattre, clore et arrêter tous comptes.

De toutes sommes reçues. (Voir numéro **20** de la formule **23**.)

Aux effets ci-dessus ... Voir numéro **22** de la même formule.)

Dont acte.

VINGT-SEPTIÈME FORMULE
Procuration pour recueillir une succession

Recueillir la succession de M. ... en son vivant propriétaire demeurant à ..., où il est décédé le ..., père du comparant et dont celui-ci déclare être habile à se dire et porter héritier pour partie.

En conséquence :

Requérir toutes appositions de scellés ou s'y opposer, en demander la levée avec ou sans description, faire procéder à tous inventaires et récolements, et, dans le cours de ces opé-

rations, faire tous dires, déclarations, réquisitions, protestations et réserves, introduire tous référés.

Prendre connaissance des forces et charges de cette succession (si le défunt était marié, ajouter : ainsi que de la communauté qui a pu exister entre feu M. ... et Mme ... son
épouse. Accepter ladite succession (ou lesdites communauté et
succession) purement et simplement ou sous bénéfice d'inventaire, ou même y renoncer ; faire à cet effet toutes déclarations nécessaires au greffe du tribunal qu'il appartiendra ;

Consentir ou contester l'exécution de tous testaments, co-
dicilles et donations ; faire et accepter la délivrance de tous
legs ; demander ou consentir toutes réductions;

Faire procéder, avec ou sans attribution de qualité, à la
vente des meubles et objets mobiliers de toute nature, dépendant de ladite succession (ou desdites communauté et succession) ; choisir l'officier public chargé de cette vente ; régler et
arrêter son compte, en toucher le reliquat ;

Payer tous droits de mutation, faire à ce sujet toutes déclarations ;

Gérer et administrer les biens et valeurs dépendant de ladite succession (ou desdites communauté et succession) ;

Toucher et recevoir toutes sommes en capital, intérêts, frais
et autres accessoires qui peuvent ou pourront être dues à
ladite succession (ou auxdites communauté et succession), par
telles personnes, en vertu de tels titres, pour quelque cause
et sous quelque dénomination que ce soit ;

Payer et acquitter les sommes que la succession (ou que
les communauté et succession) pourrait devoir ;

Entendre, débattre ... (Article 7, formule 23.)

Vendre toutes récoltes et tous produits, en toucher les prix;

Consentir ou provoquer la vente, soit à l'amiable par telle
forme, et moyennant les prix que le mandataire avisera, soit
par licitation, de tout ou partie des biens immeubles dépendant de ladite succession (ou desdites communauté et suc-

cession) ; acquérir tout ou partie de ces biens ; toucher ou payer les prix des ventes ou adjudications ;

Procéder à l'amiable ou en justice à tous comptes, liquidations et partages, des biens dépendant de ladite succession (ou desdites communauté et succession) ; nommer tous experts ; composer les masses ; faire et exiger tous rapports ; exercer et consentir tous prélèvements ; former les lots ; les tirer au sort ou les choisir à l'amiable ; accepter celui qui écherra au constituant ; stipuler toutes soultes, les recevoir ou payer et faire accepter tous abandonnements ; laisser tous objets en commun ; donner tous pouvoirs pour les administrer ou en suivre le recouvrement ;

Vendre, céder et transférer (article 5, formule 23) ;

Faire tous transports, cessions de créances et droits quelconques dépendant de ladite succession (ou desdites communauté et succession) ; en recevoir les prix ;

En cas de difficultés ... (article 19, formule 23) ;

De toutes sommes reçues ... (article 20 même formule ;

Faire toutes déclarations ... (article 21 même formule) ;

Aux effets ci-dessus ... (article 22 même formule) ;

Dont acte.

VINGT-HUITIÈME FORMULE
Procuration pour faire une donation

Faire donation entre vifs, par préciput et hors part (ou en avancement d'hoirie), à M. ..., d'une terre sise à ..., appartenant au constituant ;

Fixer l'époque d'entrée en jouissance ; stipuler toutes conditions ; faire toutes déclarations d'état-civil et autres ; remettre tous titres et pièces ; passer et signer tous actes et généralement faire le nécessaire ;

Dont acte (en minute, présence réelle des témoins, formule 2)

VINGT-NEUVIÈME FORMULE
Procuration pour accepter une donation

Accepter expressément la donation entre vifs, par préciput et hors part (ou en avancement d'hoirie) que M. ... se pro-

pose de consentir en faveur du constituant ; obliger celui-ci à
l'exécution de toutes les charges et conditions qui seront imposées par le donateur ; passer et signer tous actes et généralement faire le nécessaire ;

Dont acte (en minute, présence réelle des témoins ; formule 2)

TRENTIÈME FORMULE
Procuration pour vendre (par le mari et la femme)

Vendre à l'amiable ou aux enchères, en un seul ou plusieurs lots, à telles personnes, moyennant les prix et sous les
charges et conditions que le mandataire avisera, une propriété
sise à ... de la contenance de ... portant les numéros ... du
plan cadastral, comprenant ... appartenant aux constituants ;

Faire dresser tous cahiers de charges ; établir toutes origines de propriété ; fixer toutes époques d'entrée en jouissance ; convenir du mode et des époques de paiement des
prix, les toucher soit au comptant, soit aux termes convenus,
ou par anticipation, ainsi que tous intérêts et accessoires ;

Déléguer tout ou partie des prix de vente à tous créanciers inscrits ; prendre tous arrangements avec ces derniers ;

Obliger les constituants solidairement entre eux à toutes
garanties et justifications, ainsi qu'au rapport de toutes mainlevées et de tous certificats de radiation ;

Faire toutes déclarations ... (article 21 formule 23) ;

De toutes sommes reçues ... (article 20 même formule) :

En cas de difficultés ... (article 19 même formule) :

Renoncer, au nom de Mme ..., à l'effet de son hypothèque légale contre son mari, tant sur les immeubles à vendre
que sur leur prix.

Aux effets ci-dessus ... (article 22 formule 23).

Dont acte ...

TRENTE-UNIÈME FORMULE
Procuration pour acquérir

Acquérir de M. ... aux prix et conditions que le mandataire jugera convenables, une propriété sise ... (désigna-

tion) ; obliger le comparant au paiement du prix et de ses intérêts aux époques qui seront stipulées, ainsi qu'à l'exécution des conditions de la vente ; exiger toutes justifications ; se faire remettre tous titres et pièces ; en donner décharge ; accepter toutes déclarations de command ; faire faire toutes transcriptions, dénonciations et notifications ; constituer tous avoués ; élire domicile ; substituer et généralement faire le nécessaire.

TRENTE-DEUXIÈME FORMULE.
Procuration pour transférer une rente sur l'État

Vendre et transférer au cours de la Bourse que le mandataire jugera convenable, cinq cents francs de rente, trois pour cent, sur l'État français, inscrits au grand Livre de la Dette publique, au nom du comparant, sous le numéro ... de la deuxième série ; consentir tous transferts, en toucher le montant ; donner toutes quittances ; fournir toutes justifications ; faire toutes déclarations et affirmations ; signer tous transferts, acquits et émargements ; substituer et généralement faire le nécessaire ;

Porter le produit du transfert au crédit du compte du comparant (ou du greffier-notaire soussigné) ce qui opérera la décharge du mandataire.

Dont acte ... (en minute, si la rente est supérieure à 50 fr.

TRENTE-TROISIÈME FORMULE
Procuration pour emprunter (par le mari et la femme).

Emprunter jusqu'à concurrence d'une somme principale de ..., en une ou plusieurs parties, d'une ou de plusieurs personnes, pour le temps et aux conditions que le mandataire avisera ; stipuler tous intérêts ; obliger les constituants solidairement entre eux au remboursement du capital et au service des intérêts ; le tout aux époques et de la manière dont le mandataire conviendra ;

Affecter et hypothéquer, à la garantie dudit emprunt, les immeubles dont la désignation suit ... ;

Céder et transporter aux prêteurs les créances et reprises que Mme ... peut et pourra avoir à exercer contre son mari, et, par suite, les subroger dans l'effet de l'hypothèque légale de ladite dame contre son mari, mais seulement en ce qu'elle grève les immeubles ci-dessus désignés ; le tout par priorité et préférence à Mme ... et jusqu'à concurrence des sommes prêtées avec tous intérêts et accessoires ; accepter ces transports au nom de M ... ;

Céder et déléguer aux prêteurs les indemnités qui seraient allouées par toutes compagnies d'assurances, en cas d'incendie des constructions hypothéquées, par priorité et préférence aux constituants, jusqu'à concurrence des sommes empruntées, avec tous intérêts et accessoires ;

Faire toutes déclarations ... (article **21** formule **23**) ;

Aux effets ci-dessus ... (article **22** même formule) ;

Dont acte ...

TRENTE-QUATRIÈME FORMULE
Procuration pour consentir à un mariage

Représenter le comparant au mariage que M. ..., son fils, né à ..., le ..., demeurant à ..., se propose de contracter avec Mlle ..., sans profession, demeurant à ..., née à ..., le ..., fille de ... et de ... ;

En conséquence, se présenter devant tous officiers d'état-civil, faire toutes affirmations, donner tous consentements, signer tous actes et registres, substituer et généralement faire le nécessaire ;

Dont acte ...

Nota. — Le consentement à mariage devant être notarié ne peut être reçu par un greffier-notaire au titre deux, mais il peut recevoir la procuration dont nous venons de donner la formule.

Autorisation de faire le commerce

134. Tout mineur émancipé âgé de **18** ans qui veut profiter de la faculté que lui accorde l'article **487** du Code civil

de faire le commerce, ne peut en commencer les opérations :
1° S'il n'a été préalablement émancipé et autorisé par son
père ou par sa mère, ou à défaut d'eux, par une délibération
du Conseil de famille homologuée par le tribunal civil ; 2°
Si, en outre, l'acte d'autorisation n'a été enregistré et affiché
au tribunal de commerce du lieu où le mineur veut établir
son domicile.

135. La femme mariée ne peut faire le commerce sans
l'autorisation de son mari.

TRENTE-CINQUIÈME FORMULE
Autorisation à un mineur de faire le commerce

Par devant M⁰ ...

A comparu :

M. ...

Lequel a, par les présentes, autorisé M. ... son fils, mineur, né à ..., le ..., émancipé suivant déclaration passée
devant M. le Juge de paix du canton de ... le ..., enregistrée, à faire le commerce de ... à ... et en conséquence
à faire toutes les opérations commerciales y relatives, ainsi
que tous actes permis par la loi aux commerçants.

Dont acte ...

(Voir pour l'autorisation à la femme la 37⁰ formule.)

Autorisation maritale

135. La femme, même non commune et séparée de biens,
ou même séparée de corps, ne peut ester en justice, donner,
hypothéquer, aliéner, acquérir à titre gratuit ou onéreux,
sans le concours de son mari ou son autorisation par écrit,
ou, à défaut, l'autorisation de la justice.

137. L'autorisation du mari n'est pas nécessaire à la
femme pour tester.

138. Si le mari est mineur, interdit ou absent, ou frappé d'une condamnation afflictive ou infamante, l'autorisation de la justice est toujours nécessaire à la femme pour contracter.

TRENTE-SIXIÈME FORMULE
Acte d'autorisation maritale

Par devant Me ...

A comparu :

M. ...

Lequel a, par les présentes, déclaré autoriser spécialement Mme ..., son épouse, demeurant avec lui,

A l'effet de ... (Voir les formules des procurations.)

TRENTE-SEPTIÈME FORMULE
Autorisation à la femme pour faire le commerce

A l'effet d'exercer personnellement la profession de ... à ... ; faire, en conséquence, sans l'assistance du comparant et comme seule intéressée, toutes opérations commerciales et tous actes permis à la marchande publique relativement à cette profession.

Dont acte ...

Substitution de pouvoirs

139. C'est l'acte par lequel un mandataire transmet à un tiers tout ou partie des pouvoirs qui lui ont été conférés.

140. Le mandataire répond de celui qu'il s'est substitué : 1° Quand il n'a pas reçu le pouvoir de se substituer quelqu'un ; 2° Quand ce pouvoir lui a été conféré sans désignation d'une personne et que celle dont il a fait choix était notoirement incapable.

141. Tout mandat emporte pouvoir de substitution sauf clause contraire.

TRENTE-HUITIÈME FORMULE
Substitution

Par devant ...

A comparu :

M. ...

Agissant au nom et comme mandataire avec faculté de substituer, de M. ..., négociant, demeurant à ..., en vertu d'une procuration reçue par Me ..., notaire à ..., le ..., dont le brevet original est demeuré ci-annexé après mention (ou : est demeuré annexé à la minute d'un acte reçu par ..., le ...),

Lequel a, par les présentes, substitué en son lieu et place, M. ...,

Auquel il transmet tous les pouvoirs à lui conférés par M. ... aux termes de la procuration ci-dessus énoncée, sans aucune exception ;

Voulant et entendant qu'au moyen des présentes, le mandataire substitué puisse faire usage de tous les pouvoirs contenus en ladite procuration, comme le comparant aurait lui-même pu le faire.

Dont acte ...

TRENTE-NEUVIÈME FORMULE
(Si la substitution est partielle)

Auquel il transmet les pouvoirs à lui conférés par M. ..., aux termes de la procuration ci-dessus énoncée, mais seulement à l'effet de :

(Copier les pouvoirs conférés au mandataire substitué.)

Voulant, le comparant, qu'au moyen des présentes le mandataire substitué puisse faire usage des pouvoirs ci-dessus comme lui-même aurait pu le faire.

Dont acte ...

Révocation de procuration

142. Le mandant peut révoquer le mandat quand bon lui semble et contraindre le mandataire à lui remettre l'original ou l'expédition de la procuration établie.

143. La révocation doit être signifiée par huissier au mandataire, mais elle n'est pas opposable aux tiers qui ont traité dans l'ignorance de cette révocation.

144. La constitution d'un nouveau mandataire pour la même affaire vaut révocation du premier à compter du jour où elle a été notifiée à celui-ci.

QUARANTIÈME FORMULE

Par devant ...

A comparu :

M. ...

Lequel a, par les présentes, déclaré révoquer purement et simplement la procuration qu'il a donnée à M. ..., commerçant demeurant à ..., suivant acte reçu par Me ..., notaire à ..., le ... (ou tous les pouvoirs qu'il peut avoir donnés à M. ..., en vertu de tel acte que ce puisse être).

Entendant que ledit M. ... ne puisse plus, en aucune façon, s'immiscer dans ses affaires et que tous les actes qu'il pourra faire à l'avenir en vertu des pouvoirs qui lui avaient été conférés soient considérés comme nuls et demeurent sans effet.

Pour faire signifier la présente révocation à qui besoin sera, tous pouvoirs sont donnés au porteur d'une expédition.

Dont acte ...

Décharge de mandat

145. C'est l'acte par lequel le mandant reconnaît que le mandataire a rempli à son entière satisfaction le mandat qu'il lui avait conféré.

QUARANTE UNIÈME FORMULE

Par devant ...

A comparu :

M. ...

Lequel a, par les présentes, reconnu que M. ..., employé

demeurant à . ., son mandataire en vertu d'une procuration reçue par M⁰ ..., notaire à ..., le ..., dont le brevet original est demeuré annexé à ..., a bien et fidèlement rempli le mandat qui lui avait été confié et lui a remis et fait parvenir toutes les sommes qu'il a pu toucher en sadite qualité de mandataire.

En conséquence, il lui donne pleine et entière décharge, sans aucune réserve.

Dont acte ...

Dépôt de pièces

146. Le dépôt de pièces au rang des minutes d'un greffier-notaire a lieu principalement lorsqu'une partie veut en assurer l'existence et s'en faire délivrer des expéditions ou extraits.

147. Toutes sortes d'actes ou d'écrits peuvent être déposés chez un greffier-notaire, pourvu qu'ils ne soient contraires ni aux lois d'ordre public ni aux mœurs.

148 Il est défendu à tout greffier-notaire de recevoir aucun acte ou pièce en dépôt sans dresser un acte de dépôt, à peine d'une amende de 50 fr.

149. Sont exceptés de cette règle les testaments olographes déposés par les testateurs, lesquels sont inscrits sur un registre *ad hoc* ainsi qu'on l'a expliqué sous le numéro 80.

QUARANTE-DEUXIÈME FORMULE

Par devant ...

A comparu :

M. ...

Lequel a, par les présentes, déposé au greffier-notaire susnommé et l'a requis de mettre au rang de ses minutes, à la date de ce jour, pour qu'il en soit à l'avenir délivré tous extraits ou expéditions qu'il appartiendra.

L'original d'un acte sous seing privé indiqué fait double
à ..., le ..., enregistré à ..., le ..., folio ..., case ...,
au droit de ..., contenant vente par M. ... à M. ... d'une
terre sise à ..., d'une superficie de ..., moyennant un prix
de ... payé comptant.

En conséquence, cette pièce est demeurée ci-annexée après
avoir été certifiée véritable par le déposant et revêtue de la
mention d'usage.

Dont acte ...

Rapport pour minute

150. C'est l'acte qui constate le dépôt au rang des minutes d'un greffier-notaire du brevet original d'un acte reçu par
lui ou l'un de ses prédécesseurs, afin qu'il en soit délivré
expédition ou extrait.

QUARANTE-TROISIÈME FORMULE

Par devant ...

À comparu :

M. ...

Lequel a rapporté pour minute au greffier-notaire soussigné,
pour qu'il en soit à l'avenir délivré tous extraits ou expéditions que besoin sera, le brevet original d'un acte reçu par ce
dernier (ou par Me ..., prédécesseur de ce dernier), le ...
contenant procuration par M. ... à M. ..., à l'effet de ...

En conséquence, cette pièce est demeurée ci-annexée après
mention.

Dont acte ...

Billet à ordre et endossement

151. C'est l'engagement de payer une somme à une personne désignée ou à celle qui deviendra cessionnaire de la
créance par voie d'endossement.

152. Pour conserver son recours contre les endosseurs, le porteur du billet doit, à défaut de paiement, faire dresser un protêt le lendemain de l'échéance et faire dénoncer ce protêt aux divers endosseurs dans le délai de quinzaine.

153. L'endossement s'écrit au dos du billet.

QUARANTE-QUATRIÈME FORMULE
(Plusieurs débiteurs)

Par devant M⁰ ...

Ont comparu :

1° M. ... ;

2° M. ...

Lesquels ont, par les présentes, déclaré souscrire le billet à ordre suivant :

Au ..., nous paierons solidairement à M. ..., commerçant demeurant à ..., ou à son ordre, en son domicile, la somme de ..., valeur reçue comptant.

En cas de non paiement exact à l'échéance, nous consentons à ce que le présent billet soit rapporté pour minute au greffier-notaire soussigné, ou déposé à son successeur, afin qu'il en soit délivré grosse exécutoire.

Dont acte ...

QUARANTE-CINQUIÈME FORMULE
(Débiteurs et caution)

Par devant ...

Ont comparu :

1° M. ... ;

2° M. ... ;

3° Et M. ...

Lesquels ont, par les présentes, déclaré souscrire le billet à ordre suivant :

Au ..., nous paierons solidairement les deux premiers comme débiteurs principaux et le troisième comme caution solidaire du premier, à M. ...

(Le surplus comme en la formule précédente.)

QUARANTE-SIXIEME FORMULE
Endossement (à écrire au dos du billet)

Par devant ...

A comparu :

M. ...

Lequel a, par les présentes, déclaré consentir l'endossement suivant :

Payez à l'ordre de M. ..., propriétaire demeurant à ..., valeur reçue comptant, avec garantie solidaire de ma part jusqu'à parfait paiement.

Dont acte ...

Actes de notoriété

154. C'est l'acte par lequel deux ou un plus grand nombre de personnes attestent un fait comme étant de notoriété publique.

155. Il n'est qu'un simple témoignage qui peut être admis ou rejeté par ceux à qui on le présente.

156. Il n'est pas nécessaire que les personnes qui attestent la notoriété réunissent les qualités exigées des témoins instrumentaires, mais elles ne doivent pas être intéressées aux faits attestés et doivent, par leur état et leur moralité, inspirer la confiance.

157. Dans le plus grand nombre de cas, il suffit de deux témoins pour établir un acte de notoriété.

158. Lorsqu'après l'ouverture d'une succession il n'a pas été fait d'inventaire, on peut y suppléer par un acte de notoriété qui établit les droits et qualités des héritiers.

QUARANTE-SEPTIÈME FORMULE
Notoriété établissant, à défaut de titres, qu'un individu est propriétaire d'un immeuble

Par devant ...

Ont comparu :

1° ... (au moins deux personnes).

Lesquels ont, par les présentes, déclaré parfaitement connaître une parcelle de terre sise à ..., de la contenance de ..., limitée ...

Et ils ont attesté pour vérité et notoriété publique à tous ceux qu'il appartiendra :

Que cette terre appartient à M. ..., cultivateur demeurant à ..., pour l'avoir recueillie dans la succession de M. ... son père décédé à ..., le ... ;

Que ledit M. ... ne possède aucun titre de propriété, mais que depuis plus de trente ans, ni lui ni ses auteurs n'ont jamais été troublés par qui que ce soit dans leur propriété ou jouissance.

Et que, par suite, M. ... a acquis au sujet de cet immeuble la prescription exigée par la loi.

Desquelles déclarations et attestations les comparants ont requis acte qui leur a été octroyé pour servir et valoir ce que de droit.

Dont acte.

QUARANTE-HUITIÈME FORMULE
Notoriété après décès à défaut d'inventaire

Par devant ...

Ont comparu :

1° ... (au moins deux personnes).

Lesquels ont, par les présentes, déclaré avoir parfaitement connu M. ..., en son vivant propriétaire demeurant à ..., où il est décédé le ...

Et ils ont attesté pour vérité et notoriété publique à tous ceux qu'il appartiendra :

Que ledit M. ... est mort intestat, à la survivance de Mme ... son épouse, restée sa veuve, avec laquelle il était marié sous le régime de la communauté légale de biens, à défaut de contrat notarié préalable à leur union célébrée à la mairie de ..., le ... (ou sous le régime de ... aux termes de leur contrat de mariage reçu par M⁰ ..., notaire à ... le ...).

Qu'après son décès, il n'a pas été dressé d'inventaire ;

Et qu'il a laissé pour seuls héritiers chacun pour un tiers, ses trois enfants issus de son union avec son épouse sus-nommée, qui sont :

1° ... :

2° ... :

3° ... :

Desquelles déclarations ... (Voir formule précédente).

Dont acte.

QUARANTE-NEUVIÈME FORMULE

Notoriété constatant la non-existence d'héritiers en réserve

Par devant ...

Ont comparu :

1° ... (au moins deux personnes),

Lesquels ont, par les présentes, déclaré avoir parfaitement connu M. ... en son vivant propriétaire demeurant à ..., où il est décédé le ...

Et ils ont attesté pour vérité et notoriété publique à tous ceux qu'il appartiendra :

Que ledit M. ... est mort à la survivance de M⁽ᵐ⁾ ... son épouse (Voir la formule précédente) ;

Qu'il n'a laissé aucun ascendant ni descendant ayant droit à une réserve quelconque dans sa succession ;

Et qu'en conséquence rien ne s'oppose à l'entière exécution du legs universel fait par le défunt en faveur de ... aux termes de son testament reçu par M⁰ ..., notaire à ..., le ... (ou : aux termes de son testament fait en la forme olographe en date à ... du ..., enregistré et déposé au rang des minutes du greffier-notaire soussigné, en vertu d'une ordonnance rendue par M. le Président du tribunal civil de première instance de ..., le ..., enregistré).

Desquelles déclarations ... (Voir formule 47).

Dont acte ...

CINQUANTIÈME FORMULE
Notoriété rectifiant une erreur de nom ou de prénoms

Par devant ...

Ont comparu :

1° M. ... (au moins deux personnes) ;

Lesquels ont, par les présentes, déclaré parfaitement connaître M. ..., commerçant demeurant à ...

Et ils ont attesté pour vérité et notoriété publique à tous ceux qu'il appartiendra :

Que c'est à tort et par erreur que dans un acte reçu par ... le ..., ledit M. ... a été prénommé ...

Que son véritable prénom est ... ;

Et qu'il y a parfaite identité de personne entre ledit M. ... (nom et prénoms), comparant, et M. ... ainsi prénommé à tort dans l'acte sus-énoncé.

Desquelles déclarations ... (Voir formule 47).

Dont acte ...

Reconnaissance d'enfant naturel

159. On appelle enfant naturel simple celui qui est né de deux personnes non mariées ensemble, non parentes au degré prohibé pour le mariage, et qui, à l'époque de sa conception, n'étaient ni l'une ni l'autre engagés dans les liens du mariage.

160. L'enfant naturel peut être volontairement reconnu, même avant sa naissance et après son décès, par ses père et mère, mêmes mineurs, ou par l'un d'eux seulement.

161. L'enfant adultérin, c'est-à-dire celui qui est né de deux personnes dont l'une ou toutes deux étaient mariées avec une autre personne, et l'enfant incestueux, c'est-à-dire celui qui est né de deux personnes parentes au degré prohibé pour le mariage, ne peuvent être reconnus.

162 La reconnaissance d'un enfant naturel ne peut avoir lieu que par acte authentique, lorsqu'elle n'a pas été faite dans l'acte de naissance de l'enfant ; les greffiers-notaires au titre deux peuvent recevoir cet acte de reconnaissance, mais il doit être renouvelé dans les six mois devant notaire, si l'auteur de la reconnaissance survit, à peine de nullité.

163. La présence réelle des témoins instrumentaires est requise au moment de la lecture et de la signature de l'acte, à peine de nullité.

164. La reconnaissance faite pendant le mariage par l'un des époux au profit d'un enfant naturel qu'il a eu avant son mariage, d'un autre que de son époux, ne peut nuire ni à celui-ci ni aux enfants nés de ce mariage.

CINQUANTE UNIÈME FORMULE
Reconnaissance d'enfant naturel

Par devant ...

A comparu :

M. ...

Lequel a, par les présentes, reconnu pour son enfant naturel Louis-Désiré ..., né à ..., le ..., inscrit sur les registres de l'état-civil de ... à la date du ... comme étant né de Mlle ... et de père inconnu.

En conséquence, il consent que ledit ... porte à l'avenir le nom patronymique de ...

Pour faire mentionner ces présentes partout où besoin sera, notamment en marge de l'acte de naissance de cet enfant, tous pouvoirs sont donnés au porteur d'une expédition.

Le greffier-notaire soussigné a donné lecture au comparant de l'article 8 du décret du 18 janvier 1875 et l'a formellement avisé que le présent acte sera nul et non avenu si, en cas de survie dudit comparant, cette reconnaissance d'enfant naturel n'est pas renouvelée dans les six mois de ce jour, avec les formalités ordinaires, devant un officier public compétent.

Dont acte ... (En minute, présence réelle des témoins instrumentaires, formule 2).

CINQUANTE-DEUXIÈME FORMULE
Reconnaissance avant la naissance

Par devant ...

A comparu :

M. ...

Lequel a, par les présentes, reconnu que l'enfant dont Mlle . . . est enceinte depuis environ . . . mois, est le fruit de leurs relations intimes.

En conséquence, il consent que cet enfant, lors de sa naissance, soit inscrit sur les registres de l'état-civil comme étant le fruit de ses œuvres et qu'il jouisse de tous les droits attachés à la qualité d'enfantdu comparant et porte son nom.

Le greffier-notaire soussigné a donné lecture au comparant (Voir formule précédente).

Dont acte ... (En minute, présence réelle des témoins, formule 2).

Compte de tutelle

§ 1er *Notions générales sur la tutelle*

165. Après la dissolution du mariage arrivée par la mort de l'un des époux, la tutelle des enfants mineurs appartient de plein droit au survivant des père et mère. C'est ce que l'on appelle tutelle légale.

166. Il est permis au père de nommer à la mère survivante et tutrice, par acte testamentaire ou par une déclaration devant le juge de paix ou devant notaire, un conseil spécial sans l'avis duquel elle ne pourra faire certains actes ou aucun acte relatif à la tutelle. Ce droit n'appartient pas à la mère.

107. A moins d'excuses légales, le père ne peut se soustraire à la tutelle de ses enfants ; la mère peut refuser cette tutelle sans donner de motifs.

108. Si le mari tuteur se remarie, il conserve la tutelle légale ; si la femme tutrice veut se remarier, elle doit, avant le mariage, convoquer le conseil de famille qui décide si la tutelle doit lui être conservée, et qui, dans ce cas, nomme pour co-tuteur des mineurs le second mari. A défaut de cette convocation, elle perd la tutelle de plein droit et elle demeure responsable, solidairement avec son nouveau mari, de toutes les suites de la tutelle qu'elle a indûment conservée.

169. Le dernier mourant des père et mère a le droit, par acte de dernière volonté ou par déclaration faite devant le juge de paix ou devant un notaire, de choisir à ses enfants un tuteur parent ou même étranger.

170. La mère remariée, non maintenue dans la tutelle des enfants de son premier mariage, ne peut leur choisir un tuteur. Si elle a été maintenue dans la tutelle, son choix à l'égard des enfants du premier lit doit être confirmé par le conseil de famille.

171. Lorsqu'il n'y a pas de tuteur choisi par le dernier mourant des père et mère, la tutelle légale revient aux ascendants mâles, d'abord à l'aïeul paternel, à son défaut à l'aïeul maternel et ainsi de suite.

172. A défaut de tutelle légale ou testamentaire, il y a lieu à la nomination d'un tuteur par le conseil de famille ; c'est ce qu'on appelle la tutelle dative.

173. Le conseil de famille est composé et convoqué comme il est dit à la 1re partie.

§ 2. Administration du tuteur

174. Le tuteur prend soin de la personne du mineur et le représente dans tous les actes civils.

175. Il administre les biens du mineur en bon père de famille et répond des dommages-intérêts pouvant résulter d'une mauvaise gestion.

176. Il ne peut acheter les biens du mineur; il ne peut non plus les prendre à ferme, à moins que le conseil de famille n'ait autorisé le subrogé-tuteur à lui en passer bail.

177. Dans les dix jours qui suivent celui de sa nomination, il doit requérir la levée des scellés s'ils ont été apposés, et faire procéder à l'inventaire des biens du mineur, en présence du subrogé-tuteur.

178. Dans le mois qui suit la clôture de l'inventaire, tout tuteur autre que le père et la mère tant qu'ils ont la jouissance légale des biens de leur enfant mineur, doit faire vendre, aux enchères publiques, tous les meubles corporels autres que ceux que le conseil de famille l'autorise à conserver en nature.

179. Pour les baux que peut consentir le tuteur, voir ce qui sera dit au mot « BAIL ».

180. Le tuteur a qualité pour recevoir seul tous les capitaux dûs à son pupille et consentir la radiation des inscriptions qui conservent les créances remboursées.

181. Il peut employer ces capitaux en acquisitions d'immeubles.

182. En ce qui concerne les actes pour lesquels le tuteur a besoin d'une autorisation du conseil de famille, voir ce qui est dit à la 1re partie.

§ 3. Reddition de compte

183. Lorsque sa gestion est terminée, tout tuteur doit en rendre compte au pupille lui-même, si celui-ci est devenu majeur, ou, s'il n'est qu'émancipé, au pupille assisté de son curateur, ou enfin au nouveau tuteur en présence du subrogé-tuteur, si l'ancien tuteur est démissionnaire ou destitué.

184. Si le tuteur est décédé, le compte est rendu par ses héritiers.

185. Tout traité intervenu entre le tuteur et le mineur devenu majeur est nul s'il n'a été précédé de la reddition du compte de tutelle détaillé et de la remise des pièces justificatives, le tout constaté par un récépissé de l'oyant compte ayant date certaine, dix jours au moins avant le traité.

186. Dix jours après le récépissé du compte de tutelle, les parties peuvent l'approuver et le rendre définitif.

187. Le compte des recettes repose, en général, sur l'inventaire qui a dû être dressé lors de l'ouverture de la tutelle. Outre l'actif porté en l'inventaire, il doit comprendre les capitaux remboursés, les fruits et revenus des biens, les intérêts des sommes placées et les intérêts qui ont couru contre le tuteur autre que les père et mère, à défaut d'emploi dans le délai de trois mois.

188. Le compte de dépenses comprend toutes celles que le tuteur a pu faire et dont il justifie, mais il ne peut y figurer aucun salaire ou aucune rémunération au profit du tuteur.

189. Les frais du compte de tutelle sont à la charge du mineur.

190. Toutes actions du mineur contre son tuteur relativement aux faits de la tutelle, se prescrivent par dix ans, à compter de la majorité.

CINQUANTE-TROISIÈME FORMULE
Compte de tutelle

Par devant . . .

A comparu :

M. . . .

Lequel a établi de la manière suivante le compte de la gestion et de l'administration qu'il a eues en sa qualité de tuteur datif (ou légal) depuis le . . . au . . ., des biens de M. . . .

Exposé

M. ..., en son vivant propriétaire à ..., est décédé audit lieu, le ..., laissant pour seuls héritiers, chacun pour un quart, ses quatre enfants issus de son union avec Mᵐᵉ ..., parmi lesquels le mineur ... sus-nommé.

Suivant délibération du conseil de famille dudit mineur tenue sous la présidence de M. le Juge de paix du canton de ..., le ... enregistrée, M. ... comparant, a été nommé tuteur de ce mineur et M. ... subrogé-tuteur.

L'inventaire, après décès de M. ..., a été dressé par Mᵉ ..., notaire à ..., le ...

Le mobilier dépendant de la succession de M. ... a été vendu aux enchères publiques à la requête de ... par le ministère de Mᵉ ..., commissaire priseur à ..., ainsi qu'il résulte d'un procès-verbal dressé par ce dernier le ...

Le produit net de cette vente s'est élevé à ...

Les immeubles dépendant de ladite succession ont été légalement vendus aux enchères publiques, en vertu d'un jugement rendu par le tribunal civil de première instance de ... le ..., ainsi qu'il résulte d'un procès-verbal d'adjudication dressé par Mᵉ ..., notaire à ..., commis à cet effet le ...

Le même notaire a, en vertu du même jugement, procédé à la liquidation de ladite succession aux termes d'un état par lui dressé le ..., homologué par jugement du tribunal civil de ... en date du ...

Il résulte de cet état que :

La masse active s'est élevée à ...

La masse passive à ..

Reliquat actif ...

Dont le quart revenant au mineur est de ...

Pour remplir ledit mineur de ses droits, il lui a été attribué les valeurs suivantes ...

COMPTE

1ʳᵉ année. — Du ... au ...

Chapitre Ier. — Recettes

1° Le ..., reçu de M. ... etc.

Chapitre II. — Dépenses

1° Education, nourriture, entretien pendant l'année ...

2° Le .... payé ... etc.

Chapitre III. — Balance

Recettes ...

Dépenses ...

Reliquat ...

2e année. — Du ... au ...

Chapitre Ier. — Recettes

(Continuer ainsi pour toutes les années de la tutelle.)

Récapitulation

Il résulte du compte qui précède que le reliquat actif en faveur du mineur ..., à ce jour, est de ...

Ce compte ainsi établi, M. ... l'a affirmé sincère et véritable pour être présenté à l'oyant.

Dont acte.

CINQUANTE-QUATRIÈME FORMULE
Récépissé du compte de tutelle

Par devant ...

A comparu :

M. ... (le pupille), majeur, étant né à ..., le ...

Lequel a, par les présentes, reconnu que M. ..., propriétaire demeurant à ... ici présent, ayant été son tuteur datif (ou légal) du ... au ..., lui a remis à l'instant :

1° Une expédition du compte présenté, suivant acte reçu par le greffier-notaire soussigné, le ... par M. ..., de la gestion et de l'administration que M. ... a eues en sadite qualité, des biens du mineur ...

(Si le compte de tutelle a été établi par acte sous seings privés) :

Une copie certifiée du compte présenté par M. ... de la gestion et de l'Administration qu'il a eues en sadite qualité de tuteur, des biens du mineur ... duquel compte rédigé par acte sous seings privés en date du ... enregistré (ou à enregistrer avec les présentes) l'original est demeuré ci-annexé après avoir été certifié véritable et revêtu de la mention d'usage.

2° Et les pièces justificatives suivantes venant à l'appui de ce compte, savoir :

1° ...

M. ... (le pupille) se réserve d'examiner le compte de tutelle et les pièces à l'appui pendant le délai voulu par la loi.

Dont acte.

CINQUANTE-CINQUIÈME FORMULE
Approbation du compte de tutelle

Par devant ...

A comparu ... (le pupille).

Lequel reconnaît, par les présentes, avoir examiné le compte de tutelle qui lui a été présenté par M. ..., suivant acte ... ainsi que les pièces à l'appui, et qu'il a trouvé le tout parfaitement exact et régulier.

En conséquence, il déclare approuver purement et simplement et sans réserve le compte de tutelle dont il s'agit, dont le reliquat reste définitivement fixé à ... en faveur de M. ...

Laquelle somme de ... M. ... reconnaît avoir à l'instant reçue de M. ... en bonnes espèces de monnaie ayant cours et en billets de banque d'Algérie comptés et délivrés à l'instant, à la vue du greffier-notaire soussigné (ou : dès avant ce jour hors la vue du greffier-notaire soussigné).

Dont quittance définitive.

Les pièces justificatives remises au comparant restent en sa possession.

Dont acte.

NOTA. — Ce dernier acte doit contenir la mainlevée de l'inscription d'hypothèque légale prise au profit du mineur contre le tuteur, mais le greffier-notaire ou titre deux n'a pas qualité pour recevoir cette mainlevée.

Partage amiable

191. Le partage est la division qui se fait entre plusieurs personnes, dans la proportion de leurs droits, de choses qui leur appartenaient en commun à quelque titre que ce soit.

192. Nous ne nous occuperons ici que du partage amiable qui peut être dressé même par acte sous signatures privées et qui, par suite, est de la compétence des greffiers-notaires au titre deux.

193. Aux termes de l'article 815 du Code civil, nul ne peut être contraint à demeurer dans l'indivision et le partage peut toujours être provoqué nonobstant prohibitions et conventions contraires.

194. Cependant, les communistes, lorsqu'ils ont la capacité de partager amiablement, peuvent convenir de suspendre le partage pendant un temps qui ne peut excéder cinq années, mais qui peut être renouvelé.

195. Le partage ne peut être fait amiablement que lorsque tous les co-héritiers ou les co-propriétaires sont majeurs, présents ou dûment représentés et jouissent de leurs droits civils. Il doit avoir lieu judiciairement lorsque tous les communistes ne sont pas présents ou qu'il y a parmi eux des mineurs même émancipés, ou des interdits, ou même si tous les intéressés étant présents et capables, l'un d'eux refuse d'y consentir ou élève des contestations sur la manière d'y procéder.

196. Le partage est simplement déclaratif de propriété, de sorte que chaque co-partageant est censé avoir toujours été seul propriétaire des biens compris dans son lot et n'avoir jamais eu aucun droit de propriété sur les biens attribués à ses co-intéressés. Par suite, les hypothèques et privilèges conférés par ses co-propriétaires sur les biens attribués à l'un des co-partageants, s'éteignent de plein droit par l'effet du partage.

197. Il est inutile de faire transcrire l'acte de partage au bureau des hypothèques de la situation des biens.

198. Les co-partageants demeurent respectivement garants les uns envers les autres des troubles et évictions qui procèdent d'une cause antérieure au partage, à moins de clause contraire stipulée en l'acte.

199. Après le partage, remise est faite à chacun des co-partageants des titres particuliers aux biens qui lui sont échus.

200. Le partage ne peut être rescindé que pour cause de dol, ou de violence, ou de lésion de plus d'un quart.

201. On appelle soulte la somme qui est donnée par l'un des co-partageants à l'autre en compensation de l'inégalité des lots.

202. Les co-partageants ont un privilège sur les immeubles partagés pour la garantie résultant de la loi et pour le paiement des soultes ou retour de lots, mais ce privilège doit être inscrit au bureau des hypothèques dans les 45 jours à partir du jour de l'acte, alors même que cet acte serait sous seings privés.

203. Le greffier-notaire, rédacteur de l'acte de partage, est tenu de prendre cette inscription de privilège lorsqu'une soulte a été stipulée en faveur de l'un des co-partageants.

204. On appelle partage provisionnel celui qui n'a pour objet que la jouissance des biens.

205. Le greffier notaire qui reçoit un acte de partage, d'échange ou de vente doit donner lecture aux parties des articles 12 et 13 de la loi du 23 août 1871 ainsi conçus :

« Art. 12. — Toute dissimulation dans le prix d'une « vente et dans la soulte d'un échange ou d'un partage sera « punie d'une amende égale au quart de la somme dissimu- « lée et payée solidairement par les parties, sauf à la répar- « tir entre elles par égale part.

« Art. 13. — La dissimulation peut être établie par tous
« les genres de preuves admises par le droit commun. Tou-
« tefois, l'Administration ne peut déférer le serment décisoire
« et elle ne peut user de la preuve testimoniale que pendant
« dix ans à partir de l'enregistrement de l'acte. L'exploit
« d'ajournement est donné soit devant le juge du domicile de
« l'un des défendeurs, soit devant celui de la situation des
« biens, au choix de l'Administration. La cause est portée
« suivant l'importance de la déclaration, devant la justice de
« paix ou devant le tribunal civil. Elle est instruite et jugée
« comme en matière sommaire ; elle est sujette à l'appel, s'il
« y a lieu. Le ministère des avoués n'est pas obligatoire, mais
« les parties qui n'auraient pas constitué avoué ou qui ne
« seraient pas domiciliées dans le lieu où siège la justice de
« paix ou le tribunal, seront tenues d'y faire élection de do-
« micile, à défaut de quoi toutes significations seront vala-
« blement faites au greffe. Le notaire qui reçoit un acte de
« vente d'échange ou de partage est tenu de donner lecture
« aux parties des dispositions du présent article et de celles
« de l'article 12 ci-dessus. Mention expresse de cette lecture
« sera faite dans l'acte, à peine d'une amende de 10 fr. »

CINQUANTE-SIXIÈME FORMULE
Partage amiable d'une succession

Par devant . . .

Ont comparu :

1° M. . . . ; 2° M. . . . ; 3° M. . . .

Héritiers, chacun pour un tiers, de M. . . . leur père, en
son vivant propriétaire, demeurant à . . ., où il est décédé
le . . ., ainsi que le constate un inventaire dressé par Me . . .
notaire à . . ., le . . . (ou : un acte de notoriété dressé à défaut d'inventaire par Me . . . notaire à . . ., le . . .).

Lesquels ont procédé de la manière suivante au partage
amiable, en trois lots, des biens meubles et immeubles dépendant de la succession de M. . . .

MASSE DES BIENS

Biens meubles

ARTICLE PREMIER. — La somme de ... formant le produit de la vente des objets mobiliers de la succession faite par le ministère de ..., commissaire-priseur à ..., suivant procès-verbal du ..., ci......................

ART. 2. — La somme de ...., montant en principal d'une obligation pour prêt souscrite au profit du défunt par M. ... suivant acte reçu par Mᵉ ..., notaire à ..., le..., ci...

Et celle de ... pour intérêts de cette créance de ... à ce jour, ci..............................

Total...............

ART. 3. — ... etc. ...

Biens immeubles

ART. ... — Une maison située à ... rue ..., consistant en ..., estimée ...

ART. ... — Une terre ... etc.

Total..............

Origine de propriété
(Voir formules nᵒˢ 69 et suivantes)

Masse partageable

La masse partageable comprend donc :

1° Estimation des biens meubles.... ....

2° Estimation des biens immeubles...........

Total.............. .

Dont le tiers revenant à chacun des comparants est de ...

Composition des lots

PREMIER LOT

Le premier lot est composé de :

1° ......

Somme égale au tiers ...

DEUXIÈME LOT

....

Troisième Lot

. . . .

D'un commun accord, ces lots ont été attribués, savoir :

Le premier à M. ...

Le deuxième à M. ...

Et le troisième à M. ...

(Si le partage a lieu par voie de tirage au sort : Les co-partageants ont fait le tirage au sort entre eux des lots ci-dessus formés. Il résulte de ce tirage qu'ils sont échus : le premier à M. ..., le deuxième à M. ..., et le troisième à M. ...)

Les co-partageants acceptent les lots qui leur sont échus et se font réciproquement tous abandonnements nécessaires.

Paiement des dettes

Les dettes de la succession comprennent :

1° ......

Total..............

Dont le tiers est de ...

Chacun des co-partageants acquittera le tiers à sa charge dans chaque dette et il en servira les intérêts dans la même proportion à partir du ...

Conditions

1° Les co-partageants seront garants, les uns envers les autres, de tous troubles et évictions, conformément à la loi ;

2° Ils prendront les immeubles à eux échus dans l'état où ils se trouvent actuellement, sans garantie tant du bon état des constructions que des contenances sus-indiquées ;

3° Ils supporteront les servitudes passives, apparentes ou occultes, continues ou discontinues, qui peuvent ou pourront grever les immeubles à eux attribués, sauf à eux à s'en défendre et à profiter de celles actives, s'il en existe, le tout à leurs risques et périls ;

4° Ils auront séparément la jouissance des biens entrés dans leurs lots à partir du ...

5° Ils acquitteront séparément, à compter de cette époque, les impôts de toute nature grevant les immeubles à eux échus ;

6° Ils paieront, chacun pour un tiers, les frais, droits et honoraires des présentes.

Objets laissés en commun

Les comparants laissent en commun entre eux et excluent du partage les biens et valeurs dont la désignation suit :

1° Une propriété sise ...

2° Une créance de ...

MM. ... donnent à M. ..., qui accepte, les pouvoirs de gérer et administrer ces biens ; en conséquence, louer les immeubles pour le temps et aux prix et conditions qu'il lui plaira, résilier tous baux, donner tous congés, recevoir tous loyers, toucher les créances en capitaux, intérêts, frais et autres accessoires ; donner toutes quittances, faire mainlevée de toutes inscriptions, saisies, oppositions et autres empêchements avant comme après paiement ; exercer toutes poursuites ; traiter, transiger, passer et signer tous actes, élire domicile, substituer, et généralement faire le nécessaire.

Titres

Remise a été faite :

A M. ..., de ...

A M. ..., de ...., etc.

Domicile

Pour l'exécution des présentes, domicile est élu en les demeures respectives des parties.

Loi fiscale

Avant de clore, le greffier-notaire soussigné a donné lecture aux parties des articles 12 et 13 de la loi du 23 août 1871.

Dont acte.

CINQUANTE-SEPTIÈME FORMULE
Partage amiable d'immeubles avec soulte

Par devant M⁰ ...

Ont comparu :

1° M. .. ;

2° Et M. ...

Lesquels ont procédé de la manière suivante au partage amiable des immeubles ci-après désignés leur appartenant indivisément dans d'égales proportions :

Désignation

1° ..., etc.

Tels que ces immeubles existent, se poursuivent et comportent, avec toutes leurs appartenances et dépendances, sans exception ni réserve.

Origine de propriété
(Voir formules nos 69 et suivantes)

Attributions

Pour remplir M. ... de sa moitié dans les biens ci-dessus désignés, M. ... lui abandonne à titre de partage :

1° ......

Pour remplir M. ... de sa moitié dans les mêmes biens, M. ... lui abandonne à titre de partage :

1° ......

A charge par M. ...., de payer à M. ... à titre de soulte une somme de ... qui sera exigible le ... avec intérêts au taux de ... payables ...

Chacun des co-partageants accepte les immeubles à lui attribués et tous abandonnements nécessaires sont consentis.

Conditions
(Voir formule précédente)

Réserve de privilège

A la sûreté et garantie du paiement de la soulte ci-dessus stipulée, et de tous intérêts, frais et autres accessoires, les immeubles composant le lot échu à M. ... (débiteur de la soulte) demeureront affectés par privilège spécial au profit de M. ... (créancier de la soulte); ce privilège sera inscrit, par les soins du greffier-notaire soussigné, au bureau des hypothèques de ... dans le délai de 45 jours.

Titres ...

Domicile ...

Loi fiscale ... (Voir formule précédente).

Évaluation pour l'enregistrement

Pour la perception des droits d'enregistrement seulement et sans qu'il puisse en résulter aucune autre conséquence, les immeubles ci-dessus désignés sont estimés savoir :

Celui désigné sous l'article 1er à ...

Celui ... etc.

Total ...

Dont acte.

CINQUANTE-HUITIÈME FORMULE
Inscription du privilège de co-partageant

(Cette inscription peut être prise en vertu d'un partage reçu par un greffier-notaire au titre deux.)

Inscription de privilège est requise au bureau des hypothèques de ...

Au profit de M. ...

Pour lequel domicile est élu à ...

Contre M.

En vertu d'un acte reçu par Me ..., greffier-notaire à ... le ..., contenant partage entre MM. ... de divers immeubles leur appartenant indivisément et aux termes duquel M. ... s'est obligé à payer à M. ... à titre de soulte, une somme de ...

Pour sûreté :

1° De ladite somme principale de ... stipulée exigible le ... et productive d'intérêts au taux de ... payables par ... à compter du ...

2° Des intérêts dont la loi conserve le rang, ci.. Mémoire.

3° Et des frais de mise à exécution s'il y a lieu, ci . . . . Indéterminés.

Sur : ... (Désignation des immeubles attribués au débiteur de la soulte).

Inventaire

206. L'inventaire est l'acte qui constate l'état d'une succession, d'une communauté de biens, d'une faillite, d'un commerçant, d'un absent ou d'un interdit, à l'effet de maintenir les droits de ceux qui peuvent y avoir intérêt.

207. Il y a lieu à inventaire notamment dans les cas suivants :

1° Ouverture de succession ;

2° Dissolution de communauté ;

3° Absence ;

4° Interdiction ;

5° Faillite ;

6° Séparation de corps et de biens ;

7° Divorce.

208. L'inventaire est obligatoire quand, parmi les héritiers, il y a des absents, des mineurs, des interdits, des usufruitiers ou lorsque la succession a été acceptée sous bénéfice d'inventaire ou est vacante.

209. Il peut être requis par tous ceux qui ont des droits dans les biens à inventorier, c'est-à-dire par le conjoint survivant, les héritiers présomptifs, les donataires ou légataires universels ou à titre universel, soit en propriété, soit en usufruit, ayant un titre authentique ou ayant été envoyés en possession, les successeurs irréguliers, l'exécuteur testamentaire, le curateur à une succession vacante, le tuteur lorsque la succession est dévolue à un mineur ou à un interdit, et même par les créanciers de la succession ayant titre exécutoire ou autorisés à cet effet par le président du tribunal ou le juge de paix du canton où les scellés ont été apposés.

210. Le légataire particulier et le subrogé-tuteur ont le droit d'assister à l'inventaire, mais n'ont pas celui de le requérir.

211. Lorsque le mari est décédé, laissant sa femme enceinte, l'inventaire doit être fait à la requête de la femme, du curateur au ventre et des héritiers qui seraient appelés si l'enfant ne naissait pas viable.

212. L'inventaire ne peut être fait, lorsqu'il n'y a pas eu apposition de scellés, que trois jours après l'inhumation; si les scellés ont été apposés, il ne peut être fait que trois jours après l'apposition si elle a eu lieu depuis l'inhumation.

213. Les héritiers et la veuve ont trois mois à partir du jour de l'ouverture de la succession ou de la dissolution de la communauté, pour faire inventaire, sauf à obtenir en justice un nouveau délai.

214. En ce qui concerne les successions vacantes, voir ce qui sera dit au mot : « Successions vacantes ».

215. L'usufruitier doit faire dresser l'inventaire des meubles et l'état des immeubles avant d'entrer en jouissance.

216. En cas de faillite, les syndics doivent faire procéder à l'inventaire des biens du failli dans les trois jours de leur nomination si les scellés ont été apposés auparavant, ou s'ils ne l'ont été qu'après, dans les trois jours qui suivent l'apposition.

217. Le tuteur doit requérir la levée des scellés s'ils ont été apposés, dans les dix jours de sa nomination, et faire procéder immédiatement à l'inventaire des biens du mineur en présence du subrogé-tuteur.

218. Le défaut d'inventaire fait perdre à l'époux survivant la jouissance légale des biens de ses enfants mineurs.

219. L'inventaire ne peut être dressé un jour férié (Voir nos 84 et 85).

220. Les greffiers-notaires au titre deux remplissant dans leur canton les fonctions de commissaires-priseurs ont qualité pour faire l'estimation des objets mobiliers inventoriés.

221. L'intitulé de l'inventaire comprend seulement les noms des parties présentes et requérantes ainsi que leurs qualités.

222. Les titres et papiers sont analysés sommairement et cotés et paraphés par le greffier-notaire, à l'exception des valeurs au porteur.

223. On peut énoncer dans un inventaire des actes sous seings privés et non enregistrés.

224. Les blancs existant dans les livres et registres de commerce sont bâtonnés par le greffier-notaire.

225. Lorsque l'inventaire est fait à la requête d'un tuteur datif ou légal, le greffier-notaire doit le requérir de déclarer s'il lui est dû quelque chose par son pupille et mention est faite de cette réquisition et de la réponse du tuteur.

226. Lorsqu'il est fait à la requête d'une veuve commune en biens, il doit, lors de sa clôture, être affirmé par elle, sincère et véritable.

227. Ceux qui ont été en possession des objets avant l'inventaire ou qui ont habité la maison dans laquelle sont les objets, doivent, lors de la clôture, affirmer par serment qu'ils n'en ont détourné, vu détourner, ni su qu'il en ait été détourné aucun.

228. Si, lors de l'inventaire, il s'élève des difficultés, le greffier-notaire délaisse les parties à se pourvoir en référé devant le président du tribunal de première instance ou le juge de paix du canton si ce juge est à compétence étendue.

Notions générales sur les successions

229. Les successions s'ouvrent par la mort naturelle.

230. Ceux que la loi appelle à succéder sont les parents légitimes et conjoint survivant du défunt (Voir pour celui-ci la loi du 9 mars 1891).

231. Sont incapables de succéder :

1° Celui qui n'est pas encore conçu au moment de l'ouverture de la succession ;

2° L'enfant qui n'est pas né viable, c'est-à-dire l'enfant mort-né, l'enfant né vivant, mais non conformé pour vivre et qui meurt peu après l'enfant né moins de 180 jours après le mariage et qui meurt peu à près (à moins que le père reconnaisse que l'enfant a été conçu avant le mariage), et l'enfant né viable, mais monstrueusement conformé c'est-à-dire n'ayant pas la tête humaine.

232. Sont indignes de succéder :

1° Celui qui est condamné comme auteur principal ou complice, pour avoir donné ou tenté de donner la mort au défunt ;

2° Celui qui a porté contre le défunt une accusation capitale (c'est-à-dire de nature à entraîner la condamnation à la peine de mort) jugée calomnieuse ;

3° L'héritier majeur (autre que l'époux, les ascendants, descendants, frères, sœurs, oncles, tantes, neveux et nièces du meurtrier) qui, instruit du meurtre du *de cujus*, ne l'a pas dénoncé à la justice.

233. La loi ne considère ni la nature ni l'origine des biens pour en régler la succession.

234. La ligne directe est la suite des degrés entre personnes qui descendent l'une de l'autre.

235. La ligne collatérale est la suite des degrés entre personnes qui ne descendent pas les unes des autres, mais d'un auteur commun.

236. En ligne directe, on compte autant de degrés qu'il y a de générations entre les personnes ; ainsi, à l'égard du père, le fils est au premier degré, le petit-fils au second, etc.

237. En ligne collatérale, les degrés se comptent par générations, depuis l'un des parents jusques et non compris l'auteur commun, et depuis celui-ci jusqu'à l'autre parent. Ainsi, deux frères sont au deuxième degré, l'oncle et le neveu au troisième, les cousins-germains au quatrième, etc.

238. Toute succession échue à des ascendants ou à des collatéraux se divise en deux parties égales : l'une pour les parents de ligne paternelle, l'autre pour les parents de ligne maternelle. La moitié dévolue à chaque ligne appartient à l'héritier le plus proche en degré, sauf le cas de représentation.

239. La représentation est une fiction de la loi, dont l'effet est de faire entrer les représentants dans la place, dans le degré et dans les droits du représenté.

240. Elle a lieu à l'infini dans la ligne directe descendante. En ligne collatérale elle n'est admise qu'en faveur des enfants et descendants de frères ou sœurs du défunt.

241. On ne représente que les personnes décédées.

Successions déférées aux descendants

242. Les enfants ou leurs descendants succèdent à leurs père et mère, aïeuls, aïeules, ou autres ascendants, sans distinction de sexe ni de primogéniture et même s'ils sont issus de différents mariages.

243. S'ils sont tous au premier degré, ils succèdent par égales portions et par têtes ; s'ils sont à des degrés inégaux, ceux qui se trouvent à un degré inférieur viennent par représentation et succèdent par souche.

Successions déférées aux frères et sœurs, neveux et nièces

244. Si le défunt n'a point laissé de postérité et que ses père et mère l'aient prédécédé, ses frères, sœurs ou leurs descendants sont appelés à la succession, soit de leur chef, soit par représentation, à l'exclusion des ascendants et des autres collatéraux.

245. Les frères et sœurs germains sont ceux qui sont issus d'un même père et d'une même mère ; les frères et sœurs des consanguins sont ceux issus d'un même père, mais de mères différentes ; les frères et sœurs utérins sont ceux qui sont issus d'une même mère, mais de pères différents.

246. Lorsqu'une succession échoit à des frères et sœurs germains, utérins et consanguins, elle se divise en deux parties égales : l'une pour la ligne paternelle, l'autre pour la ligne maternelle ; les germains prennent part dans les deux lignes, les utérins et consanguins ne prennent part que dans la ligne à laquelle ils appartiennent.

Successions déférées aux ascendants

247. Si le défunt, outre ses frères et sœurs ou leurs descendants, a laissé ses père et mère, la succession se divise en deux moitiés dont l'une est déférée au père et à la mère qui la partagent, soit pour chacun d'eux un quart du total, et l'autre est déférée aux frères et sœurs ou à leurs descendants.

248. Si le père ou la mère est prédécédé, et s'il existe des frères et sœurs ou leurs descendants, la succession est recueillie pour un quart par le père ou la mère survivants et pour trois quarts par les frères et sœurs ou leurs descendants qui partagent entre eux comme il est dit aux nᵒˢ 235 et suivants.

249. Si le défunt n'a laissé ni postérité, ni frère, ni sœur, ni descendants d'eux, sa succession se divise par moitié entre les ascendants de la ligne paternelle et les ascendants de la ligne maternelle. L'ascendant qui se trouve le plus proche en degré recueille la moitié affectée à sa ligne, à l'exclusion de tous autres.

250. Les ascendants au même degré succèdent par tête.

251. Les ascendants succèdent, à l'exclusion de tous autres, aux choses données par eux à leurs enfants ou descendants décédés sans postérité, lorsque les objets donnés se retrouvent en nature dans la succession. Si les objets ont été aliénés, les ascendants recueillent le prix qui peut en être dû. C'est ce qu'on appelle le retour légal.

252. Le père ou la mère concourant avec des collatéraux autres que frères et sœurs ou leurs descendants, a, outre sa moitié, ainsi qu'il sera dit au n° **253**, l'usufruit du tiers des biens auxquels il ne succède pas en propriété.

Successions collatérales

253. Lorsque le défunt ne laisse ni frères, ni sœurs, ni descendants d'eux, et qu'il ne laisse d'ascendants que dans une ligne, la succession est dévolue pour moitié à l'ascendant ou aux ascendants les plus proches, et pour l'autre moitié aux parents les plus proches de l'autre ligne.

254. S'il y a concours de parents collatéraux au même degré, ils partagent par tête, qu'ils aient ou non la même parenté à l'égard du défunt.

255. A défaut de descendants, d'ascendants, de frères et sœurs ou descendants d'eux, la succession est dévolue pour moitié aux collatéraux les plus proches de la ligne paternelle, et pour moitié aux collatéraux les plus proches de la ligne maternelle.

256. Les collatéraux parents à la fois dans les lignes paternelle ou maternelle, prennent part dans les deux lignes.

257. Les parents, au-delà du douzième degré, ne succèdent pas.

258. Lorsque la succession est dévolue à des ascendants ou à des collatéraux autres que frères et sœurs ou leurs descendants, et qu'il ne se trouve aucun ascendant ni aucun parent collatéral au douzième degré dans une ligne, les parents de l'autre ligne succèdent pour le tout.

Droits de l'enfant naturel reconnu

259. L'enfant naturel reconnu n'a aucun droit sur les biens des parents de ses père et mère.

260. Ses droits dans les successions de ses père et mère sont les suivants :

261. S'il est en concours avec des enfants légitimes ou adoptifs de ses père et mère, il a droit au tiers de ce qu'il aurait eu s'il eût été légitime.

262. S'il est en concours avec des ascendants ou avec des frères et sœurs du défunt, il a droit à la moitié de la succession.

263. S'il est en concours avec des collatéraux autres que frères et sœurs, alors même que ces collatéraux seraient des descendants de frères et sœurs, il a droit aux trois quarts de la succession.

264. S'il n'existe pas de parents au douzième degré, il a droit à la totalité des biens.

265. Toute réclamation est interdite à l'enfant naturel lorsqu'il a reçu, du vivant de son père ou de sa mère, la moitié de ce qui lui est attribué par la loi, avec déclaration expresse de la part de son père ou de sa mère, que leur intention est de réduire l'enfant naturel à la portion qu'ils lui ont assignée.

266. En cas de prédécès de l'enfant naturel, ses enfants ou descendants légitimes le remplacent pour la réclamation de de ses droits.

267. L'enfant naturel ou ses descendants sont tenus d'imputer sur ce qu'ils ont droit de prétendre, tout ce qu'ils ont reçu du père ou de la mère dont la succession est ouverte et qui serait sujet à rapport.

268. La succession de l'enfant naturel décédé sans postérité est dévolue entièrement au père ou à la mère qui l'a reconnu, et à leur défaut, à ses frères ou sœurs naturels légalement reconnus ou leurs descendants ; à défaut de ceux-ci, à son conjoint, et, s'il n'en a pas, à l'État.

Droits du conjoint survivant

269. Loi qui modifie les droits de l'époux sur la succession de son conjoint prédécédé (articles 767 et 205 du Code civil).

ARTICLE PREMIER. — L'article 767 du Code civil est ainsi modifié :

270. ART. 767. — Lorsque le défunt ne laisse ni parents au degré successible, ni enfants naturels, les biens de sa succession appartiennent en pleine propriété au conjoint non divorcé qui lui survit et contre lequel n'existe pas de jugement de séparation de corps passé en force de chose jugée.

271. Le conjoint survivant non divorcé qui ne succède pas à la pleine propriété et contre lequel n'existe pas de jugement de séparation de corps passé en force de chose jugée a, sur la succession du prédécédé, un droit d'usufruit qui est :

D'un quart, si le défunt laisse un ou plusieurs enfants issus du mariage

D'une part d'enfant légitime, le moins prenant, sans qu'elle puisse excéder le quart, si le défunt a des enfants nés d'un précédent mariage.

Le calcul est opéré sur une masse faite de tous les biens existant au décès du décujus, auxquels sont réunis fictivement ceux dont il aurait disposé soit par acte entre vifs, soit par acte testamentaire au profit de successibles, sans dispense de rapport.

272. Mais l'époux survivant ne peut exercer son droit que sur les biens dont le prédécédé n'a disposé ni par acte entre vifs, ni par acte testamentaire, et sans préjudicier aux droits de réserve ni aux droits de retour.

273. Il cesse de l'exercer dans le cas où il aurait reçu du défunt des libéralités même faites par préciput et hors part, dont le montant atteindrait celui des droits que la présente loi lui attribue et si ce montant était inférieur, il ne pourrait réclamer que le complément de son usufruit.

274. Jusqu'au partage définitif, les héritiers peuvent exiger, moyennant sûretés suffisantes, que l'usufruit de l'époux survivant soit converti en une rente viagère équivalente ; s'ils sont en désaccord, la conversion sera facultative pour les tribunaux.

275. En cas de nouveau mariage, l'usufruit du conjoint cesse s'il existe des descendants du défunt.

Droits de l'État

276. A défaut de parents au degré successible, d'enfant naturel ou de conjoint survivant, la succession est acquise à l'État.

Enfants adultérins ou incestueux

Les enfants adultérins ou incestueux (Voir n° 161) ne sont pas héritiers.

CINQUANTE NEUVIÈME FORMULE

Inventaire (veuve commune en biens et enceinte, enfants mineurs et majeurs)

INTITULÉ

L'an .... le ..., à ... heures du ..

A ... rue ... au domicile de M. ... en son vivant commerçant et propriétaire, où il est décédé le ...

A la requête de :

1° Mme ..., sans profession, demeurant à ..., veuve de M. ...

Agissant :

A. — En son nom personnel

1° A cause de la communauté légale de biens ayant existé entre elle et son défunt mari, à défaut de contrat de mariage

préalable à leur union célébrée à la mairie de ... le ...
(ou : à cause de la communauté d'acquêts ayant existé entre
elle et son défunt mari, aux termes de leur contrat de mariage reçu par Mᵉ ..., notaire à ..., le ...), laquelle communauté elle se réserve d'accepter ou de répudier ;

2° A cause des reprises et créances qu'elle peut avoir à
exercer contre ladite communauté ou contre la succession de
son mari ;

3° Comme ayant, aux charges de droit, la jouissance légale des biens de ses enfants mineurs ci-après nommés, jusqu'à l'âge de 18 ans ou jusqu'au jour de leur émancipation
si elle a lieu avant cet âge ;

4° Comme devant avoir la jouissance légale dans les mêmes
conditions des biens de l'enfant dont elle est enceinte, s'il
naît viable ;

5° Comme ayant, en vertu de la loi du 9 mars 1891, droit
à l'usufruit du quart des biens composant la succession de
son mari.

B. — Au nom et comme tutrice légale de ses deux enfants
mineurs, issus de son union avec le défunt, qui sont : ..., né
à ..., le ..., et ..., né à ..., le ...

C. — Au nom et comme devant être la tutrice légale de
l'enfant dont elle est enceinte s'il naît viable :

2° M. ...   } Enfants majeurs du défunt.
3° M. ...   }

En présence de :

1° M. ...

Agissant en qualité de subrogé-tuteur des mineurs ...
susnommés, nommé à cette fonction qu'il a acceptée par délibération de leur conseil de famille, tenue sous la présidence de
M. le Juge de paix du canton de ... le ... enregistrée ;

2° M. ...

Agissant en sa qualité de curateur au ventre de l'enfant
dont Mᵐᵉ veuve ... est enceinte, nommé à cette fonction

qu'il a acceptée suivant délibération du conseil de famille, tenue le ...

MM. ... (Noms des enfants majeurs), les enfants mineurs ... et l'enfant dont Mme veuve ... est enceinte, s'il naît viable, habiles à se dire et porter seuls héritiers, chacun pour un cinquième, de M. ..., leur père ;

A la conservation des droits et intérêts des parties et de tous autres qu'il appartiendra, sans que les qualités ci-dessus prises puissent nuire ni préjudicier à qui que ce soit, mais au contraire sous toutes réserves.

Il va être par M° ..., greffier-notaire à ... soussigné,

Assisté de MM. ...,

Témoins instrumentaires ... (Voir formule 1),

Procédé à l'inventaire fidèle et à la description exacte de tous les meubles meublants, objets mobiliers, argent comptant, marchandises, titres, papiers, documents et renseignements de toute nature dépendant tant de la communauté ayant existé entre M. et Mme ... que de la succession de M. ...

Sur la représentation qui sera faite du tout par Mme veuve ..., laquelle a été avertie du serment qu'elle aura à prêter à la clôture des présentes, de n'avoir détourné, vu ni su qu'il ait été détourné, directement ou indirectement, aucun des objets devant être compris au présent inventaire.

La prisée des objets qui en sont susceptibles sera faite par le greffier-notaire soussigné qui remplit à ... les fonctions de commissaire-priseur.

Lecture faite ... etc.   (*Signatures.*)

Description et prisée

1° Un lit en bois blanc estimé ... ; 2° ..., etc., etc. Total de la prisée ...

Argent comptant

Mme veuve ... déclare qu'au jour du décès de son mari il existait en argent comptant une somme de ...

Renvoi des opérations

Il a été vaqué à tout ce que dessus, depuis 8 heures du matin jusqu'à 6 heures du soir, par triple vacation.

Les objets inventoriés ont été laissés à la garde et possession de Mme veuve ..., qui le reconnait et s'en charge pour les représenter quand et à qui il appartiendra.

La continuation du présent inventaire a été remise au ... en l'étude du greffier-notaire soussigné, auquel les titres et papiers trouvés au domicile du défunt ont été remis.

Fait avec l'assistance de MM. ...

Témoins instrumentaires ... (Voir formule n° 1).

Lecture faite ...

(*Signatures.*)

Et cejourd'hui ... à ... heures du matin,

A ..., en l'étude de M^e ...

En conséquence de l'ajournement indiqué dans la clôture de la séance qui précède ;

Aux mêmes requête, présence et qualités ;

Il va être, par M^e .., greffier-notaire à ... soussigné, assisté des témoins ci-après nommés, aussi soussignés,

Procédé à la continuation du présent inventaire de la manière suivante :

M^e ..., greffier-notaire soussigné, a procédé au dépouillement, à l'examen et au classement de titres et papiers trouvés au domicile du défunt.

Il a été vaqué à cette opération depuis 9 heures du matin jusqu'à 6 heures du soir, par triple vacation.

Les parties se sont ajournées pour la continuation de l'inventaire au ... en l'étude.

Fait avec l'assistance de MM. ...

Témoins instrumentaires ...

Lecture faite ...

(*Signatures.*)

Et cejourd'hui ..., à ... heures du matin,

A ..., en l'étude de Me ...

En conséquence de l'ajournement indiqué dans la clôture de la séance qui précède ;

Aux mêmes requête, présence et qualités,

Il va être, par Me ..., greffier-notaire à ... soussigné, assisté des témoins ci-après nommés, aussi soussignés.

Procédé à la continuation du présent inventaire de la manière suivante :

Analyse des titres et papiers

ACTE DE MARIAGE

Cote première. — Pièce unique.

L'unique pièce de cette cote est l'extrait délivré par M. le Maire de la commune de ... de l'acte de mariage des époux ... célébré audit lieu le ... et duquel il résulte que cette union n'a été précédée d'aucun contrat de mariage.

Cette pièce a été cotée et paraphée par le greffier-notaire soussigné et inventoriée comme pièce unique de la présente cote, ci...... .... Cote première.

(S'il y a contrat de mariage) :

L'unique pièce de cette cote est l'expédition délivrée par Me ..., notaire à ..., d'un contrat reçu par lui le ..., contenant les clauses et conditions civiles du mariage alors projeté entre les époux ...

Sous l'article premier de ce contrat, les futurs époux ont adopté le régime de ...

Sous l'article 2, il a été stipulé que ...

Sous l'article 3, le futur époux a déclaré apporter en mariage ...

Sous l'article 4, etc.

Cette pièce a été cotée ... (Voir ci-dessus).

Mme veuve ... déclare :

(Enoncer ici ce que sont devenus les apports des époux, si des sommes ont été touchées pendant le mariage, si des immeubles ont été vendus, si le prix a été employé à d'autres acquisitions ou si les immeubles et les créances existent toujours en nature ..., etc.)

(S'il existe un testament) :

Testament de M. ...

Cote deuxième. — Pièce unique.

L'unique pièce de cette cote est l'original déposé au rang des minutes du greffier-notaire soussigné, le ..., en vertu d'une ordonnance de M. le Président du tribunal de ... en date du ... du testament olographe de M. ..., ainsi conçu :

....

Cette pièce a été reprise par Me ... et, par suite, n'a été ni cotée ni paraphée.

(Si le testament est notarié) :

L'unique pièce de cette cote est la minute représentée par le greffier-notaire soussigné, du testament public de M. ..., reçu par ledit greffier-notaire soussigné, le ... et ainsi conçu ...

Cette pièce a été reprise par Me ... (Voir ci-dessus).

Immeubles de communauté

Maison sise à ..., rue ...

Cote trois : huit pièces.

La première pièce de cette cote est l'expédition transcrite au bureau des hypothèques de ..., le ..., vol. ..., n° .... d'un contrat reçu par Me ..., notaire à ..., le ..., contenant vente au profit du défunt par M. ... et Mme ... son épouse, demeurant ensemble à ..., d'une maison sise à ..., rue ..., comprenant ...

Cette acquisition a été faite moyennant un prix de ... payé comptant (ou : sur lequel il a été payé comptant la somme de ..., le solde a été stipulé payable le ... et productif d'intérêts au taux de ...).

La deuxième pièce est l'État délivré sur la transcription

dudit contrat de vente par M. le Conservateur du bureau des Hypothèques de ... le ..., constatant que l'immeuble vendu n'était grevé, du chef des vendeurs et des précédents propriétaires, d'aucune inscription, transcription, saisie ou mentions (ou : était grevé des inscriptions suivantes ...).

La troisième pièce ... (Analyser ainsi toutes les pièces pouvant se rapporter à l'acquisition).

Ces pièces ont été cotées et paraphées par le greffier-notaire soussigné et inventoriées sous la présente cote, ci.. Cote trois.

Mme veuve ... déclare :

Que l'immeuble ci-dessus désigné existe toujours en nature;

Qu'il est loué verbalement (ou suivant bail en date du ...) à M. ... moyennant un loyer annuel de ...

Qu'au jour du décès de M. ... il était dû pour loyer la somme de ...

Immeubles propres à M. ...

Terre sise à ...

Cote quatre. — Six pièces.

(Procéder de la même façon que pour l'immeuble de communauté.)

Créances de communauté

Créance sur M. ...

Cote cinq. — Quatre pièces.

La première pièce de cette cote est la grosse d'un acte reçu par M^e ... notaire à ... le ..., contenant obligation pour prêt en faveur du decujus par M. ... d'une somme de ... stipulée exigible le ... et productive d'intérêts au taux de ... payables par ...

A la sûreté et garantie du remboursement des causes de cette obligation, en principal, intérêts et accessoires, M. ...

a affecté et hypothéqué au profit de M. ..., les immeubles dont la désignation suit ...

La deuxième pièce est le bordereau de l'inscription prise en vertu de cet acte au bureau des hypothèques de ... le ... vol. ..., n° ...

La troisième partie est un certificat délivré par M. le Conservateur du dit bureau le ..., constatant que les immeubles ci-dessus désignés n'étaient grevés d'aucune inscription ou autre charge.

La quatrième pièce ... etc.

Ces pièces ont été cotées ... (Voir ci-dessus).

Mme veuve ... déclare :

Que cette créance est toujours due (ou : qu'il ne reste plus dû sur le capital de cette créance qu'une somme de ..., le surplus ayant été payé à la date du ...).

Et que, lors du décès de M. ..., il était dû les intérêts depuis le ...

Billets à ordre

Cote six. — Dix pièces.

La première pièce de cette cote est un billet à ordre souscrit au profit du défunt le ..., par M. ..., de la somme de ... stipulée payable le ...

La deuxième pièce ... etc.

Ces pièces ont été cotées ...

Mme veuve ... déclare :

Que le montant de ces valeurs est intégralement dû (ou : que sur le billet de ... souscrit par M. ..., il ne reste plus dû qu'une somme de ..., le surplus ayant été payé le ...).

Livres et Registres de commerce

LIVRE JOURNAL

Cote sept. — Un registre relié en ..., intitulé « Livre-Journal », et servant à inscrire jour par jour les ventes et achats de marchandises au comptant ou à terme.

Ce registre contient ... feuillets paraphés par M. le Juge de paix de ...

Toutes les pages sont entièrement écrites, sauf les pages ... qui sont en blanc.

Les opérations journalières y sont inscrites depuis le ... jusqu'au ...

Les divers articles de ce livre-journal sont reportés sur le grand livre ci-après inventorié.

Ce registre a été inventorié comme pièce unique de la cote sept, ci................................. Cote sept.

GRAND LIVRE

Cote huit. — Un registre relié en ..., contenant le compte par doit et avoir de chaque débiteur ou créancier de M. ...

Ce registre a ... feuillets numérotés (Indiquer ici les pages qui sont écrites et celles en blanc).

Le greffier-notaire soussigné a arrêté et balancé tous les comptes au jour du décès de M. ...

Il résulte de ce grand-livre qu'il est dû à la communauté (ou à la succession) les créances suivantes :

Par M. ..., la somme de ... pour ...

Par M. ...

Total ...

Tous les blancs existant dans les pages écrites de ce registre ont été bâtonnés et chaque feuillet a été paraphé par le greffier-notaire soussigné.

Il a été inventorié comme pièce unique de la cote huit, ci................................. Cote huit.

Mme veuve ... déclare :

Que les créances ... sont d'un recouvrement certain ;

Que les créances ... sont d'un recouvrement douteux ;

Et que les créances ... doivent être considérées comme irrécouvrables.

Déclarations finales

Mme veuve ... déclare :

I. — Sur les successions recueillies

Que depuis le mariage, ni elle ni son mari n'ont recueilli aucune succession et n'ont été appelés à profiter d'aucun don ou legs (ou : que depuis le mariage, elle a recueilli la succession de M. ... son ... en son vivant propriétaire à ...., y décédé le ..., dont elle s'est trouvée héritière pour un quart ; qu'il lui est revenu de cette succession les biens et valeurs suivants ...).

II. — Sur l'actif

Qu'indépendamment de l'actif résultant des pièces ci-dessus inventoriées, il est dû à la communauté :

Par M. ..., la somme de ... pour ...

Par M. ...

Total ...

III. — Sur le passif

Qu'il est réclamé à ladite communauté :

Par M. ..., la somme de ... pour ...

Par M. ...

Total ...

IV. — Sur les frais funéraires et de dernière maladie

Qu'en outre, il est réclamé à la succession de M. ...

Par M. ..., la somme de ... pour ...

Par M. ...

Total ...

Interpellation à la tutrice

En conformité de l'article 451 du Code civil, le greffier-notaire soussigné a interpellé Mme veuve ... pour qu'elle ait à faire connaître s'il lui est dû quelque chose par ses enfants mineurs. Mme veuve ... a répondu que sesdits enfants ne lui doivent rien autre chose que le coût de la délibération du conseil de famille qui a nommé M. ... subrogé-tuteur.

Protestations et réserves

M. . . . (subrogé-tuteur), M. . . . (curateur au ventre), et M. . . . (enfants majeurs), déclarent faire toutes protestations et réserves contre les déclarations de Mme veuve . . . en ce qu'elles pourraient être préjudiciables aux droits et intérêts des héritiers.

Clôture

Ne se trouvant plus rien à faire comprendre ni déclarer au présent inventaire, il est demeuré clos et arrêté après avoir été certifié sincère et véritable par Mme veuve . . .

Et à l'instant, la dite dame a affirmé sous serment prêté entre les mains du greffier-notaire soussigné qu'elle a représenté et fait comprendre au présent inventaire tout ce qui, à sa connaissance, peut dépendre desdites communauté et succession, qu'elle n'en a rien pris ni détourné, vu ni su qu'il en ait été rien pris ni détourné, directement ni indirectement.

Les meubles, objets mobiliers, argent comptant, titres et papiers ci-dessus inventoriés ont été laissés en la garde et possession de Mme veuve . . ., qui le reconnaît et s'en charge pour les représenter ou en compter quand et à qui il appartiendra.

Il a été vaqué à tout ce que dessus, depuis 8 heures du matin jusqu'à 5 heures du soir par triple vacation.

Fait avec l'assistance de MM. . . .

Témoins . . . (Voir formule n° 1).

Lecture faite . . .   (*Signatures.*)

Testaments

277. Le testament est l'acte par lequel une personne dispose, pour le temps où elle n'existera plus, de tout ou partie de ses biens, et qu'elle peut révoquer.

Testament public

278. Le testament par acte public est celui qui est reçu en minute par un greffier-notaire, en présence de deux témoins réunissant les qualités énoncées sous les n°s 16 et suivants.

279. Sont incapables de disposer par testament public :

1° Celui qui n'est pas sain d'esprit ;

2° Le mineur âgé de moins de 16 ans accomplis ;

3° Le condamné à une peine afflictive perpétuelle ;

4° L'interdit, à moins qu'il n'ait fait son testament dans un intervalle lucide ;

4° L'individu complètement sourd et illettré ;

6° Les muets et les sourds-muets.

280. La femme mariée peut tester sans l'autorisation de son mari.

281. Le mineur âgé de 16 ans révolus, émancipé ou non, peut disposer par testament, mais seulement jusqu'à concurrence de la moitié des biens dont la loi permet au majeur de disposer. Il ne peut disposer de quoi que ce soit en faveur de son tuteur.

282. Le testament doit être dicté par le testateur, en présence des témoins, au greffier-notaire, et écrit immédiatement par celui-ci de sa main ; il doit ensuite être lu au testateur en présence des témoins, et il doit contenir à peine de nullité mention de l'accomplissement desdites formalités. Si le testateur ne sait ou ne peut signer, il doit être fait dans l'acte mention expresse de sa déclaration ainsi que de la cause qui l'empêche de signer, également à peine de nullité.

283. Quoiqu'aux termes du décret du 18 janvier 1875, les greffiers-notaires au titre deux soient autorisés à recevoir des testaments en présence de deux témoins, nous conseillons d'en prendre toujours quatre, le décret du 24 octobre 1886 n'ayant pas établi d'exception.

284. Les témoins doivent déclarer sur interpellation qu'ils ne sont ni parents ni alliés du testateur ou des légataires au degré prohibé, et qu'ils réunissent toutes les qualités voulues par la loi pour être témoins au testament.

285. La reconnaissance d'un enfant naturel peut être faite dans un testament public.

286. Un testament ne peut être fait dans le même acte par deux ou plusieurs personnes.

287. Le testament reçu par un greffier-notaire au titre deux doit, à peine de nullité, être renouvelé dans les six mois devant notaire si le testateur survit.

Notions générales sur la quotité disponible

288. On appelle quotité ou portion disponible la portion des biens dont les père et mère peuvent disposer au préjudice de leurs enfants ou autres descendants et celle dont les enfants peuvent disposer au préjudice de leurs ascendants.

289. La réserve légale est la portion dont on ne peut disposer en faveur de qui que ce soit. Les enfants, leurs descendants et les ascendants y ont seuls droit.

290. En cas d'existence d'enfants ou autres descendants, les libéralités ne peuvent excéder la moitié des biens du disposant, s'il ne laisse à son décès qu'un enfant légitime, le tiers s'il laisse deux enfants, le quart s'il en laisse trois ou un plus grand nombre.

291. Les père et mère venant à la succession de leur enfant décédé sans postérité légitime, et les autres ascendants venant à la succession d'un descendant à défaut de frères et sœurs du défunt ou descendants d'eux, ont droit à une réserve qui est de moitié si le défunt laisse un ou plusieurs ascendants dans chacune des lignes paternelle et maternelle et d'un quart, s'il ne laisse d'ascendant que dans une ligne.

292. L'époux peut disposer en faveur de son conjoint savoir : s'il ne laisse point d'héritiers à réserve, de la totalité de ses biens; s'ils laisse des enfants ou autres descendants, d'un quart en propriété et d'un quart en usufruit ou, s'il le préfère, de la moitié en usufruit de la totalité de ses biens; enfin, s'il ne laisse point d'enfants ou autres descendants, mais qu'il laisse des ascendants venant à sa succession, en propriété de toute la portion disponible et, en outre, en usufruit, de la totalité de la portion formant la réserve des descendants.

293. L'homme ou la femme qui, ayant des enfants d'un autre lit, contracte un autre mariage, ne peut donner à son nouvel époux qu'une part d'enfant légitime le moins prenant, calculée à raison du nombre de tous les enfants du défunt, sans que dans aucun cas la libéralité puisse excéder le quart des biens.

294. Les libéralités qui excèdent la quotité disponible sont réductibles lors de l'ouverture de la succession.

295. Le testament peut être révoqué en tout ou en partie par un testament postérieur ou par acte passé devant notaire.

SOIXANTIÈME FORMULE
Testament public

Par devant Me ...

En présence de 1re ..

2e ...

3e ...

4e ...

} Témoins instrumentaires.

Tous les quatre demeurant à ... majeurs français, jouissant de leurs droits civils, inscrits sur les listes électorales de la commune de ... et, en un mot, réunissant pour être témoins au présent testament, les qualités voulues par les articles 975 et 980 du Code civil et par le décret du 26 octobre 1886, dont le greffier-notaire soussigné a donné lecture à l'instant : le tout ainsi affirmé par lesdits témoins et par le testateur.

A comparu :

M. . . .

Malade de corps mais sain d'esprit, ainsi qu'il est apparu au greffier-notaire et aux témoins.

Lequel a dicté au greffier-notaire soussigné, en présence des quatre témoins, son testament ainsi qu'il suit :

Legs universel

« Je lègue à M. . . . l'universalité des biens meubles et « immeubles qui composeront ma succession, sans aucune « exception ni réserve, pour qu'il en ait la pleine propriété et « la jouissance à partir du jour de mon décès. En consé- « quence, je l'institue pour mon légataire universel. »

Legs de la portion disponible

« Je lègue à Mme . . ., mon épouse, demeurant avec moi, « toute la portion des biens meubles et immeubles devant « composer ma succession et dont la loi me permet la libre « disposition en sa faveur. »

Legs à titre universel

« Je lègue à M. . . . la moitié des biens immeubles que je « laisserai à mon décès, sans aucune exception. »

Legs particulier

« Je lègue à M. . . . une somme de . . . qui lui sera payée « par mes héritiers dans les trois mois de mon décès, sous « intérêt. »

(Ou : une créance au capital de . . . qui m'est dûe par M. . . . en vertu . . . — ou : une maison sise à . . ., rue . . ., comprenant . . ., m'appartenant en vertu . . . — Ou : une rente annuelle et viagère de . . . qui lui sera payée par mes héritiers à partir du jour de mon décès, par trimestre et d'a- vance.)

Le présent testament a été écrit en entier par le greffier- notaire soussigné, de sa main tel qu'il lui a été dicté par le testateur, puis M᷎ ... l'a lu au testateur qui a déclaré qu'il contient bien ses volontés et qu'il y persiste, le tout en présence des quatre témoins.

Sur l'interpellation que leur en a faite, le greffier-notaire soussigné, le testateur et les quatre témoins ont déclaré individuellement que les témoins en sont parents ni alliés, soit du testateur, soit de la personne en faveur de laquelle il a été ci-dessus fait des propositions testamentaires.

Le greffier-notaire soussigné a donné lecture au comparant de l'article 8 du décret du 18 janvier 1875 et l'a formellement avisé que le présent testament sera nul et non avenu si, en cas de survie du testateur, cet acte n'est pas renouvelé dans les six mois de ce jour, avec les formalités ordinaires devant un notaire.

Dont acte.

Fait et passé à ...

Dans une maison ...

L'an ...

Le ..., à ... heure ... du ...

Et le testateur a signé avec les témoins et le greffier-notaire, après une nouvelle lecture complète des présentes, donnée par M᷎ ... au testateur, le tout en la présence réelle et continuelle des témoins (ou bien : Et le testateur, après une nouvelle lecture complète des présentes, donnée par M᷎ .... ayant déclaré ne savoir signer, de ce requis; ou : ne pouvoir signer, de ce requis, pour cause de ..., les témoins ont seuls signé avec le greffier-notaire, le tout en la présence réelle et continuelle des témoins).

SOIXANTE-UNIÈME FORMULE
Testament d'un indigène musulman ne parlant pas le français

Par devant ... (Voir formule précédente).

A comparu :

M. ....,

Lequel, sain de corps et d'esprit, ainsi qu'il est apparu aux greffier-notaire, interprète et témoins, a déclaré vouloir adopter la loi française en ce qui concerne sa succession et a dicté en langue arabe au greffier-notaire soussigné, en présence des quatre témoins, son testament ainsi qu'il suit, ou fur et à mesure que la traduction française en a été faite par M° ..., interprète assermenté pour la langue arabe, à la résidence de ... auxdits greffier-notaire et témoins :

« Je lègue ... (Voir formule précédente). »

Ce testament a été ainsi dicté en langue arabe par le testateur et traduit oralement en langue française par l'interprète sus-nommé au greffier-notaire soussigné, qui l'a écrit en entier de sa main tel qu'il lui a été dicté par l'interprète et l'a lu ensuite au testateur en langue française, au fur et à mesure que la traduction en langue arabe a été faite par ledit interprète audit testateur qui a déclaré le bien comprendre et y persévérer comme contenant bien ses dernières volontés, le tout en présence des dits quatre témoins.

Sur l'interpellation... (Voir formule précédente).

Dépôt de testament olographe

206. Le testament olographe est celui qui est écrit de la main du testateur, daté et signé par lui.

207. Les greffiers-notaires au titre deux peuvent recevoir en dépôt des testaments olographes sans être obligés de dresser acte du dépôt, mais à la charge de les inscrire sur le registre *ad hoc* dont nous avons parlé au n° 80.

208. Tout testament olographe doit, avant d'être mis en exécution, être présenté au président du tribunal civil de première instance du lieu de l'ouverture de la succession. S'il est cacheté, il est ouvert par le président. Il est dressé procès-verbal de la présentation, de l'ouverture et de l'état du testament dont le président ordonne le dépôt entre les mains du notaire ou greffier-notaire par lui commis.

209. Le testament est présenté par le greffier-notaire qui en est le dépositaire lequel assiste à l'ouverture et à la constatation, et remise immédiate lui en est faite.

300. Si le tribunal de première instance se trouve à plus de cinq myriamètres du siège de la justice de paix, le greffier-notaire est autorisé à présenter le testament au juge de paix qui le fait parvenir clos et cacheté au président du tribunal par l'intermédiaire du procureur de la République, et qui peut même en faire l'ouverture si les communications sont interrompues entre le lieu du siège de la justice de paix et le chef-lieu judiciaire.

SOIXANTE-DEUXIÈME FORMULE
Dépôt de testament olographe

L'an ... le ...

Me .... greffier-notaire à ... soussigné.

Commis suivant ordonnance de M. le Président du tribunal civil de ... en date du ... contenue dans le procès-verbal dont expédition va être déposée.

A, par les présentes, déposé au rang de ses minutes à la date de ce jour :

1° Le testament sous la forme olographe de M. ... en son vivant ... demeurant à ... où il est décédé le ...

Ce testament en date à ... du ... écrit sur une feuille de papier de ... contresigné *ne variétur* par M. le Président du tribunal de ... sera enregistré en même temps que les présentes.

2° La feuille de papier libre qui servait d'enveloppe à ce testament, aussi contresignée par M. le Président.

3° Une expédition délivrée par M. le Greffier du tribunal de ... de l'ordonnance de dépôt ci-dessus relatée et du procès-verbal descriptif du dit testament.

En conséquence, ces pièces sont demeurées ci-annexées après avoir été revêtues de la mention d'usage.

Fait et passé à ...

En l'étude de ...

Avec l'assistance de MM. ...

Témoins instrumentaires ... (Formule 1.)
Lecture faite, les témoins ont signé avec le greffier-notaire.

Quittances

301. C'est l'acte qui constate l'exécution totale ou partielle d'un engagement et, par suite, la libération d'un débiteur.

302. Tout paiement doit être fait au créancier ou à quelqu'un ayant reçu pouvoir de lui.

303. La quittance d'un capital donnée sans réserve des intérêts en fait présumer le paiement et en opère la libération.

304. Les greffiers-notaires au titre deux ont qualité pour recevoir les actes de quittance, mais non pour insérer dans ces actes une mainlevée d'inscription ou de transcription, saisie et mention.

SOIXANTE-TROISIÈME FORMULE
Quittance de prix de vente

Par devant ...

Ont comparu ...

M. ... et Mme ... son épouse qu'il autorise, demeurant ensemble à ...

Lesquels ont, par les présentes, reconnu avoir reçu en bonnes espèces de monnaie ayant cours et en billets de banque d'Algérie, comptés et délivrés à l'instant à la vue du greffier-notaire soussigné (ou : dès avant ce jour hors la vue du greffier-notaire soussigné),

De M. ...

Ici présent (ou : non présent),

La somme de ... formant le prix (ou : formant, au moyen d'un paiement de ... constaté dans le contrat qui va être énoncé, le solde du prix) moyennant lequel et suivant contrat reçu par le greffier-notaire soussigné, le ..., transcrit au bureau des Hypothèques de ... le ... vol. ... n° ..., avec inscription d'office du même jour, vol. ... n° ..., les comparants ont vendu à M. ... une parcelle de terre sise à ... (Dés.).

De laquelle somme ainsi payée, les comparants donnent à M. ... bonne et valable quittance et se désistent de tous droits de privilèges et action résolutoire résultant à leur profit du dit contrat de vente.

Mention des présentes est consentie partout où besoin sera.

Dont acte.

SOIXANTE-QUATRIÈME FORMULE
Quittance de somme prêtée

Par devant ...

A comparu :

M. ...

Lequel a, par les présentes, reconnu ... (Voir formule précédente.)

De M. ...

Ici présent (ou : non présent).

La somme de ... formant le montant en principal d'une obligation souscrite au profit des comparants, par M. ..., suivant acte reçu par Me ..., notaire à ..., le ...

De laquelle somme ... (Voir formule précédente.)

Dont acte.

Ratification

305. C'est l'acte par lequel une personne donne son approbation à un précédent acte passé en son nom par un tiers sans pouvoir ni mandat régulier.

306. L'acte constatant ratification d'une vente doit être transcrit au bureau des Hypothèques de la situation des biens.

307. Un greffier-notaire au titre deux ne pourrait recevoir un acte contenant ratification d'un contrat de la compétence exclusive des notaires, par exemple la ratification d'une constitution d'hypothèques ou d'une donation.

La ratification a un effet rétroactif, c'est-à-dire que ses effets remontent au jour où l'on s'est engagé pour la personne qui ratifie.

SOIXANTE-CINQUIÈME FORMULE
Ratification d'une vente

Par devant ...

A comparu :

Mme ... épouse assistée et autorisée de M. .... propriétaire, avec lequel elle demeure à ...

Laquelle,

Après avoir pris connaissance, par la lecture que lui en a donnée le greffier-notaire soussigné, d'un contrat reçu par ce dernier, le ..., contenant vente par M. ... ayant agi tant en son nom personnel qu'au nom et comme se portant fort de la comparante à M. ... d'une terre sise à ... (désignation) moyennant un prix de ... stipulé exigible le ... et productif d'intérêts au taux de ... payables par ... (ou : sur lequel il a été payé comptant la somme de ... et le solde stipulé exigible le ... et productif d'intérêts au taux de ... payable par ...).

A, par les présentes, déclaré approuver, confirmer et ratifier purement et simplement le dit contrat de vente voulant et entendant qu'il reçoive sa pleine et entière exécution comme si elle y eût été présente et l'eût signée.

En conséquence, la comparante se désiste, en faveur de l'acquéreur, de l'effet de son hypothèque légale contre son mari, tant sur l'immeuble vendu que sur son prix.

Mention des présentes est consentie partout où besoin sera.

Dont acte.

Ventes de Meubles et d'Immeubles

309. La vente est une convention par laquelle une personne transfère à une autre la propriété d'une chose moyennant un prix.

310. Tout contrat de vente d'immeubles doit être transcrit au bureau des Hypothèques de la situation des biens, dans les 45 jours.

311. Les biens des mineurs, des interdits ou des faillis, ne peuvent être vendus à l'amiable.

312. Le vendeur a privilége sur l'immeuble vendu pour le paiement du prix ; ce privilége est inscrit d'office par le conservateur des Hypothèques, lors de la transcription du contrat.

313. L'acquéreur peut se réserver la faculté de déclarer command, c'est-à-dire de désigner dans un certain délai, un tiers qui lui est substitué. Pour l'enregistrement, le délai pour élire command ne peut être supérieur à 24 heures.

314. La vente est interdite entre époux sauf dans les trois cas suivants :

S'ils sont judiciairement séparés de biens et que la vente soit consentie par un époux en paiement de ses droits ;

Si la cession que le mari fait à sa femme même non séparée a une cause légitime, telle que le remploi de ses immeubles aliénés ou de deniers à elle appartenant, si ces immeubles ou deniers ne tombent pas en communauté ;

Si la femme mariée sans communauté ou sous le régime dotal cède des biens à son mari en paiement de la dot qu'elle avait promise.

315. La partie saisie ne peut, à compter du jour de la transcription de la saisie, aliéner les immeubles saisis, à moins que l'acquéreur ne consigne une somme suffisante pour désintéresser les créanciers inscrits et le saisissant.

316. Un tuteur ne peut acheter les biens de son pupille.

317. A défaut de paiement de tout ou partie du prix, le vendeur peut faire prononcer en justice la résolution de la vente.

318. Si le vendeur est un homme marié, sous quelque régime

que ce soit, sa femme a hypothèque légale contre lui pour toutes les sommes dont il est débiteur envers elle.

319. La femme doit donc intervenir dans tous contrats de vente d'immeubles même propres à son mari et y renoncer à son hypothèque légale.

320. Aux termes de la loi du 13 février 1889, cette renonciation ne peut être contenue que dans un acte authentique.

321. Si les époux sont mariés sous le régime dotal, la femme ne peut renoncer à son hypothèque légale ; il faut, dans ce cas, remplir les formalités prescrites par la loi pour la purge des hypothèques légales. (Voir n⁰ˢ 351 et suivants).

322. Si le vendeur est veuf, les héritiers de sa femme ont une hypothèque légale contre lui, mais cette hypothèque doit être inscrite un an après le décès de la femme.

321. Si le vendeur est tuteur de mineurs ou d'interdits, ses pupilles ont une hypothèque légale sur ses biens, pour garantie des sommes dont le tuteur peut être comptable.

324. Cette hypothèque doit être inscrite dans l'année de la majorité du pupille ou de la cessation de l'interdiction.

325. La promesse de vente vaut vente lorsque les parties sont d'accord sur la chose et sur le prix.

326. Le vendeur peut se réserver de reprendre dans un délai qui ne peut excéder cinq années, la chose vendue en remboursant à l'acquéreur le prix de la vente et les frais du contrat. C'est ce qu'on appelle la vente à réméré.

327. Faute par le vendeur d'avoir exercé son action de réméré dans le terme convenu, l'acquéreur demeure propriétaire incommutable des biens à lui vendus.

328. Cependant lorsque la vente a été faite à vil prix, et que la jouissance est restée au vendeur à titre de locataire, ou lorsqu'il s'agit d'une vente à réméré consentie par un

Indigène à un Européen, le vendeur peut, à quelqu'époque que ce soit, même après l'expiration du délai fixé, reprendre l'immeuble vendu.

329. Il est d'usage, à l'expiration du réméré, de faire sommation au vendeur, à la requête de l'acquéreur d'avoir à déclarer s'il entend ou non user de la faculté de réméré par lui réservée. Si le vendeur ne répond pas à cette sommation, il est dressé contre lui procès-verbal de défaut, et à partir de ce moment l'acquéreur reste propriétaire incommutable.

330. Le greffier-notaire qui reçoit un contrat de vente doit donner lecture aux parties des articles 12 et 13 de la loi du 23 août 1871, ci-dessus transcrits. (Voir n° 205)

331. En adressant à la Conservation des Hypothèques l'expédition du contrat de vente pour être transcrite, le greffier notaire doit requérir un état des inscriptions ou autres charges pouvant grever l'immeuble vendu, à moins qu'il n'en soit dispensé expressément par l'acquéreur.

Règles spéciales à l'Algérie

§ 1. — *Concessions de terres en Algérie*
(Décret du 30 septembre 1878)

332. Les terres domaniales comprises dans le périmètre d'un centre de population, et affectées au service de la colonisation, sont divisées en lots de village ne pouvant excéder 40 hectares et en lots de ferme ne pouvant excéder 100 hectares.

333. Le Gouverneur général est autorisé à concéder les terres alloties dans ces conditions, aux Français d'origine européenne, et aux Européens naturalisés ou en instance de naturalisation et qui justifient de ressources suffisantes pour les lots de villages, et d'un capital représentant 150 fr. par hectare pour les lots de ferme.

334. Ces concessions sont gratuites, mais elles n'attribuent aux concessionnaires que la propriété de l'immeuble sous la condition suspensive de l'accomplissement des clauses ci-après indiquées :

335. Les concessionnaires doivent résider, avec leur famille, sur la terre concédée, d'une manière effective et permanente pendant les cinq années qui suivent la concession. Après un an de résidence, ils peuvent, sous les conditions qui leur était imposées à eux-mêmes, céder la concession à tout français d'origine européenne ou à tout Européen naturalisé ou en instance de naturalisation. L'acte de cession doit être soumis, suivant le territoire à l'approbation du Préfet ou du Général commandant la Division, qui statue dans le délai de deux mois. La cession est définitive si aucune décision n'intervient dans ce délai.

336. Cinq ans après la concession provisoire, le concessionnaire ou son ayant cause, adresse une demande en délivrance du titre définitif de propriété.

337. Cependant, après trois ans de résidence, le concessionnaire peut réclamer le titre définitif, en justifiant d'une dépense moyenne de 100 fr. par hectare réalisé en améliorations utiles et permanentes dont un tiers au moins en bâtiments d'habitation ou d'exploitation agricole.

338. Il est interdit à tout individu devenu ainsi propriétaire d'une terre d'origine domaniale, de la vendre ou céder, sous quelque forme que ce soit, aux indigènes non naturalisés, pendant une période de 20 ans s'il s'agit de lots de fermes et de 10 ans s'il s'agit de lots de village, et ce, à partir du jour de la concession définitive.

§ 2. — *Propriété indigène*
Ventes de terres collectives de culture

339. La propriété indigène se divise en propriété *melk* ou privée et en propriété *arch* ou collective.

340. La vente des terres en territoire de propriété collective avait d'abord été interdite d'une façon absolue, avant la constitution de la propriété individuelle au profit des membres du douar, ainsi qu'il résulte de 2 circulaires de M. le Gouverneur général en date des 9 juillet 1880 et juin 1883, mais aux termes de l'article 7 de la loi du 28 avril 1887, ces terres peuvent donner lieu à des promesses de vente, au profit d'Européens, à la charge, par l'une des parties contractantes, de se mettre en instance pour obtenir de l'Administration la délivrance d'un titre de propriété.

341. Le principe de l'aliénabilité des terrains *arch* subsiste toujours et la loi du 28 avril 1887 n'a fait que le sanctionner en créant une exception — soumise à des conditions expressément déterminées qui subordonnent la validité de l'aliénation à la constitution préalable de la propriété individuelle, par les soins de l'Administration. Cette loi permet aux indigènes de consentir des promesses de vente aux européens avant cette constitution, mais ces promesses sont déclarées nulles si elles ne sont pas suivies, dans le délai de trois mois, d'une requête en délivrance de titre et elles ne peuvent produire leur effet qu'après la délivrance de ce titre,

342. Les promesses de vente dont il s'agit peuvent être reçues par un greffier-notaire au titre deux. Elles doivent mentionner que l'entrée en jouissance de l'acquéreur n'aura lieu qu'après l'établissement des titres de propriété.

Ventes de terres melks ou privées avant la constitution de la propriété individuelle

343. Tout contrat de vente par un indigène à un Européen d'un immeuble non encore soumis à la constitution de la propriété individuelle, c'est-à-dire pour lequel il n'existe aucun titre administratif ou notarié, doit être reçu par un notaire ou un greffier-notaire. Un plan indiquant les tenants et aboutissants de l'immeuble vendu doit y être annexé.

344. L'acquéreur fait, ensuite, remettre un extrait du contrat de vente avec la copie du plan.

1° A l'administration des Domaines ;

2° Au greffe de la justice de paix de la situation des biens en vue du bornage de l'immeuble.

345. Les opérations du bornage sont, à la diligence du greffier portées, au moins 20 jours à l'avance :

1° A la connaissance du public par l'insertion dans le journal le *Mobacher* et dans l'un des journaux de l'arrondissement, et par la publication dans les principaux marchés de la tribu, d'une copie de l'extrait du contrat de vente mentionnant la date fixée pour le bornage par le juge de paix ;

2° A la connaissance de l'administration des Domaines par un avis spécial adressé au Directeur sous pli chargé.

346. Le juge de paix, assisté de l'acquéreur, procède au bornage, en présence du vendeur ou lui dûment appelé, conformément aux limites indiquées au contrat et au plan.

347. Le procès-verbal de l'opération constate l'accomplissement des formalités de publication et contient les réclamations et revendications formulées par les tiers intervenants. La date de sa clôture est portée à la connaissance du public et de l'administration des Domaines, dans la même forme et de la même manière que la date de l'ouverture des opérations.

348. Toute nouvelle réclamation ou revendication doit, à peine de déchéance, être formulée entre les mains du greffier, dans le délai de 45 jours, à dater de celui où la clôture du procès-verbal de bornage aura été rendue publique. Elle est inscrite à la suite du procès-verbal et avis en est donné à l'acquéreur et au vendeur, en leur domicile élu, par lettre chargée.

349. A défaut de réclamation ou de revendication, le juge paix délivre un certificat négatif sur papier libre, en vue duquel le service des Domaines établit le titre de propriété.

350. Un nouveau projet de loi sur la propriété indigène vient d'être adopté par le Sénat et sera prochainement soumis à la Chambre des députés. Il est ainsi conçu :

ARTICLE 1er. — Les procédures, soit d'ensemble, soit partielles, instituées par les titres 2 et 3 de la loi du 26 juillet 1873 et par la loi du 25 avril 1887 pour la constatation de la propriété privée et la constitution de la propriété individuelle sont et demeurent abrogées. Néanmoins, les opérations commencées en exécution de ces deux lois pourront être continuées jusques et y compris la délivrance des titres de propriété.

Il pourra être procédé aux opérations d'acquisition ou d'échange de plusieurs parcelles *soit par l'État, soit par les particuliers*, conformément à la procédure d'enquête partielle prévue par la présente loi.

ART. 2. — Les titres délivrés par l'administration des Domaines conformément à la présente loi assureront, à l'égard de tous, la propriété entre les mains des bénificiaires de ces titres : tous les droits réels non légalement maintenus à la suite de ces procédures seront définitivement abolis, *quelles que soit la nature et la date de l'acte constatant ces droits*.

ART. 3. — A compter de la délivrance de ces titres, les immeubles auxquels ils se réfèrent resteront, quels que soient leurs propriétaires, soumis à toutes les prescriptions de la loi française, sauf les exceptions prévues aux articles 16, 17 et 18 ci-après.

ART. 4. — Dans tout territoire compris dans le périmètre d'application de la présente loi tel qu'il est déterminé par l'article 12 ci-après, les propriétaires comme les acquéreurs, sans distinction de nationalité ni d'origine, pourront toujours prendre l'initiative des procédures organisées par la présente loi, afin d'obtenir la délivrance des titres de propriété ci-dessus indiqués.

ART. 5. — Les intéressés qui désirent obtenir les titres délivrés par l'administration des Domaines devront adresser au Préfet du département, en territoire civil ou au Général commandant la division, en territoire militaire, une requête en délivrance de titre. Cette requête devra contenir une désignation aussi précise que possible de l'immeuble, ses tenants et aboutissants, sa contenance approximative, ainsi qu'une élection de domicile faite par le requérant. Elle sera non avenue si elle n'est accompagnée de la consignation des frais. La réception de la requête sera consignée sur un registre *ad hoc*, et récépissé en sera donné à l'intéressé.

Art. 6. — Dans les 30 jours qui suivront le dépôt de la requête, un agent de l'administration désigné par le Préfet ou le Général se rendra sur les lieux, accompagné du requérant, ou lui dûment appelé, et procédera au bornage de l'immeuble et au levé du plan, s'il n'y a déjà été procédé.

L'arrêté désignant l'agent de l'administration et, fixant le jour des opérations sera, vingt jours au moins à l'avance, inséré au *Journal Officiel de l'Algérie*. — Avis en sera donné au directeur des domaines ainsi qu'au requérant par lettre recommandée, adressée au domicile élu dans la requête. Il sera en outre publié dans les principaux marchés de la tribu, affiché en français et en arabe à la mairie de la commune et partout où besoin sera. Ces insertions et publications constitueront pour tous les intéressés une mise en demeure d'avoir à produire tous documents ou témoignages propres à établir des droits auxquels il prétendraient sur l'immeuble objet de la requête.

Leurs dires et les témoignages et pièces à l'appui seront recueillies par l'agent de l'administration et insérés au procés-verbal.

Art. 7. — Le procès-verbal des opérations faites et des dires recueillis restera déposé à la mairie pendant un délai de *quarante-cinq jours à dater de sa clôture*. Sa traduction en arabe sera déposée, pendant le même délai, entre les mains de l'adjoint indigène de la situation des biens. Ce double dépôt sera porté à la connaissance des intéressés, dans les dix jours de la clôture du procès-verbal par un avis affiché au chef-lieu de la commune et par des publications sur les marchés de la tribu.

Pendant ce délai de quarante-cinq jours, toutes les personnes pourront en prendre communication et faire consigner, à la suite du procès-verbal, tous les dires et réclamations concernant les droits réels qu'elles pourraient avoir à exercer sur l'immeuble dont il s'agit.

Art. 8. — Dans les dix jours qui suivront l'expiration de ce délai, l'agent qui aura rédigé le premier procès-verbal se rendra de nouveau sur les lieux si de nouvelles réclamations se sont produites, et rédigera un procès-verbal définitif. Il constatera ces réclamations qui se seront produites en temps utile et donnera son avis motivé, tant sur le mérite de la requête originaire que sur les dites réclamations. Il devra, d'office, signaler dans son procès-verbal les droits pouvant appartenir à l'Etat sur l'immeuble et que l'enquête lui aura révélés.

Conformément à l'article 2 ci-dessus l'immeuble objet de la requête demeurera libre et affranchi de tous les droits réels qui n'auront point été réclamés en temps utile. Toute réclamation ou revendication ultérieure n'ouvrira plus aux prétendants droits qu'une action personnelle contre celui qui aura bénéficié de leur déchéance.

Art 9. — Le procès-verbal définitif et les pièces à l'appui seront transmis au directeur des Domaines.

Celui-ci devra procéder tout de suite à l'établissement et à la délivrance des titres, dans le cas où le procès-verbal ne constaterait aucune réclamation, sauf ce qui sera dit à l'article 13 ci-après. Dans le cas contraire, s'il s'agit d'un droit réclamé par l'Etat ou en son nom, le procès-verbal sera communiqué au Gouverneur général. Dans tous les cas, le titre ne pourra être établi et délivré qu'autant que le requérant rapportera mainlevée de toutes réclamations consignées au procès-verbal.

La main-levée devra consister soit en une renonciation

émanant des auteurs de la réclamation, soit en une décision judiciaire repoussant définitivement cette réclamation. Lorsque la requête émane d'un acquéreur, celui-ci pourra contraindre son vendeur à poursuivre la main-levée des réclamations, sous peine de résiliation du contrat et de tous dommages-intérêts.

Les réclamants pourront, s'il y a lieu, être condamnés à tous dommages-intérêts envers le requérant.

Art. 10. — Si des réclamations portant, non sur la propriété même, mais sur des charges pesant sur cette propriété, sont reconnues fondées, le requérant pourra néanmoins obtenir délivrance d'un titre, mais les charges reconnues y seront inscrites.

L'acquéreur pourra demander la résiliation de la vente et des dommages-intérêts s'il y a lieu.

Art. 11. — La requête en délivrance de titres et les opérations y relatives seront considérés comme non avenues, si, dans les six mois qui suivront la transmission du procès-verbal au directeur des Domaines, le requérant n'a pas fait connaître à ce dernier, par une notification mentionnant les actes introductifs d'instance, qu'il poursuit, ou s'il s'agit d'un acquéreur, que son vendeur poursuit la main-levée des réclamations produites.

Art. 12. — Les dispositions qui précèdent ne seront appliquées qu'à la région du Tell Algérien, délimitée conformément à l'article 31 de la loi du 26 juillet 1873, et en dehors du Tell aux territoires déterminés par les arrêtés spéciaux du Gouverneur général.

Art. 13. — Lorsqu'une demande d'enquête partielle aura lieu en territoire délimité par application du sénatus-consulte du 22 avril 1863, le plan parcellaire dressé afin de régulariser d'après la jouissance effective la situation de l'occupant de la terre, sera homologué par arrêté pris par le Gouverneur général, en Conseil de Gouvernement.

A dater de cet arrêté, les occupants maintenus en possession seront considérés comme propriétaires à titre privé des terres dont ils auront été reconnus possesseurs. A partir de la publication de l'arrêté d'homologation du Gouverneur général dans le *Journal Officiel* de l'Algérie, les contestations relatives à la propriété de ces territoires seront de la compétence des tribunaux judiciaires.

ART. 14 — Dans les territoires où les lois des 26 juillet 1873 et 28 avril 1887 ont reçu leur application, les détenteurs de titres français non purgés auront un délai de six mois à compter de la publication de la présente loi, pour actionner, en reconnaissance de leurs droits, les possesseurs des titres délivrés par l'administration des Domaines en exécution des lois précitées.

Ils devront, avant l'expiration de ce délai, faire parvenir au Directeur des Domaines une copie de leur assignation ou de la reconnaissance qui serait faite de leurs droits.

ART. 15. — A l'expiration de ce délai, tous ces droits non relevés qui pourraient exister sur les dites propriétés seront purgés. Les titres non touchés par les assignations devront être, par soins du Directeur des Domaines, munis d'une mention spéciale qui sera reproduite sur toutes les expéditions délivrées désormais. La même mention sera portée sur le double déposé à la conservation des hypothèques. Elle y sera apposée par le conservateur des hypothèques sur le vu de l'état des assignations qui lui sera adressé tous les mois par le Directeur des Domaines. Les titres touchés par les assignations ne pourront être munis de cette mention qu'après le règlement définitif des litiges. Les titres munis de cette mention produiront les mêmes effets que ceux délivrés postérieurement à la présente loi.

ART 16. — Les transactions entre indigènes concernant les immeubles ayant fait l'objet des titres prévus aux articles 1 et 2 de la présente loi et de ceux délivrés antérieure-

ment aux votes des lois du 26 juillet 1873 et du 26 avril
1887, pourront dans les territoires déterminés par arrêté du
Gouverneur général, tant que les immeubles demeureront entre les mains des indigènes, avoir lieu par actes du ministère
des cadis. Ils seront assujettis à la formalité de la transcription hypothécaire, conformément à la loi du 23 mars 1855.

ART. 17. — Lorsque le partage ou la licitation d'un immeuble rural dont la moitié au moins appartient à des indigènes musulmans, sera demandé, soit par un co-propriétaire,
soit par le tuteur, curateur ou créancier de l'un des co-propriétaires, le tribunal attribuera, si faire se peut, en nature,
au demandeur, une part de l'immeuble représentant ses droits;
si l'immeuble n'est pas commodément partageable, l'article
827 du Code civil ne sera pas applicable. Dans ce cas, le
partage sera fait entre familles, et un ou plusieurs co-propriétaires de la part affectée à la famille dont fait partie le demandeur auront le choix ou d'accepter la licitation, ou de lui
payer une somme d'argent représentant la valeur de ses droits
sur l'immeuble. A défaut d'entente amiable entre les co-propriétaires de la part revenant à une même famille, cette
somme sera arbitrée par le tribunal, dont le jugement contiendra la condamnation solidaire des défendeurs au paiement
de la dite somme avec les intérêts et les frais.

Les jugements rendus en cette matière ne seront susceptibles d'aucun recours ni d'opposition ni d'appel.

ART 18. — Les dispositions des articles 11 et suivants
de la loi du 28 avril 1887 relative aux licitations et partages où figureront des indigènes, continueront à être appliquées :

Sont abrogées toutes les dispositions des lois, — décrets
ou ordonnances contraires à la présente loi.

Purge des Hypothèques légales

351. Lorsque le vendeur est un mari dont la femme ne

concourt pas à la vente pour une raison quelconque, ou lorsqu'il est marié sous le régime dotal, ou lorsqu'il est veuf depuis moins d'un an, lorsqu'il est tuteur de mineurs ou d'interdits, l'acquéreur doit faire remplir, de la manière suivante, les formalités de purge légale.

Une expédition du contrat de vente est déposée au greffe du tribunal de la situation des biens.

L'expédition de cet acte de dépôt, délivrée par le greffier du tribunal est signifiée par huissier à la femme (ou au subrogé tuteur) et au Procureur de la République près ledit tribunal, en indiquant à ce dernier les noms des précédents propriétaires de l'immeuble vendu.

L'expédition du contrat de vente demeure affichée pendant deux mois dans l'auditoire du tribunal.

A l'expiration de ce délai, on requiert au bureau des hypothèques de la situation des biens un état des inscriptions d'hypothèque légale qui ont pu y être prises.

Lorsque l'acquéreur craint l'existence d'hypothèques légales inconnues, il doit faire publier dans un journal de l'arrondissement la signification faite au Procureur de la République. Deux mois après cette publication, on requiert l'état comme ci-dessus.

SOIXANTE-SIXIÈME FORMULE
Vente de meubles

Par devant . . .

A comparu :

M. . . .

Lequel a, par les présentes, vendu en s'obligeant à toutes garanties de droit.

A M. . . .

Ici présent et qui accepte.

Les meubles et objets mobiliers ont la désignation suit : . . .

1° . . .

(Ou : Les meubles et objets mobiliers décrits en un état

que les parties ont dressé sur une feuille de papier au timbre de ... lequel état à enregistrer avec les présentes est demeuré ci-annexé, après avoir été certifié véritable et après mention).

En vertu des présentes et à compter d'aujourd'hui, l'acquéreur aura la pleine propriété et jouissance de ces meubles et objets mobiliers.

La présente vente est consentie et acceptée sous les charges et conditions ordinaires et de droit en pareille matière, et moyennant un prix principal de ... que le vendeur reconnaît avoir reçu de l'acquéreur en bonnes espèces de monnaie ayant cours et en billets de banque d'Algérie, comptés et délivrés à l'instant, à la vue du greffier-notaire soussigné (ou : dès avant ce jour, hors la vue du greffier-notaire soussigné) ou : que l'acquéreur s'oblige à payer au vendeur le . . avec intérêts au taux de ... payables ...

Domicile

Pour l'exécution des présentes, domicile est élu en les demeures respectives des parties.

Dont acte.

SOIXANTE-SEPTIÈME FORMULE
Vente d'immeubles

Par devant ...

Ont comparu ...

M. ... et Mme ... son épouse qu'il autorise, demeurant ensemble à ...

Lesquels ont, par les présentes, vendu, en s'obligeant solidairement à toutes les garanties de droit.

A M. ...

Ici présent et qui accepte.

L'immeuble ci-après désigné.

Désignation

1° ...

Tels que ces immeubles existent se poursuivent et comportent, avec toutes leurs appartenances et dépendances, sans aucune exception ni réserve, et sans garantie de la part des vendeurs soit pour le bon ou mauvais état des constructions, soit pour mitoyennetés, soit enfin pour les contenances sus indiquées dont le plus ou le moins, la différence excédât-elle même une vingtième, fera le profit ou la perte de l'acquéreur.

Origine de propriété.

(Voir formule n°ˢ 69 et suivantes).

Jouissance

En vertu des présentes et à compter d'aujourd'hui l'acquéreur aura la pleine et entière propriété, possession et jouissance des immeubles vendus.

(Ou bien : L'acquéreur sera propriétaire des immeubles vendus au moyen des présentes, et à compter d'aujourd'hui mais il n'en aura la jouissance qu'à partir du ... Pour l'enregistrement, cette réserve de jouissance est évaluée à la somme de ...)

Conditions

La présente vente est faite sous les charges et conditions suivantes que l'acquéreur s'oblige à exécuter :

1° De prendre les immeubles vendus dans l'état où ils se trouvent actuellement ;

2° De supporter les servitudes passives, apparentes ou occultes, continues ou discontinues, qui peuvent ou pourront grever les dits biens, sauf à lui à s'en défendre et à profiter de celles actives, s'il en existe, le tout à ses risques et périls, sans recours contre les vendeurs et sans que la présente clause puisse donner à des tiers plus de droit qu'il n'en résulterait pour eux, soit en vertu de titres réguliers, non prescrits, soit en vertu de la loi ;

3° D'acquitter à compter de ce jour (ou : à compter du ...) les contributions et impositions assises ou à asseoir sur les dits immeubles ;

4° De continuer jusqu'à son expiration (ou : jusqu'à parfait paiement du prix de la vente) l'assurance contre l'incendie des constructions vendues, contractée avec la compagnie d'assurances dite ... dont le siége est à Paris, rue ... suivant police en date à ... du ... ;

5° Et de payer tous les frais et honoraires des présentes et de leurs suites.

Prix.

En outre, la présente vente est consentie et acceptée moyennant un prix principal de ... que les vendeurs reconnaissent avoir reçu de l'acquéreur, en bonnes espèces de monnaie ayant cours et en billets de banque d'Algérie comptés et délivrés à l'instant à la vue du greffier-notaire soussigné (ou : dès avant ce jour, hors la vue du greffier-notaire soussigné).

Dont quittance définitive et sans réserves.

(Si une partie seulement du prix est payée comptant) :

En outre, la présente vente est consentie et acceptée moyennant un prix principal de ... sur lequel les vendeurs reconnaissent avoir reçu de l'acquéreur la somme de ... en bonnes espèces de monnaie ... (Voir ci-dessus).

Dont quittance d'autant.

Quand à la somme de ... formant le solde du dit prix, l'acquéreur s'oblige à la payer aux vendeurs, en leur demeure, le ...

Et jusqu'à parfait paiement, il s'oblige à servir les intérêts de ce solde de prix au taux de ... payables par ... à compter de ce jour.

Il est expressément convenu qu'à défaut de paiement exact à son échéance d'un seul terme dudit solde de prix, et quinze jours après un simple commandement de payer resté infructueux, la somme capitale alors due deviendra immédiatement et de plein droit exigible, si bon semble au vendeur, sans qu'il soit besoin de remplir aucune autre formalité judiciaire.

(Si une partie du prix est déléguée à un créancier inscrit) :

Quant à la somme de ... formant le solde dudit prix, les vendeurs chargent l'acquéreur qui s'y oblige de la payer à

M. ... pour le montant d'une obligation souscrite au profit
de ce dernier par les époux ... suivant acte reçu par Me ...
notaire à ... le ...

Ladite somme stipulée remboursable le ... et productive
d'intérêts au taux de ... payables par ...

Les intérêts de cette somme seront à la charge de l'acquéreur à partir du ...

L'acquéreur fera ce paiement hors la présence des vendeurs
sur les simples quittances de M. ... (créancier inscrit) et ce
dernier aura le droit de consentir, avant ou après paiement,
tous désistement de privilège ou action résolutoire, avec main-
levée de l'inscription qui sera prise d'office sur la transcription du présent contrat, pour conservation de ladite somme
qui lui est due par les vendeurs, en vertu d'un acte reçu par
Me ... notaire à ... le ...

Par suite, les parties se donnent réciproquement bonne et
valable quittance de ladite somme.

Formalités

Une expédition du présent contrat sera transcrite au bureau
des hypothèques de ..., et les vendeurs s'obligent solidairement à rapporter mainlevée et certificat de radiation de toutes
les inscriptions ou autres charges dont l'existence serait ré-
vélée.

Déclarations d'état-civil

Les vendeurs déclarent, sous la foi du serment :

Qu'ils sont mariés en premières noces sous le régime de
la communauté légale de biens, à défaut de contrat notarié
préalable à leur union célébrée à la mairie de ... le ...,
ainsi que le constate une copie de leur acte de mariage délivrée par M. le Maire de cette commune, représentée au greffier-notaire soussigné.

(Ou : Qu'ils sont mariés en premières noces sous le régime
de ... aux termes de leur contrat de mariage reçu par Me ...,
notaire à ..., le ...)

Et qu'ils ne sont et n'ont jamais été chargés d'aucune fonction emportant hypothèque légale.

Ou bien :

Qu'ils sont mariés, Mme ... en premières noces et M. ... en deuxièmes noces, sous le régime ... (Voir ci-dessus).

Que du premier mariage de M. ... sont issus deux enfants encore mineurs, Louis ... et Henri ..., placés sous la tutelle légale de leur père et ayant pour subrogé-tuteur M. ...

Qu'en dehors de cette tutelle il ne sont et n'ont jamais été chargés d'une fonction emportant hypothèque légale ;

L'acquéreur fera remplir, sur la présente acquisition, les formalités prescrites par la loi pour la purge des hypothèques légales, aux frais des vendeurs.

Désistement d'hypothèque légale

En tant que besoin serait, Mme ... déclare se désister en faveur de l'acquéreur, de l'effet de son hypothèque légale contre son mari, tant sur l'immeuble vendu que sur son prix.

Titres

Les vendeurs ont remis à l'acquéreur qui le reconnaît les titres énoncés en l'origine de propriété (ou : les titres suivants ...).

Domicile

Pour l'exécution des présentes, domicile est élu en les demeures respectives des parties.

Loi fiscale

Avant de clore, le greffier-notaire soussigné a donné lecture aux parties des articles 12 et 13 de la loi du 23 août 1871.

Dont acte.

SOIXANTE-HUITIÈME FORMULE
Vente à réméré

Par devant ...

Ont comparu ... (Voir formule précédente).

Lesquels, sous la réserve de droit de réméré ci-après exprimé, ont, par les présentes, vendu ... (Voir formule précédente).

(Ajouter, après les déclarations d'état-civil) :

Faculté de réméré

M. ... et Mme ... se réservent expressément pendant
... ans, à compter d'aujourd'hui, c'est-à-dire jusqu'au ...,
la faculté de réméré sur les immeubles présentement vendus,
en remboursant à M. ... en un seul paiement, en l'étude
du greffier-notaire soussigné, le prix de la présente vente et
les frais du contrat.

A défaut par M. et Mme ... d'avoir effectué ce remboursement dans le délai sus-indiqué, ils seront déchus de plein
droit de la faculté de réméré, et M. ... demeurera propriétaire incommutable des immeubles présentement vendus, sans
qu'il soit besoin d'aucun acte de procédure.

Titres

(Voir formule précédente.)

Origines de propriété

SOIXANTE-NEUVIÈME FORMULE
Immeuble provenant d'une concession faite par le domaine de l'État

L'immeuble qui vient d'être désigné dépend de la communauté qui existe entre les vendeurs (ou : appartient en propre
à M. ...) au moyen de la concession qui en a été faite à
M. ... par M. le Préfet du département de ... au nom du
domaine de l'État, suivant acte en la forme administrative en
date à ... du ... enregistré à ... le ... et transcrit au
bureau des hypothèques de ... le ... vol. ... n° ...

SOIXANTE-DIXIÈME FORMULE
Constructions édifiées par les vendeurs

Les vendeurs déclarent que les constructions existant sur
le lot urbain n° ... ont été édifiées par eux, de leurs deniers
personnels, sans conférer de privilège d'ouvrier ou entrepre-
neur.

SOIXANTE-ONZIÈME FORMULE
Immeuble soumis à l'application de la loi du 26 juillet 1873

L'immeuble ci-dessus désigné appartient au vendeur, ainsi

qu'il résulte d'un titre définitif établi en exécution de la loi
du 20 juillet 1873, par M. le Préfet du département de ...
au nom de l'Etat le ..., enregistré le ... et dont un double
a été déposé pour valoir transcription au bureau des hypothèques de ..., le ..., vol. ..., n° ...

SOIXANTE-DOUZIÈME FORMULE
Immeuble provenant d'acquisition

Cet immeuble appartient au vendeur (ou : dépend de la
communauté qui existe entre les vendeurs) au moyen de l'acquisition qu'il en a faite (ou : que le mari en a faite) de
M. ... et Mme ... son épouse, demeurant ensemble à ...,
aux termes d'un contrat reçu par Me ..., notaire à ...,
le ..., transcrit au bureau des hypothèques de ... le ...,
vol. ..., n° ...

Cette acquisition a été faite moyennant un prix de ... payé
comptant (ou : sur lequel il a été payé comptant la somme
de ...; quant au solde, il a été payé depuis ... ainsi que le
constate une quittance reçue par ... le ...).

Les vendeurs ont déclaré audit contrat de vente :

Qu'ils étaient mariés ... (Voir formule 67, déclarations
d'état-civil).

L'état délivré sur la transcription dudit contrat de vente
par M. le Conservateur du bureau des hypothèques de ...
le ... du chef des vendeurs et des précédents propriétaires,
n'a révélé l'existence d'aucune inscription, transcription, saisie ou mention.

SOIXANTE TREIZIÈME FORMULE
Immeubles provenant de succession

Cet immeuble appartient en propre à M. ... pour l'avoir
recueilli dans la succession de M. ..., son père, en son vivant propriétaire à ..., où il est décédé le ..., laissant le
vendeur pour seul héritier, ainsi que le constate un acte de
notoriété dressé par ... le ...

SOIXANTE-QUATORZIÈME FORMULE
Immeuble provenant d'un partage

Cet immeuble appartient en propre à M. ... au moyen de l'attribution qui lui en a été faite dans un acte de partage intervenu entre lui et 1° M. ... 2° M. ... ainsi qu'il résulte d'un acte reçu par ... le ...

Ce partage a été fait sans soulte (ou : moyennant une soulte de ... à la charge de M. ... payée le ... ainsi que le constate ...)

SOIXANTE-QUINZIÈME FORMULE
Immeuble provenant d'échange

L'immeuble vendu dépend de la communauté qui existe entre les vendeurs, au moyen de la cession à titre d'échange qui en a été consentie au mari par M. ... et Mme ..., son épouse, demeurant ensemble à ..., aux termes d'un contrat reçu par ... à ... le ... transcrit au bureau des Hypothèques de ... le ... volume ... n° ...

Cet échange a été fait sans soulte.

(Reproduire les déclarations d'état-civil des cédants et énoncer l'état requis sur la transcription comme en la formule 72. Établir aussi l'origine de propriété des immeubles cédés en contr'échange.)

SOIXANTE-SEIZIÈME FORMULE
Insertion à fin de purge d'hypothèques légales

Etude de M° ... greffier-notaire à ...

Suivant deux exploits, l'un de ... huissier à ... en date du ...; l'autre de ... huissier à ... en date du ..., enregistrés ;

Et à la requête de M. ... (acquéreur).

Notification a été faite :

1° A Mme ... épouse de M. ... (ou : au subrogé-tuteur) ;

2° Et à M. le Procureur de la République près le tribunal de première instance de ...

D'une expédition d'un acte dressé par le greffier du tribunal civil de ... le ... constatant le dépôt fait au greffe, à cette

date, de la copie colationnée d'un contrat reçu par M° ...,
greffier-notaire à ..., le ... contenant vente par M. ... à
M. ... moyennant un principal de ... d'une propriété sise
à ... (Désignation.)

Avec déclaration aux susnommés qu'ils aient à requérir, si
bon leur semble, dans le délai de deux mois, au bureau des
Hypothèques de ... toutes inscriptions d'hypothèque légale
qu'ils aviseront.

Et en outre avec déclaration particulière à M. le Procureur
de la République,

Que les anciens propriétaires des immeubles vendus sont :
1° M. ...

Et que ne connaissant pas tous ceux du chef desquels il
pourrait être pris des inscriptions pour cause d'hypothèque
légale, M. ... (acquéreur) fait faire la présente publication,
conformément à la loi.

(Signature du greffier-notaire.)

SOIXANTE DIX-SEPTIÈME FORMULE
Réquisition d'état sur transcription d'une vente

Le ...

Déposé au bureau des Hypothèques de ... pour être transcrite, l'expédition d'un contrat reçu par M° ..., greffier-
notaire à ..., le ... contenant vente par M. ... à M. ...,
d'une propriété sise à .. (Désignation succinte.)

Sur laquelle formalité, le soussigné requiert la délivrance,
en ce qui concerne les immeubles vendus :

De deux états, du chef des vendeurs et de 1° ..., 2° ...,
anciens propriétaires dénommés en l'origine de propriété.

Le premier, contenant les inscriptions de toute nature, encore subsistantes, en ce non compris l'inscription d'office.

Le second contenant, par extrait succint :

1° Les transcriptions de saisies et dénonciations de saisies ;

2° Les transcriptions des actes et jugements spécifiés dans
les articles 1 et 2 de la loi du 23 mars 1855 autres, toute-

fois, que les transcriptions énoncées en l'origine de propriété et celle présentement requise ;

3° Les transcriptions et mentions de jugement de résolution, nullité ou rescision spécifiées dans l'article 4 et le 3° alinéa de l'article 11 de la même loi.

(Signature du greffier-notaire.)

Retrait de réméré

352. C'est l'acte par lequel le vendeur à réméré (voir n° 326 et suivants) rembourse à son acquéreur le prix de la vente et les frais du contrat et reprend la possession de ses immeubles.

353. Par suite de ce rachat, le vendeur est censé n'avoir jamais cessé d'être propriétaire des immeubles.

354. On peut exercer l'action de réméré tant que le délai n'est pas expiré ou tant qu'on y a pas renoncé. Nous avons même vu sous le n° 328 que pour certaines ventes, on peut exercer le réméré après l'expiration du délai fixé.

355. Le vendeur qui exerce le réméré reprend son bien exempt de toutes les charges et hypothèques dont l'acquéreur l'aurait grevé.

SOIXANTE-DIX-HUITIÈME FORMULE
Retrait de réméré

Par devant ...

Ont comparu :

1° ... (Les vendeurs) ;

2° ... (L'acquéreur).

Lesquels ont d'abord exposé ce qui suit :

Suivant contrat reçu par Me ... notaire à ... le ..., M. ... et Mme ... ont vendu à M. ... une terre sise à ... (désignation) moyennant un prix de ... payé comptant.

Dans ce contrat, M. et Mme ... se sont réservé, pendant un an, la faculté de rentrer dans la propriété de l'immeuble vendu en remboursant à l'acquéreur le prix de la vente et les frais du contrat.

Une expédition de cet acte de vente a été transcrite au bureau des hypothèques de ... le ... volume ... n° ...

Retrait de Réméré

Ceci exposé :

M. ... et Mme ... usant de la faculté par eux réservée déclarent exercer le réméré de la terre ci-dessus désignée, et, par suite, reprendre cette terre.

En conséquence ils ont remboursé à M. ... qui le reconnaît, en bonnes espèces de monnaie ayant cours et en billets de banque de l'Algérie, comptés et délivrés à l'instant à la vue du greffier-notaire soussigné (ou : dès avant ce jour, hors la vue du greffier-notaire soussigné).

1° La somme de ... prix de la vente ;

2° Et celle de ... pour les frais du contrat.

Total ...

Dont quittance.

M. ... et Mme ... ont repris la jouissance dudit immeuble à partir d'aujourd'hui.

Ils sont censés n'avoir pas cessé d'en être propriétaires et M. ... (acquéreur) est censé ne l'avoir jamais possédé.

Remise leur a été faite de l'expédition du contrat de vente sus énoncé.

Dont acte.

Adjudication volontaire de meubles et d'immeubles

356. Les meubles et immeubles appartenant à des majeurs peuvent être vendus par adjudication volontaire aux enchères publiques devant un greffier-notaire.

357. Les adjudications de meubles doivent être précédées d'une déclaration faite au bureau de l'Enregistrement.

358. Aucune règle spéciale n'est prescrite pour les adjudications volontaires d'immeubles ; il est d'usage de les faire

précéder d'un cahier des charges et d'affiches publiques et insertions dans l'un des journaux de l'arrondissement.

SOIXANTE-DIX-NEUVIÈME FORMULE

Cahier des charges

Par devant ...

Ont comparu ...

M. ... et Mme ... son épouse qu'il autorise, demeurant ensemble à ...

Lesquels ont dit, qu'étant dans l'intention de vendre aux enchères publiques, par le ministère du greffier-notaire soussigné, divers immeubles situés à ..., ils se présentent devant ledit greffier-notaire pour faire établir la désignation et l'origine de propriété des immeubles à vendre ainsi que les charges et conditions de l'adjudication.

Ce qui a été fait de la manière suivante :

Désignation

. . . .

Origine de propriété

... (Voir formules n°s 60 et suivants).

Conditions

ARTICLE PREMIER. — *Garantie*

L'adjudicataire sera tenu de prendre l'immeuble dont il s'agit et ses dépendances, dans l'état où le tout se trouvera le jour de l'adjudication. Il n'y aura aucune garantie ni répétition de part ni d'autre pour raison, soit de mitoyennetés, soit de dégradation ou de vetusté, soit enfin d'erreur dans la contenance, la différence en plus ou en moins excédât-elle même un vingtième, devant faire le profit ou la perte de l'adjudicataire.

ARTICLE DEUX. — *Servitudes*

L'adjudicataire jouira ... etc. (Voir formule n° 67 aux conditions).

ARTICLE TROIS. — *Entrée en jouissance*

L'adjudicataire sera propriétaire de l'immeuble vendu par

le seul fait de l'adjudication, et il entrera en jouissance à compter du . . .

ARTICLE QUATRE. — *Contributions*

Il acquittera les Contributions de toute nature auxquelles ledit immeuble peut et pourra être assujetti, à compter du . . .

ARTICLE CINQ. — *Assurance contre l'incendie*

L'adjudicataire sera subrogé par le seul fait de l'adjudication dans les droits du vendeur résultant de toute police d'assurance contre l'incendie, qui aurait pu être contractée avec quelque Compagnie que ce soit ; et il acquittera, à compter du jour de son entrée en jouissance, les primes ou cotisations qui pourraient être dues à ce sujet, et ce, de manière que le vendeur ne soit nullement inquiété ni recherché.

Ledit adjudicataire sera tenu de continuer cette assurance jusqu'au paiement de son prix, et, à cet effet, de déclarer sans délai à la Compagnie d'assurances la mutation opérée à son profit et de la faire mentionner sur la police.

ARTICLE SIX. — *Frais*

L'adjudicataire paiera en sus et sans diminution de son prix, dans les huit jours de l'adjudication, entre les mains de M⁣ᵉ. . . greffier-notaire soussigné, les frais d'affiches et de publication de la vente, et les frais des présentes, desquels frais le montant sera annoncé publiquement au moment de l'adjudication.

Il paiera en outre tous les frais quelconques auxquels l'adjudication donnera ouverture.

ARTICLE SEPT. — *Transcription et purge*

L'adjudicataire devra faire transcrire au bureau des hypothèques de . . . une expédition du cahier des charges et du procès-verbal d'adjudication, et il remplira, si bon lui semble, les formalités prescrites par la loi pour purger les hypothèques légales, le tout à ses frais et dans un délai de quatre mois à partir du jour de l'adjudication. Si par suite, il y a ou survient des inscriptions grevant l'immeuble vendu, autres que celles pour raison desquelles il y aurait indication de paiement ou délégation, le vendeur sera tenu d'en rapporter immédiatement main-levée et certificat de radiation à ses frais.

ARTICLE HUIT. — *Paiement du prix*

Le prix d'adjudication sera payable de la manière suivante, savoir : ...

L'adjudicataire aura à payer les intérêts de son prix à partir du jour de l'entrée en jouissance, au taux de ... payables par ...

ARTICLE NEUF. — *Privilége et action résolutoire*

Indépendamment de l'action résolutoire qui appartient au vendeur, l'immeuble ci-dessus désigné demeurera spécialement affecté par privilége au paiement du prix, avec tous intérêts, frais et autres accessoires, et à l'exécution des charges, clauses et conditions de la vente.

ARTICLE DIX. — *Prohibition de détériorer l'immeuble vendu*

Avant le paiement intégral de son prix, l'adjudicataire ne pourra faire aucun changement notable et aucune démolition, ni commettre aucune détérioration dans les biens, à peine d'être contraint immédiatement au paiement de son prix si le vendeur le juge à propos.

ARTICLE ONZE. — *Remise de titres*

. . . .

ARTICLE DOUZE. — *Mode des enchères*

L'adjudication sera faite au plus offrant et dernier enchérisseur; elle ne pourra être prononcée qu'à l'extinction des feux dont le dernier aura brûlé et sera éteint sans nouvelles enchères. Les enchères seront portées de vive voix ; on ne constatera que la dernière.

ARTICLE TREIZE. — *Mises*

Les mises ne pourront être moindres de ... fr.

ARTICLE QUATORZE. — *Déclaration de command*

Quiconque se sera rendu adjudicataire pour autrui, sera

tenu d'en passer la déclaration de command dans les vingt-quatre heures, et si la déclaration de command n'est pas agréée par le vendeur, l'adjudicataire restera solidairement obligé avec le command qu'il se sera substitué, au paiement du prix et à l'exécution des clauses et conditions de l'enchère.

ARTICLE QUINZE. — *Solidarité des acquéreurs*

S'il est déclaré plusieurs adjudicataires ou commands, il y aura solidarité entre eux et les droits et actions tant personnels que réels des vendeurs seront indivisibles à leur égard.

ARTICLE SEIZE. — *Élection de domicile*

L'adjudicataire devra faire immédiatement, lors de l'adjudication, une élection de domicile dans l'arrondissement de ... et dans le cas où il n'en ferait pas, ce domicile serait élu de plein droit en l'étude à ... du greffier-notaire soussigné.

Pour le vendeur, domicile est élu dès maintenant à ... en l'étude de Me ...

ARTICLE DIX-SEPT. — *Mise à prix*

L'immeuble dont s'agit sera adjugé sous les charges, clauses et conditions sus-exprimées, sauf les modifications qui pourraient y être apportées, dans le délai de la loi, sur la mise à prix de ...

ARTICLE DIX-HUIT. — *Caution*

L'adjudicataire, s'il en est requis, fournira une caution bonne et solvable qui s'obligera solidairement avec lui au paiement du prix de l'adjudication en principal et accessoires et à l'exécution entière et ponctuelle de toutes les charges, clauses et conditions.

ARTICLE DIX-NEUF — *Fixation du jour de l'adjudication*

L'adjudication est fixée au ... à ... heures, à ..., en l'étude du greffier-notaire soussigné.

(Déclarations d'état-civil.)

Dont acte ... etc.

Adjudication

Et cejourd'hui ..., à ... heures du ..., à ..., en l'étude,

Devant . . .

A comparu . . .

Lequel a dit qu'étant dans l'intention de vendre par adjudication l'immeuble ci-après désigné, il a, suivant acte reçu par le greffier-notaire soussigné, le . . ., fait dresser le cahier des charges contenant les clauses et conditions sous lesquelles la vente devra se faire ;

Qu'il a fait annoncer par voie d'insertions dans les journaux de . . . que ladite vente se ferait aux jour, heure et lieu sus-indiqués ;

Que les frais faits pour parvenir à la vente et qui sont à la charge de l'adjudicataire s'élèvent à la somme de . . ., dont détail suit, savoir : . . .

Et qu'il requiert Me . . ., greffier-notaire soussigné, de procéder à l'adjudication dudit immeuble sous les charges, clauses et conditions énoncées dans le cahier des charges susrelaté ;

Obtempérant à cette réquisition, Me . . . a donné lecture dudit cahier des charges et de tout ce qui précède et a procédé à l'adjudication en question comme suit, à l'extinction des feux, ayant chacun la durée d'environ une minute.

L'immeuble à vendre comprend :

Une maison . . .

Ledit immeuble, mis aux enchères sur la mise à prix de . . ., a été porté, après plusieurs mises (ou une seule mise), à la somme de . . . par M. . . .

Trois bougies allumées successivement s'étant successivement éteintes sans nouvelle enchère, ledit M. . . ., à ce présent et acceptant, a été déclaré adjudicataire dudit immeuble pour le prix de . . . outre les charges.

Et après lecture faite, il a signé . . .

De tout quoi a été dressé le présent procès-verbal.

Les jour, mois et an que dessus.

Et après lecture faite, le comparant et M. . . . ont signé avec les témoins et le notaire. — Dont acte.

Vente de fonds de commerce

359. Tout commerce licite peut faire l'objet d'une vente volontaire ou aux enchères publiques.

360. Il est d'usage de ne verser le prix au vendeur que dix jours après l'insertion d'un extrait de la vente, dans un journal de l'arrondissement.

361. Aux termes de l'article 8 de la loi du 28 février 1872, le greffier-notaire qui reçoit une vente de fonds de commerce doit donner lecture aux parties des articles 12 et 13 de la loi du 23 août 1871 (Voir n° 205).

362. Les fonds de commerce appartenant à des mineurs ou interdits ne peuvent être vendus volontairement.

QUATRE-VINGTIÈME FORMULE
Vente d'un fonds de commerce

Par devant . . .

A comparu :

M. . . .

Lequel a, par les présentes, vendu en s'obligeant à toutes les garanties de droit,

A M. . . .,

Ici présent et qui accepte,

Le fonds de commerce de . . . que M. . . . exploite et fait valoir dans une maison sise à . . ., appartenant à . . ., ledit fonds connu sous le nom de . . .

Il consiste dans les pratiques et achalandages qui y sont attachés et dans les différents effets mobiliers et ustensiles servant à son exploitation, tels qu'ils sont détaillés et estimés dans un état dressé par les parties sur une feuille de papier au timbre de . . ., lequel état à enregistrer avec les présentes est demeuré ci-annexé après avoir été certifié véritable et après mention.

Tel que le tout se produit et comporte, sans aucune exception ni réserve.

Jouissance

En vertu des présentes et à compter d'aujourd'hui, l'acquéreur aura la possession et la jouissance du fonds vendu.

Conditions

La présente vente est faite à la charge par l'acquéreur qui s'y oblige.

1° De prendre ledit fonds et les effets mobiliers en dépendant dans l'état où le tout se trouve actuellement ;

2° D'acquitter, à compter du ..., les contributions de patente, mobilière, personnelle et autres auxquelles l'exploitation de ce fonds peut donner lieu, et de satisfaire à toutes les charges de ville et de police, de manière que le vendeur ne soit pas inquiété ou recherché à ce sujet ;

3° Et de payer tous les frais, droits et honoraires des présentes.

Prix

En outre, la présente vente est consentie et acceptée moyennant un prix de ... (Voir formule n° 67, au prix).

(Si le prix est représenté par des billets à ordre souscrits par l'acquéreur) :

Pour faciliter à M. ... (vendeur) la disposition du prix de la présente vente, M. ... (acquéreur) lui a souscrit trois billets à ordre de la somme de ... chacun, causés valeur en un fonds de commerce de ... et payables aux époques ci-dessus stipulées. Ces billets ne feront qu'une seule et même chose avec les présentes, et leur acquit opérera la libération du prix de la présente vente.

Comme condition essentielle des présentes, M. ... (vendeur) s'interdit expressément la faculté de former ou faire valoir, directement ou indirectement, aucun autre établissement de ... dans la ville de ... pendant un délai de ... à peine de payer à M. ... (acquéreur), à titre de dommages-intérêts la somme de ... et sans préjudice du droit qu'aurait ce dernier de faire fermer le nouvel établissement.

(Si le prix n'est pas payé comptant) :

A la sûreté et garantie du paiement de la somme de ...,
solde du prix de la vente, le fonds de commerce présentement
vendu demeure affecté par privilège spécial expressément réservé au vendeur.

Domicile

Pour l'exécution des présentes, domicile est élu en les demeures respectives des parties.

Loi fiscale

Avant de clore, le greffier-notaire soussigné a donné lecture aux parties des articles 12 et 13 de la loi du 23 août 1871.

Dont acte.

QUATRE-VINGT-UNIÈME FORMULE
Modèle d'insertion pour une vente de fonds de commerce

Etude de Me ..., greffier-notaire à ..., le ...

Suivant contrat reçu par Me ..., greffier-notaire à ...,
le ..., M. ... a vendu à M. ... le fonds de commerce de
... qu'il exploitait et faisait valoir à ..., dans une maison
appartenant à ..., ledit fonds connu sous le nom de ...

Aux prix et conditions stipulés en l'acte.

En cas d'opposition, s'adresser dans les dix jours à Me ...

Transport ou cession de créance chirographaire

363. Nous ne nous occuperons ici que des actes constatant le transport d'une créance chirographaire, c'est-à-dire
d'une créance non garantie par une hypothèque.

364. S'il s'agissait d'une créance hypothécaire, l'acte de
transport dressé par un greffier-notaire au titre deux ne pourrait contenir la subrogation dans le bénéfice des inscriptions.

365. La cession de créances ou autres droits ou actions
sur un tiers constitue une véritable vente; elle est soumise
aux mêmes règles et produit les mêmes effets.

366. On peut céder un droit réméré.

367. Dans le transport d'une créance, d'un droit ou d'une action, la délivrance s'opère entre le cédant et le cessionnaire par la remise du titre.

368. Toutes cessions de loyers ou fermages non échus portant sur trois années et au-delà, doivent être transcrites au bureau des hypothèques de la situation des biens.

369. Tout acte de transport doit être signifié par huissier au débiteur ou être accepté par celui-ci par un acte authentique.

QUATRE-VINGT-DEUXIÈME FORMULE
Transport de créance

Par devant . . .

A comparu :

M. . . .

Lequel a, par les présentes, cédé et transporté sans autre garantie que celle de sa qualité de créancier (ou : avec garantie de la solvabilité actuelle et future du débiteur).

A M. . . .

Ici présent et qui accepte,

La somme de . . . due au comparant par M. . . . en vertu d'un acte . . .

Le concessionnaire disposera de ladite somme comme de chose lui appartenant en pleine propriété et jouissance à compter d'aujourd'hui. En conséquence, il touchera ladite somme de M. . . . (débiteur) ou de tous autres qu'il appartiendra, sur ses simples quittances, et il aura droit aux intérêts dont elle est productive, à partir du . . .

A l'effet de quoi, le cédant met et subroge le cessionnaire dans tous ses droits et actions contre M. . . . (débiteur), auquel le présent transport sera signifié.

Le présent transport est consenti et accepté moyennant une somme de . . . que M. . . . (cédant) reconnaît avoir reçue de M. . . . (cessionnaire) en bonnes espèces de monnaie ayant

cours et en billets de banque d'Algérie, comptés et délivrés à
l'instant à la vue du greffier-notaire soussigné (ou : dès avant
ce jour, hors la vue du greffier-notaire soussigné).

Dont quittance.

Le cédant a remis au cessionnaire, qui le reconnaît, le titre
de sa créance.

Pour l'exécution des présentes, domicile est élu en les demeures respectives des parties.

Dont acte.

Cession de droits successifs

370. C'est l'acte par lequel un héritier vend tout ou partie
des droits qu'il peut avoir dans une succession qui lui est
échue.

371. On ne peut céder ses droits à la succession d'une personne vivante.

372. Lorsque les droits ont été vendus à une personne non
successible du défunt, les autres héritiers ou l'un d'eux peuvent lui rembourser le prix de la cession, ainsi que les intérêts et les frais, et devenir ainsi propriétaires des droits de
l'héritier cédant. C'est ce qu'on appelle le « Retrait succes-
soral ».

373. Si la cession comprend des droits immobiliers, l'acte
doit être transcrit au bureau des hypothèques de la situation
des biens.

QUATRE-VINGT-TROISIÈME FORMULE
Cession de droits successifs

Par devant ...

A comparu :

M. ...

Héritier pour ... de M. ... son ..., en son vivant ...
à .. , décédé à ... le ..., ainsi que le constate ...

lequel a, par les présentes, cédé et transporté, sans autre garantie que celle de sa qualité d'héritier,

A M. . . .

Ici présent et qui accepte :

Tous les droits successifs mobiliers et immobiliers, tant en fonds et capitaux qu'en fruits et revenus échus et à échoir, revenant au cédant dans la succession de M. . . ., son . . ., sans exception ni réserve.

Le cessionnaire disposera des droits cédés comme de choses lui appartenant en pleine propriété et jouissance, à partir d'aujourd'hui.

A l'effet de quoi le cédant met et subroge le cessionnaire dans tous ses droits et actions concernant ladite succession.

Le présent transport est fait à la charge par le cessionnaire qui s'y oblige :

1° D'acquitter la portion dont le cédant peut être tenu dans les dettes et charges de la succession ; pour l'Enregistrement, cette portion est évaluée à la somme de . . . ;

2° Et de payer tous les frais, droits et honoraires des présentes.

En outre, le présent transport a lieu à forfait moyennant la somme de . . . que M. . . . reconnaît avoir reçue de M. . . . en bonnes espèces de monnaie ayant cours et en billets de banque d'Algérie, comptés et délivrés à l'instant à la vue du greffier-notaire soussigné (ou : dès avant ce jour, hors la vue du greffier-notaire soussigné) :

Dont quittance définitive et sans réserve.

Une expédition du présent contrat sera transcrite au bureau des hypothèques de . . .

M. . . . (cédant) déclare . . .

(Etat-civil.)

Qu'il n'a reçu aucune somme ou valeur ni disposé d'aucun des objets de la succession,

Et qu'il ne lui est rien dû par cette succession.

Pour l'exécution des présentes, domicile est élu en les demeures respectives des parties.

Dont acte.

———

Echange

374. L'échange est un contrat par lequel les parties se donnent respectivement une chose pour une autre.

375. On appelle soulte ou retour la somme qui est donnée par un co-échangiste à l'autre, en compensation de la différence de valeur des objets échangés.

376. Toutes les règles de la vente s'appliquent à l'échange (Voir nos 309 et suivants).

377. L'acte d'échange doit être transcrit au bureau des hypothèques de la situation des biens.

378. Le greffier-notaire qui reçoit un contrat d'échange doit donner lecture aux parties des articles 12 et 13 de la loi du 23 août 1871 (Voir n° 205).

QUATRE-VINGT-QUATRIÈME FORMULE
Echange d'immeubles

Par devant ...

Ont comparu :

1° M. ... et Mme ... son épouse qu'il autorise, demeurant ensemble à ...

D'une part ;

2° M. ... et Mme ..., etc.

D'autre part.

Lesquels ont fait entre eux l'échange suivant.

M. et Mme ... cèdent à titre d'échange, en s'obligeant solidairement à toutes les garanties de droit,

A M. et Mme ..., qui acceptent. (Désignation.)

En contre-échange, M. et Mme cèdent en s'obligeant solidairement aux mêmes garanties.

A M. et Mme ..., qui acceptent.

(Désignation.)

Origine de propriété

I. Immeubles cédés par M. et Mme ... (Voir formules n°s 69 et suivants).

II. Immeubles cédés par M. et Mme ... (Voir mêmes formules).

Jouissance

Chacun des échangistes aura la propriété et la jouissance de l'immeuble à lui cédé à compter d'aujourd'hui.

Conditions

1° Les échangistes prendront les immeubles à eux cédés dans l'état où ils se trouvent actuellement, sans garantie de leur part soit pour le bon ou mauvais état des constructions, soit pour les contenances sus-indiquées, quand même la différence en plus ou en moins serait supérieure à un vingtième;

2° Ils supporteront les servitudes de ..., etc.;

3° Ils acquitteront, à compter du ..., etc. (Voir formule de la vente n° 67, aux conditions);

4° Ils paieront, chacun pour moitié, les frais, droits et honoraires des présentes et de leurs suites.

Soulte

Le présent échange a eu lieu sans soulte ni retour de part et d'autre.

Ou : Le présent échange a eu lieu moyennant une soulte de ... à la charge de M. et Mme ...; laquelle somme ces derniers s'obligent solidairement à payer à M. et Mme ... le ..., et à leur en servir les intérêts au taux de ... payables par ... à compter du ...

Formalités ...

État-civil ...

Titres ...   } Voir formule de la

Désistement d'hypothèque légale ...   }   vente n° 7.

Loi fiscale ...

Domicile ...

Évaluation

Pour la perception des droits d'Enregistrement, les immeubles échangés sont évalués, savoir :

Celui cédé par les époux ... à la somme de ...

Celui cédé par les époux ... à la somme de ...

Dont acte.

———

Baux et résiliation de baux

379. Le louage des choses est un contrat par lequel l'une des parties s'oblige à faire jouir l'autre d'une chose pendant un certain temps et moyennant un certain prix.

380. Le louage des maisons et des meubles se nomme « Bail à loyer » ; celui des immeubles ruraux se nomme « Bail à ferme ».

381. La femme séparée de biens ou ayant, d'après son contrat de mariage, le droit d'administrer sa fortune, peut louer ses biens sans l'autorisation de son mari.

382. Le mineur émancipé peut louer seul ses biens, mais pour une durée n'excédant pas neuf années.

383. Sous le régime de la communauté, le mari peut louer seul les biens de sa femme, mais en cas de dissolution de la communauté, les baux qu'il aurait consentis pour plus de neuf ans, ne sont obligatoires pour la femme ou ses héritiers que pour le temps qui reste à courir, soit de la première période de neuf ans, si les parties s'y trouvent encore, soit de la seconde, et ainsi de suite.

384. Les baux de neuf ans et au-dessus que le mari seul a passés ou renouvelés des biens de sa femme, plus de trois ans avant l'expiration du bail courant, s'il s'agit de biens ruraux, et plus de deux ans avant la même époque s'il s'agit de maisons, sont sans effet à moins que leur exécution n'ait commencé avant la dissolution de la communauté.

385. Les biens appartenant à des mineurs peuvent être loués par leur tuteur, mais la durée ne doit pas excéder neuf années. Pour le renouvellement de ces baux, voir l'alinéa qui précède.

386. Le débiteur dont les biens sont saisis ne peut plus les donner à bail.

387. Le preneur a le droit de sous-louer et même de céder son bail à un autre si cette faculté ne lui a pas été interdite.

388 — Si le bailleur vend la chose louée, l'acquéreur ne peut expulser le locataire ou fermier en vertu d'un bail authentique ou ayant date certaine, c'est-à-dire un bail sous seings privés enregistré.

389. Les baux d'une durée de dix-huit années et les baux contenant quittance de trois années de loyers ou fermages non échus, doivent être transcrits au bureau des hypothèques de la situation des biens.

390. On appelle bail partiaire ou à moitié fruits, celui par lequel le propriétaire d'une terre la donne à cultiver à un individu appelé colon partiaire moyennant un prix qui consiste en une quote-part des fruits produits par l'immeuble loué.

391. Le bail emphythéotique est celui qui est fait à longue durée, avec cession des droits du propriétaire, sans pouvoir excéder 99 ans, avec faculté pour le preneur d'améliorer l'immeuble loué, d'y faire telles plantations et constructions que bon lui semble, lesquelles restent en fin de bail la propriété du bailleur, sans indemnité.

392. Le bail à cheptel est un contrat par lequel l'une des parties donne à l'autre un fonds de bétail, pour le nourrir et le soigner et aussi pour le faire fructifier et en tirer parti, sous les conditions convenues entre elles.

393. Le bail à cheptel simple est un contrat par lequel

une personne donne à une autre des bestiaux à garder, nourrir et soigner, à condition que le preneur profitera de la moitié du croît et qu'il supportera la moitié de la perte.

304. Si le cheptel périt en entier sans la faute du preneur, la perte en est pour le bailleur ; s'il ne périt qu'en partie, la perte est supportée en commun d'après le prix de l'estimation originaire et celui de l'estimation à l'expiration du cheptel.

305. Le cheptel à moitié est une société dans laquelle chacun des contractants fournit la moitié des bestiaux qui demeurent communs pour le profit ou la perte.

306. Le bail de services ou d'industrie est un contrat par lequel l'une des parties s'engage, moyennant un prix que l'autre partie s'oblige à payer, à faire quelque chose pour celle-ci ou à lui fournir temporairement ses services.

307. On ne peut stipuler un engagement à vie.

QUATRE-VINGT-CINQUIÈME FORMULE
Bail d'immeubles (maison et terres)

Par devant M⁰ ...

A comparu :

M. ...

Lequel a, par les présentes, donné à bail ... pour années consécutives qui commenceront à courir le ... (ou : pour trois, six ou neuf années qui commenceront à courir le ... avec faculté pour M ... (ou : pour chacune des parties) de faire cesser le bail à l'expiration de la 3e ou de la 6e année, en prévenant ... mois à l'avance)

A M. ...

Ici présent et qui accepte,

Les immeubles ci-après désignés :

Désignation

. . . .

Tels que ces immeubles existent, se poursuivent et comportent avec toutes leurs appartenances et dépendances, sans

aucune exception ni réserve, le preneur déclare les bien
connaître.

Conditions

Le présent bail est fait sous les charges et conditions
suivantes que le preneur s'oblige à exécuter.

1° De prendre les immeubles loués dans l'état où ils se
trouvent actuellement ;

2° De tenir la maison louée constamment garnie de meubles et effets mobiliers en quantité et de valeur suffisantes
pour répondre du paiement des loyers ;

3° D'entretenir la maison en bon état de réparations locatives ;

4° D'entretenir le jardin en bon état de culture, sans
pouvoir en changer la destination actuelle ;

5° De tailler les arbres et la vigne en temps et saisons
convenables ;

6° De ne pouvoir céder son droit au bail ni sous louer en
tout ou partie sans le consentement formel et par écrit du
bailleur ;

7° De cultiver, labourer, fumer, ensemencer les terres
labourables en temps et saisons convenables ;

8° De ne pouvoir réclamer aucune diminution du fermage,
ni indemnité, pour cause de grêle, gelée, sécheresse, inondation, feu du ciel, sauterelles ou autres cas fortuits prévus
ou imprévus, qui le priveraient de tout ou partie des récoltes ;

9° Et de payer tous les frais, droits et honoraires des
présentes ou de leurs suites.

Loyer (ou : fermage)

En outre le présent bail est consenti et accepté moyennant
un loyer (ou : fermage) annuel de ... que le preneur
s'oblige à payer au bailleur, en la demeure de celui-ci par ...
et d'avance (ou : à terme échu) à compter du ...

A défaut de paiement exact à son échéance d'un seul
terme dudit loyer (ou : fermage) et quinze jours après un

simple commandement de payer resté infructueux, le présent bail pourra être résilié de plein droit, si bon semble au bailleur, sans qu'il soit besoin de remplir aucune autre formalité judiciaire.

(S'il y a une caution) :

Cautionnement

Aux présentes est à l'instant intervenu M. . . . lequel, après avoir pris connaissance de tout ce qui précède par la lecture que lui en a donnée le greffier-notaire soussigné, a déclaré se porter caution et répondant solidaire du preneur envers le bailleur et par suite s'obliger solidairement avec ledit preneur au paiement des loyers (ou : fermages) et à l'entière exécution des conditions du bail.

Extension de compétence

En cas de difficultés quelconques relativement au présent bail, les parties consentent formellement qu'elles soient tranchées en dernier ressort par M. le Juge de paix de . . . dont elles prorogent la compétence, même en ce qui concerne la résiliation du bail.

Domicile

Pour l'exécution des présentes, domicile est élu en les demeures respectives des parties.

Dont acte.

QUATRE-VINGT-SIXIÈME FORMULE
Bail partiaire ou à moitié fruits

Par devant Me . . .

A comparu : M. . . .

Lequel a, par les présentes, donné à ferme et à moitié fruits, pour . . . années.

(Voir formule précédente et ajouter aux conditions celles suivantes) :

Le preneur fera à ses frais tous les travaux de culture et d'exploitation, ainsi que tous les travaux de moisson, de récolte et de vendange.

Les semences nécessaires pour la terre louée seront fournies moitié par le bailleur, et moitié par le preneur.

Les fruits et récoltes seront partagés sur le champ par moitié entre le bailleur et le preneur.

La portion revenant au bailleur sera transportée à ... par le preneur.

Pour la perception des droits d'enregistrement, les parties évaluent la portion à revenir annuellement au bailleur dans les différents produits des biens loués, à la somme de...

Domicile... (Voir formule précédente).

QUATRE-VINGT-SEPTIÈME FORMULE
Bail par adjudication

Par devant...

A comparu :

M. ...

Lequel a dit qu'étant dans l'intention de louer aux enchères publiques, par le ministère du greffier-notaire soussigné, divers immeubles situés à ... il se présente devant le dit greffier-notaire, pour faire établir la désignation des biens à louer, ainsi que les charges et conditions de l'adjudication.

Ce qui a été fait de la manière suivante :

Désignation

Premier lot ...

Durée du bail

Les immeubles ci-dessus désignés seront loués pour une durée de ... années consécutives, à partir du ...

Conditions

(Voir les conditions, formules nº 85).

Loyer ou fermage

Chaque adjudicataire paiera son loyer (ou : fermage) par... et d'avance (ou : à terme échu) à partir du ... en la demeure du bailleur.

A défaut de paiement ... (Voir formule nº 85).

Ce cahier des charges ainsi établi, le greffier-notaire soussigné en a donné lecture aux personnes réunies et a procédé à l'adjudication, ainsi qu'il suit :

Premier lot

Le premier lot ayant été mis en adjudication, diverses enchères ont été portées, dont la dernière par M. ... a élevé le prix à la somme de . .

Deux bougies successivement allumées s'étant successivement éteintes sans nouvelle enchère, M. ... a été déclaré adjudicataire du premier lot, moyennant outre les charges, un loyer (ou fermage) annuel de ...

Deuxième lot

. . . .

De tout ce que dessus, il a été dressé le présent procès-verbal pour l'exécution duquel les parties font élection de domicile en leurs demeures respectives sus-indiquées.

L'an ..., le ...

Avec l'assistance de MM. ...

Témoins instrumentaires ...

Lecture faite ...

QUATRE-VINGT-HUITIÈME FORMULE
Résiliation de bail

Par devant Me ...

Ont comparu :

1° M. ...

2° Et M. ...

Lesquels ont, par les présentes, déclaré résilier purement et simplement à compter du ... le bail consenti par M. ... à M. ..., pour ... années à partir du ... d'une terre ... moyennant un fermage annuel de ... payable par ... suivant acte reçu par ... le ...

Cette résiliation ne donnera lieu à aucune indemnité de part ni d'autre.

Dont acte.

QUATRE-VINGT-NEUVIÈME FORMULE
Cheptel simple

Par devant ...

A comparu :

M. .

Lequel a, par les présentes, donné à cheptel simple pour ... années ... (Voir formule n° 85).

A M. ...

Ici présent et qui accepte.

Le fonds de bétail dont la désignation suit :

1° ... (Désigner et estimer).

M. ... (le preneur) se reconnaît en possession du dit fonds de bétail.

Le présent bail est fait sous les conditions suivantes :

1° Le premier profitera seul du laitage et du fumier des animaux ; les laines et le croît seront partagés par moitié entre lui et le bailleur ;

2° Le preneur devra nourrir à ses frais tous les bestiaux, les garder, soigner et loger convenablement ;

3° La tonte ne pourra être faite qu'en la présence du bailleur ;

4° Le preneur devra remplacer les animaux qui viendraient à périr ou à se perdre par sa faute ou sa négligence ;

5° Il ne pourra disposer d'aucune tête ni du croît sans le consentement du bailleur ;

6° A l'expiration du bail, il sera fait une estimation du cheptel par deux experts nommés par les parties et le bailleur prélèvera des animaux à son choix jusqu'à concurrence de la somme de ..., le surplus sera partagé par moitié entre les parties.

Pour l'enregistrement, le produit annuel pouvant revenir au bailleur est évalué à la somme de ...

Les frais des présentes seront supportés par ...

Pour l'exécution des présentes ..., etc.

Dont acte.

QUATRE-VINGT-DIXIÈME FORMULE
Bail d'industrie

Par devant ...

Ont comparu ...

M. ...

D'une part :

Et M. ...

D'autre part.

Lesquels ont fait et arrêté les conventions suivantes :

M. ... engage à son service, en qualité de commis, pour (indiquer le commerce) M. ... qui accepte et qui s'oblige :

1° A exécuter ponctuellement tous les ordres et à remplir fidèlement toutes les missions, fonctions et commissions qu'il plaira à M. ... de lui donner et confier ;

2° A se mettre pendant tout le jour et tout le temps destiné aux affaires, à la disposition de son patron, pour l'emploi auquel il est appelé ;

3° A ne prêter le concours de son industrie et de son entremise à aucun autre négociant, pendant toute la durée du présent traité ;

4° A ne divulguer aucune des opérations ou affaires de la maison ... ;

5° A rendre chaque jour à son patron un compte fidèle et exact des affaires traitées par son intermédiaire ;

6° Enfin à mettre sans réserve et exclusivement au service de son patron et dans toutes les affaires, toute son aptitude, sa pratique et sa probité.

Dans le cas où M. ... contreviendrait à l'une ou plusieurs de ces dispositions, M. ... aura le droit, ou de résilier le présent contrat immédiatement et sans indemnité, ou de fixer lui-même d'après la perte éprouvée, l'importance du dédommagement à lui dû et de la retenir sur les gages de M. ... ; en cas de difficultés à cet égard, la contestation sera soumise à l'arbitrage de deux anciens négociants choisis par les parties et dont la décision sera souveraine et sans appel.

La durée du présent traité est fixée à .. ans, à partir du ... avec faculté pour chacune des parties de résilier quand bon lui semblera, en se prévenant réciproquement ... mois à l'avance.

Moyennant la stricte observation et exécution des engagements pris par M. ..., M. ... s'oblige à lui payer, pendant toute la durée des présentes conventions, un gage ou appointement de ... francs par mois, lequel sera exigible par .... sans réduction ni retenue autres que celles pouvant résulter des dédommagements prévus ci-dessus.

En cas de déplacement ou de voyage pour le compte de la maison, les frais de transport et de nourriture, aller, séjour et retour, seront supportés par ...

Pour l'exécution des présentes, domicile est élu ...

Tous les frais, droits et honoraires auxquels les présentes donneront ouverture seront supportés par ...

Dont acte.

Cession de Bail ou sous-location

398. Le preneur a le droit de sous-louer et même de céder son bail à une autre personne, si cette faculté ne lui a pas été interdite, mais il demeure toujours responsable du paiement du prix et de l'exécution des conditions du bail.

399. Celui qui cultive sous la condition d'un partage de fruits avec le bailleur (bail partiaire), ne peut ni sous-louer, ni céder, si la faculté ne lui en a pas été accordée expressément dans le bail.

QUATRE-VINGT-ONZIÈME FORMULE
Cession de Bail

Par devant ...

A comparu :

M. ...

Lequel, en vertu de la faculté par lui réservée dans le contrat ci-après énoncé, a par les présentes cédé et transporté sans aucune garantie que celle de ses faits personnels.

A M. . . .

Ici présent et qui accepte.

Tous ses droits pour le temps qui en reste à courir à compter du . . . au bail d'une terre sise . . . (désignation) qui lui a été consenti pour une durée de . . . expirant le . . . par M. . . . moyennant un loyer (ou fermage) annuel de . . . payable par . . . suivant acte reçu par . . . le . . .

Ce transport est fait à la charge par M. . . . qui s'y oblige, de payer au lieu et place de M. . . . à compter du . . . le loyer (ou fermage) ci-dessus mentionné, et d'exécuter toutes les conditions du dit bail.

Il a lieu, en outre, moyennant une somme de . . . que M. . . . reconnaît avoir reçue . . . (ou payable le . . .)

Pour l'exécution des présentes . . .

Dont acte.

Sociétés

398 bis. Les greffiers-notaires au titre deux n'étant appelés que très rarement à recevoir des actes de société, nous ne donnerons ici que quelques indications générales sur les sociétés et que les formules des sociétés les plus usitées.

399 bis. La société est un contrat par lequel deux ou plusieurs personnes conviennent de mettre quelque chose en commun dans la vue de partager le bénéfice qui pourra en résulter.

400. Les sociétés sont civiles ou commerciales selon l'objet auquel elles s'appliquent.

401. Toutes les sociétés qui ont pour objet les actes réputés commerciaux par les articles 632 et 633 du Code de commerce, sont commerciales ; les autres sont purement civiles.

402. Voici les différentes sortes de sociétés :

403. 1° La société universelle de tous biens présents, par laquelle les parties mettent en commun tous les biens meubles et immeubles qu'elles possèdent actuellement et tous les profits qu'elles pourront en tirer.

404. 2° La société universelle de gains, qui renferme tout ce que les parties acquerront par leur industrie, à quelque titre que ce soit, pendant le cours de la société. Les immeubles des associés n'y entrent que pour la jouissance.

Ces deux espèces de sociétés ne sont guère usitées.

405. 3° La société particulière, par laquelle plusieurs personnes s'associent soit pour une entreprise déterminée, soit pour l'exercice de quelque métier ou profession.

406. 4° La société en nom collectif, qui est celle contractée par deux ou un plus grand nombre de personnes solidairement entre elles, et ayant pour objet de faire le commerce sous une raison sociale.

407. 5° La société en commandite simple ou par actions, qui se contracte entre un ou plusieurs associés responsables et solidaires et un ou plusieurs associés simples bailleurs de fonds, qu'on appelle commanditaires.

408. 6° La société anonyme qui est constituée entre sept personnes au moins, qui n'existe point sous un nom social et qui n'est désignée par le nom d'aucun des associés.

409. Toute société commerciale et toutes conventions ultérieures modificatives des statuts de la société, doivent être publiées de la manière suivante :

Dans le mois de la constitution de la société une expédition de l'acte constitutif est déposée au greffe de la justice de paix et du Tribunal de commerce du lieu dans lequel est établie la société.

Dans le même délai, un extrait de l'acte constitutif est publié dans l'un des journaux de l'arrondissement.

Le tout à peine de nullité.

QUATRE-VINGT-DOUXIÈME FORMULE
Société civile particulière

Par devant ...

Ont comparu :

1° M. ...

2° M. ...

Lesquels ont arrêté de la manière suivante les statuts de la société civile intervenue entre eux.

Article 1er. — Il est formé entre les comparants une société ayant pour objet ...

Art. 2. — La société aura une durée de ... à partir du ...

Art. 3. — Les associés apportent en société, savoir :

....

Art. 4. — Les bénéfices et les pertes seront partagés dans les mêmes proportions.

Art. 5. — M. ... aura l'administration de la société, mais les ventes et achats auront lieu avec le concours des deux associés.

Art. 6. — Il sera fait chaque année au 31 décembre un inventaire des biens et valeurs de la société.

Art. 7. — La liquidation de la société sera faite par les deux associés conjointement.

Art. 8. — En cas de décès de l'un des associés pendant le cours de la société, elle sera dissoute de plein droit (ou elle continuera avec les héritiers du décédé qui devront désigner l'un d'entre eux pour concourir à tous les actes d'administration et de disposition).

Pour l'exécution des présentes ...

Dont acte.

QUATRE-VINGT-TREIZIÈME FORMULE
Société en Nom collectif

Par devant Me ...

Ont comparu :

1° ...

Lesquels ont arrêté comme il suit les statuts de la société intervenue entre eux.

Article 1er. — Il est formé entre les comparants, une société en nom collectif pour faire le commerce de ...

Art. 2. — Cette société est contractée pour une durée de ... à partir du ...

Art. 3. — Le siége de la société est fixé à ... rue ...

Art. 4. — La raison sociale sera ...

Art. 5. — Chacun des associés fera usage de la signature sociale, mais il n'obligera la société que pour les affaires qui l'intéressent.

Art. 6. — Tous billets, lettres de change et tous engagement exprimeront la cause pour laquelle ils ont été souscrits.

Art. 7. — Les livres de commerce seront tenus par M. ... qui sera seul chargé de la comptabilité et de la caisse.

Art. 8. — Les achats et les ventes seront faits par tous les associés.

Art. 9. — Chacun des associés sera intéressé pour ... les bénéfices et les pertes seront partagés dans cette proportion.

Art. 11. — Le fonds social est fixé à la somme de ... composée : ... (mise de chacun des associés).

Art. 12. — Les associés devront consacrer tout leur temps et tous leurs soins aux affaires sociales.

Art. 13. — Ils prélèveront mensuellement sur les bénéfices de la société, savoir : M. ... la somme de ... et M. ... la somme de ... etc.

Art. 14. — Il sera fait chaque année au 31 décembre un inventaire constatant l'état de la société, et les bénéfices seront laissés dans la société jusqu'à son expiration.

Art. 15. — En cas de décès de l'un des associés ... (Voir formule précédente).

Art. 16. — En cas de perte de la moitié du fonds social,

chacun des associés pourra demander la dissolution de la société et il sera procédé à la liquidation dans les formes ordinaires.

Domicile ...

Dont acte.

QUATRE-VINGT-QUATORZIÈME FORMULE
Société en commandite simple

Par devant ...

Ont comparu :

1° ...

Lesquels ont arrêté de la manière suivante les statuts de la société intervenue entre eux :

Article premier. — Il est formé une société en commandite entre M. ... qui en sera le gérant, et M. ... qui en sera le simple commanditaire, pour l'exploitation de ...

Art. 2. — La durée de la société est fixée à ... années, à partir du ...

Art. 3. — La raison sociale sera ... et Cie.

Art. 4. — Le siège de la société est à ...

Art. 5. — Le fonds social est fixé à la somme de ... composée comme suit :

Art. 6. — M. ... apporte à la société sa maison de banque et de ... pour la somme de ... ainsi qu'il résulte d'un inventaire dressé à ... le ... et dont l'original est demeuré ci annexé.

De son côté M. ... commanditaire, fournit une somme de ... qui sera versée le ...

Art. 7. — Les mises des sociétaires produiront au profit de chacun d'eux des intérêts au taux de ... payables ...

Art. 8. — M. ... a seul la gestion et la signature de la société.

Art. 9. — Il devra consacrer tout son temps et tous ses soins aux affaires sociales.

Art. 10. — Il aura droit à un traitement mensuel de ...

Art. 11. — Les opérations de la société seront constatées par des registres tenus dans les formes légales par M. ... et dont M. ... pourra prendre connaissance quand bon lui semblera.

Art. 12. — Il sera fait tous les ans au 31 décembre, un inventaire de l'actif et du passif de la société. Les bénéfices en résultant appartiendront, savoir : ...

Art. 13. — En cas de perte de plus de la moitié du capital social, la dissolution de la société pourra être demandée par l'un ou l'autre des associés.

Art. 14. — En cas de décès de M. ... (commanditaire), au cours de la société, elle continuera avec ses héritiers.

Art. 15. — En cas de décès de ... la société sera dissoute et il sera procédé à sa liquidation dans les formes ordinaires.

Art. 16. — A l'expiration du terme fixé pour la société, la liquidation sera faite par M. ... sous le contrôle de M. ...

Domicile ...

Dont acte.

Cautionnement

410. Celui qui se rend caution d'une obligation se soumet envers le créancier à satisfaire à cette obligation si le débiteur n'y satisfait pas lui-même.

411. On nomme certificateur de la caution celui qui se rend caution de la caution.

412. Si la caution s'est obligée solidairement avec le débiteur principal, le créancier peut la poursuivre sans être tenu de justifier qu'il a mis le débiteur en demeure de satisfaire à son obligation.

413. La caution qui a payé a son recours contre le débiteur principal et est subrogée à tous les droits du créancier.

QUATRE-VINGT-QUINZIÈME FORMULE
Cautionnement

Par devant ...

A comparu :

M. ...

Lequel,

Après avoir pris connaissance, par la lecture que lui en a donnée le greffier-notaire soussigné, d'un acte reçu par ... le ... contenant obligation pour prêt par M. ... au profit de M. ... d'une somme principale de ... stipulée exigible le ... et productive d'intérêts au taux de .... payable par ...

A, par les présentes, déclaré se rendre et constituer caution simple de M. ... envers M. ... ici présent et qui accepte, et par suite s'obliger au paiement de ladite somme de ... et de ses intérêts et accessoires, aux époques et de la manière sus indiquées, à défaut par M. ... de le faire, et après discussion préalable.

(Si le cautionnement est solidaire) :

A, par les présentes, déclaré se rendre et constituer caution solidaire de M. ... envers M. ... ici présent et qui accepte, et par suite s'obliger solidairement avec le débiteur au remboursement de ladite somme de ... et au paiement de tous intérêts et accessoires, aux époques et de la manière sus indiquées.

Domicile ...

Dont acte ...

Gage ou nantissement

414. Le gage ou nantissement est un contrat par lequel un débiteur remet une chose mobilière au créancier pour sûreté d'une dette. On peut donner en gage toute espèce d'objets mobiliers et toute espèce de créances.

415. Le gage confère au créancier le droit de se faire payer sur la chose qui en est l'objet et sur ses accessoires, par privilège et préférence aux autres créanciers, même à celui qui l'a vendue à crédit et même au bailleur si les meubles ont été déplacés.

416. Lorsqu'une créance est donnée en gage, l'acte doit être signifié par huissier au débiteur de cette créance.

417. Le gage doit rester en la possession du créancier ou d'un tiers choisi par les parties ; s'il s'agit d'une créance, ce sont les titres qui doivent être remis.

418. A défaut de paiement à l'échéance fixée, le créancier doit obtenir de la justice l'autorisation de faire vendre le gage aux enchères, afin de se faire payer par privilège sur le prix, ou de le conserver en paiement, jusqu'à due concurrence, d'après une estimation faite par experts.

QUATRE-VINGT-SEIZIÈME FORMULE
Obligation pure et simple

Par devant . . .

A comparu :

M. . . .

Lequel a, par les présentes, reconnu devoir bien légitimement.

A M. . . .

Ici présent et qui accepte.

La somme principale de . . . pour prêt de pareille somme que M. . . . a fait à M. . . . en bonnes espèces de monnaie ayant cours et en billets de banque d'Algérie comptés et délivrés à l'instant à la vue du greffier-notaire soussigné (ou : dès avant ce jour, hors la vue du greffier-notaire soussigné).

Laquelle somme le comparant s'oblige à rendre et rembourser au créancier dans . . . ans à compter d'aujourd'hui, c'est-à-dire le . . .

Et jusqu'au remboursement intégral de ladite somme, il

s'oblige à en servir audit créancier les intérêts au taux de ... payables ...

Conditions

Il est expressément convenu entre les parties :

1° Que le remboursement du capital et le service des intérêts auront lieu à . . ;

2° Que le débiteur aura la faculté de se libérer par anticipation, quand bon lui semblera (ou : que le débiteur ne pourra anticiper sa libération sans le consentement formel et par écrit du créancier) ;

3° Qu'à défaut de paiement exact à son échéance d'un seul terme des intérêts ci dessus stipulés et quinze jours après un simple commandement de payer resté infructueux, le capital de la présente obligation deviendra immédiatement et de plein droit exigible, si bon semble au créancier, sans qu'il soit besoin de remplir aucune autre formalité judiciaire ;

4° Et que le débiteur paiera tous les frais, droits et honoraires des présentes et de leurs suites.

Domicile

Pour l'exécution des présentes, domicile est élu en les demeures respectives des parties.

Dont acte.

QUATRE-VINGT-DIX-SEPTIÈME FORMULE
Obligation avec remise en gage d'effets mobiliers

Par devant ..., etc. (Voir formule précédente et ajouter avant le domicile) :

Gage

A la sûreté et garantie du remboursement des causes de la présente obligation en principal, intérêts et autres accessoires, M. ... (débiteur) remet à M. ... (créancier), à titre de gage, les objets mobiliers dont la désignation suit ...

M. ... (créancier) se reconnaît en possession de ces objets dont il restera nanti jusqu'au remboursement des causes de la présente obligation, sans avoir le droit d'en faire aucun usage.

A défaut de remboursement du capital et du service des intérêts, le créancier aura droit de faire ordonner en justice que les objets remis en gage lui demeurent en paiement et jusqu'à due concurrence, d'après estimation faite par experts, soit qu'ils soient vendus aux enchères avec les formalités légales, pour ledit M. ... (créancier, être payé par privilège et préférence à tous autres, sur le produit de la vente.

Domicile (Voir formule précédente).

QUATRE-VINGT-DIX HUITIÈME FORMULE
Obligation avec remise en gage d'une créance

Par devant ... (Voir formule n° 76 jusqu'au domicile).

A la sûreté et garantie du remboursement des causes de la présente obligation, en principal, intérêts et accessoires, M. ... (débiteur) remet à M. ... (créancier), qui accepte à titre de nantissement en gage.

Une créance au capital de ... due au comparant par M. ... en vertu d'un acte reçu par M⁰ ..., notaire à ..., le .... pour ... (énoncer le motif de la créance). Laquelle somme a été stipulée exigible le ... et productive d'intérêts au taux de ... payables par ...

Ensemble les intérêts et accessoires de ladite créance.

Afin d'assurer à M. ... (créancier) le privilège résultant du présent nantissement, M. ... (débiteur) lui a remis la grosse de ... (ou : l'original de ...) pour en rester nanti conformément à l'article 2076 du Code civil, jusqu'au remboursement des sommes qui lui seront dues en vertu des présentes.

En conséquence, M. ... (créancier) exercera sur la créance à lui remise en gage, les droits et privilèges que lui confère la loi, jusqu'à concurrence des causes de la présente obligation, en capital, intérêts, frais et autres accessoires, par priorité et préférence à M. ... (débiteur) et à tous autres.

Les intérêts de la créance remise en gage seront touchés par ...

Par suite, M. . . . (débiteur) met et subroge le créancier dans tous ses droits, actions et privilèges contre M. . . . (débiteur de la créance remise en gage) auquel le présent acte sera signifié.

Domicile

(Voir formule précédente.)

Dont acte.

Antichrèse

419. L'antichrèse est l'acte constatant la remise en gage d'une chose immobilière. Par cet acte, le créancier n'acquiert que la faculté de percevoir les fruits et revenus de l'immeuble, à charge de les imputer sur les intérêts qui lui sont dus et ensuite sur le capital de sa créance.

420 Le contrat d'antichrèse doit être transcrit au bureau des hypothèques de la situation des biens.

421. Dans l'antichrèse entre indigènes musulmans, la jouissance de l'immeuble est donnée au créancier à titre seulement de compensation des intérêts dont la somme prêtée aurait pu être stipulée productive.

QUATRE-VINGT-DIX-NEUVIÈME FORMULE
Obligation avec antichrèse

Par devant . . . (Voir formule n° 96, jusqu'au domicile).

Pour assurer et garantir à M. . . . le remboursement des causes de la présente obligation en principal, intérêts, frais et autres accessoires, M. . . . (débiteur) lui a remis en antichrèse, ce accepté :

Une propriété sise à . . . (Désignation).

Origine de propriété . . . (Voir formules n°ˢ 69 et suivants).

Conditions

1° Au moyen des présentes, M. . . . (créancier) se trouve avoir la possession comme antichrésiste de l'immeuble susdésigné ; il en jouira seul, soit par lui-même, soit par la perception des loyers (ou fermages) à partir du ... jusqu'à l'entière extinction de sa créance, en capital, intérêts et accessoires (s'il s'agit d'une antichrèse entre indigènes musulmans, supprimer ces derniers mots et les remplacer par ceux-ci : à partir du ..., ces fruits et revenus devant se compenser seulement avec les intérêts dont la somme prêtée aurait pu être stipulée productive) ;

2° M. ... (créancier), acquittera les contributions de toute nature assises ou à asseoir sur ledit immeuble, pendant toute la durée de l'antichrèse, sans répétition contre M. ... (débiteur) ;

3° (Clause pour antichrèse entre européens seulement). Le produit net des loyers et revenus de l'immeuble, déduction faite des contributions et autres charges, s'imputera d'abord sur les intérêts et frais et subsidiairement sur le capital de la créance. Aussitôt que cette créance sera intégralement remboursée, M. ... (débiteur) rentrera dans la libre jouissance de son immeuble ;

4° M. ... (créancier) devra jouir de l'immeuble ci-dessus désigné en bon père de famille et s'opposer à tous empiètements et toutes usurpations.

Une expédition du présent acte sera transcrite au bureau des hypothèques de ...

(Déclaration d'état-civil.)

Domicile

. . . .

Dont acte.

Main levée de saisie-arrêt ou d'opposition

CENTIÈME FORMULE

Par devant ...

A comparu :

M. . . .

Lequel a, par les présentes déclaré se désister de l'entier effet des exploits ci-après énoncés, et faire main-levée pure et simple de la saisie-arrêt (ou opposition) pratiquée à sa requête, entre les mains de M. . . ., à l'encontre de M. . . ., pour sûreté et avoir paiement d'une somme principale de . . . suivant exploit de . . . huissier à . . . en date du . . . dénoncé par exploit de . . . huissier à . . . du . . . et contre-dénoncé suivant exploit de . . . huissier à . . . du . . . (ou : ainsi que de toutes dénonciations et contre-dénonciations qui en ont pu être faites).

Consentant que cette saisie-arrêt (ou opposition) soit considérée comme nulle et non avenue, et que M. . . . (tiers saisi) en payant à M. . . . (débiteur) ou à tous autres qu'il appartiendra, les sommes qu'il peut devoir à celui-ci soit valablement libéré.

Dont acte.

Protêt

422. Aux termes du décret du 18 juillet 1884, les greffiers-notaires au titre deux sont autorisés à faire des protêts faute d'acceptation ou de paiement, sous les conditions prescrites par l'article 176 du Code de commerce.

423. Le protêt est un acte extra-judiciaire par lequel le porteur d'une lettre de change ou d'un billet à ordre, après avoir mis le tiré ou le souscripteur en demeure d'accepter ou de payer, fait constater le refus d'acceptation ou de paiement.

424. Nous ne nous occuperons ici que du protêt faute de paiement, qui est le plus usité.

425. En apposant leurs signatures sur une lettre de change, un billet à ordre, ou tout autre effet de commerce, les tireur, endosseur et donneur d'aval se sont obligés de payer la valeur à l'échéance, mais dans le cas seulement où elle ne serait pas acquittée par le tiré.

426. — Pour pouvoir exercer un recours quelconque contre eux, il est donc nécessaire de constater le refus de celui qui doit payer ; c'est cette constatation qui est l'objet du protêt.

427. Le protêt d'un billet à ordre doit être fait, lors même que ce billet a été souscrit par des non commerçants pour une cause commerciale.

428. Les lettres de change et les billets à ordre doivent être protestés dans les quarante-huit heures de l'échéance. Les jours fériés légaux ne sont pas compris dans ce délai.

429. On peut dispenser le porteur de faire le protêt, soit par une stipulation expresse, soit en inscrivant sur la valeur ces mots : valeur sans protêt ou sans frais, ou retour sans protêt ou sans frais.

430. Le protêt donne au porteur le droit d'actionner les signataires de l'effet obligés au paiement, à défaut du tiré ou du souscripteur.

431. Les intérêts du principal de l'effet courent du jour du protêt.

432 Le porteur d'une lettre de change ou d'un billet à ordre protesté doit exercer son action en garantie contre les endosseurs dans les quinze jours qui suivent la date du protêt, par la notification du protêt et, à défaut de remboursement, par la citation en justice.

433 Le protêt se fait sans l'assistance des témoins instrumentaires, à la requête du porteur de l'effet, au domicile de celui sur qui la valeur était payable ou au lieu indiqué pour le paiement.

434. Tout greffier-notaire doit avoir un registre timbré sur lequel il transcrit littéralement les protêts par lui faits, et qu'il soumet tous les trois mois au visa du receveur de l'enregistrement.

CENT-UNIÈME FORMULE
Protêt d'un billet à ordre

(Copier littéralement le billet et les mentions d'endossement et ajouter) :

L'an ..., le ...

A la requête de M. ... (porteur du billet),

Me ..., greffier-notaire à ..., s'est transporté en la demeure de M. ... (débiteur) où étant et parlant à sa personne (ou à ...), il a sommé ledit M. ... (débiteur) de présentement payer au requérant ou entre les mains du greffier-notaire soussigné, le montant du billet à ordre copié en tête des présentes, soit la somme de ...

Ledit M. ... (débiteur) a répondu ...

Sommé de signer sa réponse, il a dit être inutile.

Vu cette réponse, que le greffier-notaire a prise pour refus de paiement, il a protesté de tous frais, dépens, change, intérêts et autres accessoires ;

Laissé à M. ... copie tant du billet à ordre que du présent protêt sur une feuille au papier spécial de ...

Coût ...

      (Signature du greffier-notaire.)

Liquidations musulmanes

435. Les cadis procèdent aux opérations de compte, liquidation et partage des successions musulmanes purement mobilières.

436. Si les successions comprennent à la fois des meubles et des immeubles ou si elles sont purement immobilières, il est procédé aux opérations de compte, liquidation et partage par les soins des notaires français ou des greffiers-notaires, sans distinction entre ces derniers. Les droits successoraux sont établis conformément aux prescriptions du droit musulman.

437. Lorsque les opérations de compte, liquidation et partage sont faites par un notaire français, ou un greffier-notaire, la minute en est établie sur un registre spécial, qui est communiqué sans déplacement au Procureur de la République et aux agents de l'administration de l'Enregistrement et des Domaines, toutes les fois qu'ils le demandent. Le Procureur de la République peut déléguer le juge de paix pour prendre cette communication.

438. Le notaire ou le greffier-notaire doit informer les agents de l'administration de l'Enregistrement et des Domaines toutes les fois que cette Administration peut être intéressée dans une liquidation.

439. Après le décès d'un indigène musulman laissant des immeubles, l'inventaire des facultés mobilières et immobilières dépendant de sa succession est ordinairement dressé par le cadi et c'est sur cet inventaire que le greffier-notaire dresse la liquidation.

440. Si tous les héritiers sont majeurs et maîtres de leurs droits, la liquidation est faite à leur requête et signée par eux, l'interprète et les témoins instrumentaires. S'il y a parmi eux des mineurs, ou autres incapables, le greffier-notaire doit être commis par un jugement rendu par le juge de paix en matière musulmane ; il procède alors seul, sans l'assistance d'interprète ni de témoins instrumentaires et la liquidation est ensuite soumise à l'homologation de ce magistrat.

Notions générales sur les successions musulmanes

441. Ceux que la loi musulmane appelle à succéder sont :

1° Les descendants du défunt, enfants, petits enfants, et arrière petits enfants (du fils) à l'infini ;

2° Les descendants, c'est-à-dire le père, la mère, les aïeux (grand père et grand'mère paternels, ainsi que la grand'mère maternelle), les bisaïeux etc. ;

3° Les collatéraux tels que le frère et la sœur germains, consanguins ou utérins, les neveux (fils du frère germain ou consanguin), les oncles paternels germains ou consanguins, les cousins (fils de ces derniers) ;

4° Le conjoint survivant (époux ou épouse).

442. Les héritiers à portion légale ou réservataires sont : la mère, l'aïeule maternelle et paternelle, la bisaïeule etc., la fille et sa petite fille ou l'arrière petite fille (fille du fils) etc., le conjoint (l'époux, l'épouse et les épouses), les sœurs germaines et consanguines, le frère et la sœur utérins, le père, l'aïeul et le bisaïeul paternels ; mais ces trois derniers seulement quand ils viennent à la succession, concurremment avec un ou plusieurs descendants en ligne directe ; car dans tout autre cas, ils rentrent dans la classe des héritiers universels.

443. La moitié est dévolue : 1° à la fille ou à la petite fille (fille du fils), etc., à la sœur germaine ou à la sœur consanguine, quand elles viennent à la succession sans concours avec un héritier mâle du même degré ; 2° à l'époux survivant quand l'épouse défunte n'a laissé aucun descendant de l'un ou de l'autre sexe.

444 Le quart devient la part héréditaire de l'époux survivant quand il arrive à la succession de l'épouse concurremment avec un ou plusieurs descendants de l'un ou de l'autre sexe, issus du mariage.

445. C'est encore la part de l'épouse ou des épouses survivantes lorsqu'il n'existe aucun descendant du défunt.

446. Le huitième échoit au contraire à l'épouse ou aux épouses survivantes, s'il y a un ou plusieurs descendants de l'un ou de l'autre sexe.

447. Les deux tiers sont attribués à toutes les filles ensem-

ble quand il y en a deux ou davantage, à toutes les petites
filles et arrière petites filles etc., ou à toutes les sœurs, soit
germaines soit consanguines, bien entendu quand elles viennent à la succession sans concours avec un héritier mâle du
même degré.

448. Le tiers appartient à la mère lorsque l'enfant défunt
n'a laissé ni postérité masculine ou féminine, ni plus d'un
frère ou d'une sœur. Cette règle qui est absolue s'applique
lors même que la mère viendrait à la succession de son enfant,
en concurrence avec des mâles ; ainsi supposez pour co-héri-
tier un père, une mère et un époux, la mère devra toujours
avoir le tiers de l'héritage.

449. Le tiers est encore la part de tous les utérins des
deux sexes lorsqu'il en existe plusieurs, et le partage alors
se fait toujours entre eux, par tête, sans distinction de sexe.
c'est là l'unique exception au principe général d'après lequel
les mâles co-héritiers avec des femmes au même degré de
parenté qu'eux, doivent avoir deux parts contre une.

450. Enfin le sixième est assigné à sept personnes différentes :
1° A l'utérin de l'un ou l'autre sexe en nombre unique ;
2° Au père et à la mère : à celle-ci, quand elle hérite de
son enfant défunt, conjointement, soit avec un ou plusieurs
descendants de l'un ou de l'autre sexe, soit avec plusieurs
frères ou plusieurs sœurs germains, consanguins ou utérins
dudit enfant ; à celui-là quand il hérite avec un ou plusieurs
descendants mâles de l'enfant décédé ;
3° A l'aïeul ou bisaïeul paternel, dans les mêmes circonstances que le père ;
4° A l'aïeule ou à la bisaïeule maternelle, quelle que soit la
qualité de l'héritier avec lequel elle est en concours. S'il se
trouvait deux aïeules au même degré, c'est-à-dire la grand'-
mère maternelle et la grand'mère paternelle, elles partage-
raient le sixième entre elles ;

5° A la petite fille ou aux petites filles (fille du fils) quand il n'y a pour héritière au premier degré qu'une seule fille germaine ou consanguine ;

6° A la sœur ou aux sœurs consanguines, lorsqu'il n'existe aussi au premier degré successible qu'une sœur germaine.

451. Les héritiers universels ou âceb sont tous les parents mâles de la ligne masculine, comme le fils, le petit-fils, l'arrière petit-fils (fils du fils), le père, l'aïeul paternel, le bisaïeul, etc., le frère germain, le frère consanguin, le neveu (fils du frère germain, le neveu (fils du frère consanguin), l'oncle germain, l'oncle consanguin, le cousin (fils de l'oncle germain), le cousin (fils de l'oncle consanguin), le grand oncle (oncle germain du père), le grand oncle (oncle consanguin du père), le grand cousin (fils du grand oncle germain), le grand cousin (fils du grand oncle consanguin), le grand oncle (oncle germain de l'aïeul paternel), le grand oncle (oncle consanguin de l'aïeul paternel), le grand cousin (fils de l'oncle germain de l'aïeul), le grand cousin (fils de l'oncle consanguin dudit aïeul).

452. La représentation n'est admise dans aucun cas.

453. Tous les cohéritiers mâles partagent par tête : lorsqu'il y a concours de cohéritiers de sexe différent, au même degré de parenté, les hommes prennent deux parts et les femmes une seule.

CENT-DEUXIÈME FORMULE
Liquidation musulmane (majeurs et mineurs)

ÉTAT des opérations de compte, liquidation et partage des biens de toute nature dépendant de la succession du sieur ... en son vivant propriétaire cultivateur demeurant à ... où il est décédé le ...

Dressé par Me ..., greffier-notaire à ..., soussigné, commis à cet effet par le jugement ci-après énoncé.

Entre :

1° La dame ..., veuve du sieur ... sus-nommé, sans profession, demeurant à ... ;

2° ... ; { Les héritiers majeurs.
3° ... ; }

4° Et le sieur ... agissant au nom et comme tuteur des mineurs ... enfants de ..., nommé à cette fonction en vertu d'un acte reçu par le cadi de ..., le ..., dont l'original texte arabe et la traduction en français, à enregistrer avec les présentes, sont demeurés ci-annexés après mention.

Tous les susnommés seuls héritiers du sieur ..., ainsi qu'on l'expliquera ci-après.

PREMIÈRE PARTIE. — *Frais et procédure*

§ 1er. Inventaire

L'inventaire, après le décès du sieur ..., a été dressé par le cadi de ... le .. , ainsi que le constate un acte dont l'original texte arabe et la traduction en français, à enregistrer avec les présentes, sont demeurés ci-annexés après mention.

Il résulte dudit inventaire que la succession à liquider comprend :

Activement :

1° ...

Total ...

Passivement :

1° ...

Total ...

§ 2. Jugement commettant le greffier-notaire soussigné

Suivant jugement rendu par le tribunal de paix de ... en matière musulmane, le ..., le greffier-notaire soussigné a été commis pour procéder aux opérations de compte, liquidation et partage des biens de toute nature dépendant de la succession du sieur ... Une expédition de ce jugement est demeurée ci-annexée après mention.

DEUXIÈME PARTIE. — *Liquidation de la succession*
Attributions et abandonnements

Masse active

Ainsi qu'on l'a vu plus haut, la masse active s'élève à la somme de ...

Masse passive

La masse passive comprend :

1° La somme de ... dont le détail a été ci-dessus établi, ci ... ;

2° Celle de ... pour frais de l'inventaire et de sa traduction, ci ... ;

3° Et celle de ... pour frais approximatifs de la présente liquidation, de son expédition et de son homologation, s'il y a lieu.

Total ...

Le reliquat actif net est de ...

Cette dernière somme revient :

Pour un huitième, à la dame ..., veuve du sieur ..., soit ...

Pour ..., etc.

Total égal à l'actif net ...

Pour remplir la dame ... des droits lui revenant, le greffier-notaire soussigné propose de lui attribuer :

1° ...

Total égal à ses droits ...

Pour remplir le sieur ..., etc.

En conséquence, après homologation du présent état, liquidatif s'il y a lieu, chacun des sus-nommés restera seul propriétaire des biens qui viennent de lui être attribués.

Fait à ..., le ...

(Signature du greffier-notaire.)

Ou bien :

Pour simplifier les opérations, le greffier-notaire soussigné propose d'attribuer tous les biens mobiliers et immobiliers ci-dessus désignés au sieur ... à la charge par lui d'en faire la compensation avec ce qui lui revient, d'acquitter le passif ci-dessous détaillé et de payer à la dame ... et aux sieurs ... les sommes leur revenant et ci-dessus fixées.

En conséquence, après homologation du présent état, liqui-datif s'il y a lieu, ledit sieur ..., au moyen de ces paiements et compensations, deviendra seul et unique propriétaire des biens dont il s'agit.

Fait à ..., le ...

(Signature du greffier-notaire.)

Tarif des honoraires

454. Expéditions, grosses et extraits : 1 fr. 05 par rôle de 25 lignes à la page et d'environ 15 syllabes à la ligne.

455. Actes en brevet tels que procurations, autorisations, substitutions, révocation de procurations, décharge de man-dat, notariés, mainlevées d'opposition, ratifications, etc. : 3 fr.

456. 5 fr. si les mêmes actes sont en minute.

457. 5 fr. pour tout acte en minute ne donnant pas lieu à la perception d'un droit proportionnel plus élevé, d'après ce qui sera dit ci-après :

458. Billets à ordre et endossements 3 fr. jusqu'à 600 fr. et à partir de cette somme : 0 fr. 50 pour %.

459. Reconnaissance d'enfant naturel : 12 fr. 50.

460. Testament authentique : 12 fr. 50, outre l'honoraire proportionnel dû au décès du testateur, soit 0 fr. 50 pour %. sur l'actif.

461. Transports, comptes de tutelle, marchés, échanges, partages, cessions de droits successifs, transactions, ventes, reconnaissances de dettes : 0 fr. 50 pour %.

462. Cautionnement, quittance, prorogation de délai, sociétés, dépôts de testaments olographes : 0 fr. 25 pour %.

463. Baux (sur le prix cumulé), cessions et résiliations de baux : 0 fr. 13 pour %.

464. Formalités hypothécaires, transcriptions, réquisitions d'états, etc. : 4 fr. 05.

465. Purges d'hypothèques légales : 20 fr.

466. Inventaires, 4 fr. 05 par vacation de 3 heures.

467. Liquidations musulmanes : 3 pour % sur les premiers dix mille francs ; 0 fr. 50 de 10.000 à 100.000 fr. et 0 fr. 25 au-dessus.

———

CINQUIÈME PARTIE

SUCCESSIONS VACANTES

---

1. Aux termes de l'article 8 du décret du 3 septembre 1884, les greffiers de justice de paix sont exclusivement chargés, dans les localités autres que celles où il existe un tribunal de première instance, des fonctions de curateurs aux successions vacantes, telles qu'elles sont déterminées par l'ordonnance du 26 décembre 1842, dont nous extrayons les articles suivants :

ARTICLE 2

2. Une succession sera présumée vacante lorsque, au moment de son ouverture, aucun héritier ne se présentera, soit en personne, soit par un mandataire spécial, ou lorsque les héritiers présents ou connus y auront renoncé.

ARTICLE 6

2. Les curateurs sont placés sous la surveillance immédiate du procureur de la République de leur ressort. Ceux qui sont établis en dehors des lieux où siègent les tribunaux de première instance seront, en outre, soumis à la surveillance du juge de paix, et, s'il n'y a pas de juge de paix, à celle du commissaire civil de leur résidence. Le directeur des finances ou ses préposés surveilleront également les curateurs en tout ce qui concernera les mesures d'ordre et de comptabilité qui pourront être prescrites.

ARTICLE 7

3. En recevant la déclaration de tout décès, l'officier de l'état-civil sera tenu de s'informe" si les héritiers du défunt sont présents ou connus. En conséquence, les aubergistes, hôteliers, locateurs et toutes autres personnes chez lesquelles sera décédé un individu dont les héritiers sont absents ou inconnus, et si le décès a eu lieu dans un hôpital civil ou militaire ou autres établissements publics, les supérieurs, directeurs, administrateurs, préposés en chef ou maîtres de ces établissements, devront, à peine de tous dépens et dommages-intérêts envers qui de droit, fournir à cet égard, à l'officier d'état-civil, tous renseignements qui pourront être à leur connaissance, et lui déclarer en même temps si le défunt a laissé ou non des sommes d'argent, des effets mobiliers ou papiers dans la maison mortuaire.

Article 8

4. S'il résulte, des informations recueillies que les héritiers du décédé ne sont ni présents ni connus, l'officier de l'état-civil en donnera sur-le-champ avis au procureur de la République et au juge de paix du ressort, ainsi qu'au curateur en exercice dans le territoire du lieu du décès. Il leur transmettra en même temps les indications qui auront pu lui être fournies sur les objets délaissés par le défunt.

Article 9

5. Sur l'avis qui lui sera donné, comme il est dit à l'article 8, ou d'après toute autre information, le curateur entrera de plein droit en fonctions et sans serment préalable.

Article 10

6. Si les scellés n'ont déjà été apposés, il en requerra sur-le-champ l'apposition. Dans le délai légal, il fera procéder à la levée desdits scellés et à l'inventaire, conformément aux articles 943 et 944 du Code de procédure civile. Les titres et papiers inventoriés seront déposés entre ses mains.

Article 11

7. Lorsqu'au moment de la levée des scellés, les valeurs mobilières de la succession seront présumées être inférieures à 1.000 fr., il en sera dressé, sans frais, par le juge de paix,

ou, s'il n'y a pas de juge de paix, par le commissaire civil compétent, un procès-verbal descriptif. Ce procès-verbal tiendra lieu d'inventaire. Le procureur de la République, à son défaut le juge de paix, ou, s'il n'y a pas de juge de paix, le commissaire civil, pourra dispenser le curateur, sur sa demande, de faire placer sous les scellés ou l'autoriser à en faire extraire :

1° Les objets sujets à dépérissement prochain ou à dépréciation imminente, ou dispendieux à conserver;

2° Les objets servant à l'exploitation d'un fonds de commerce, lorsque cette exploitation ne pourrait être interrompue sans préjudice pour la succession.

La vente des objets mentionnés au n° 1 de l'alinéa précédent pourra être faite immédiatement sur autorisation donnée comme il est dit au premier paragraphe du présent article. S'il s'agit de l'exploitation d'un fonds de commerce, elle aura lieu en vertu de la même autorisation à la diligence du curateur.

ARTICLE 12

8. Si le lieu du décès n'est pas celui du dernier domicile et du principal établissement du décédé, le curateur établi dans ce lieu se bornera aux opérations prescrites par les deux articles qui précèdent et transmettra, par l'intermédiaire du procureur de la République, du juge de paix ou du commissaire civil de son ressort, l'inventaire ou le procès-verbal descriptif qui en tiendra lieu, au curateur en exercice dans le lieu du dernier domicile ou du principal établissement du défunt. La suite de la curatelle appartiendra à ce dernier curateur. En cas de concurrence et de difficulté sur le droit à la curatelle, entre deux ou plusieurs curateurs, il sera statué définitivement d'office ou sur la demande des intéressés, savoir : par le procureur de la République si lesdits curateurs appartiennent au ressort du même tribunal de première instance, et par le procureur général s'ils appartiennent à des ressorts différents.

ARTICLE 13

9. Dans le cas prévu par l'article précédent, comme en tout autre cas où des effets dépendant d'une succession vacante se trouveraient dans le ressort d'un curateur autre que celui auquel est dévolue la curatelle de cette succession, le curateur en titre, dans ledit ressort, sera tenu, selon qu'il en sera requis, soit de les faire remettre au curateur compétent, qui lui fournira décharge, soit d'en faire opérer la vente sur les lieux, à charge de rendre compte à celui-ci du prix qui en proviendra, s'il s'agit d'effets mobiliers susceptibles de dépérissement, ou qu'il soit plus opportun de vendre sur place.

ARTICLE 14

10. Dans les dix jours après la confection de l'inventaire, le curateur poursuivant fera un relevé sommaire indiquant l'évaluation approximative des biens meubles et immeubles composant l'hérédité. Un duplicata de ce relevé sera envoyé par lui, avec une lettre d'avis, aux héritiers, s'ils peuvent être connus, et l'autre au procureur de la République, qui le transmettra par voie hiérarchique au ministre de la Justice. Un extrait dudit relevé sera inséré à la diligence du procureur de la République dans le *Moniteur Algérien*, et par les soins du ministre de la Justice, dans le *Moniteur Universel*.

ARTICLE 15

11. Dans le mois qui suivra la clôture de l'inventaire, le curateur fera vendre les effets mobiliers de la succession autres que ceux mentionnés à l'article 529 du Code civil. La vente aura lieu aux enchères publiques dans les formes ordinaires et, autant qu'il se pourra, par le ministère d'un commissaire-priseur.

ARTICLE 17

12. Le curateur exercera et poursuivra, sans qu'il soit besoin d'une autorisation spéciale, tous droits et actions mobiliers et immobiliers de la succession vacante en Algérie, et

répondra à toutes les demandes formées contre elle. Il recherchera et revendiquera tous biens, meubles et immeubles de ladite succession qui seraient en la possession de tiers détenteurs.

ARTICLE 18

13. S'il se trouve dans la succession des immeubles, actions ou rentes constituées sur l'Etat ou sur particuliers, et s'il est avantageux et nécessaire de les aliéner, le curateur pourra les faire vendre dans la forme prescrite par l'article 1001 du Code de procédure civile de France, mais seulement après en avoir obtenu une autorisation par écrit du procureur de la République du ressort, qui devra se concerter à cet effet avec de directeur des Finances ou son préposé.

ARTICLE 19

14. Il est expressément interdit au curateur de se rendre directement ou indirectement adjudicataire d'aucun des biens meubles ou immeubles dont il poursuit la vente, à peine contre le contrevenant et ses prête-noms, s'il en existe, d'une amende double de la valeur des objets achetés et sans préjudice de la révocation du curateur, de la nullité de l'acquisition et de tous dépens et dommages-intérêts envers qui de droit.

ARTICLE 20

15. Le numéraire trouvé dans la succession et les deniers provenant soit du recouvrement des créances actives, soit de la vente des meubles ou immeubles, seront versés immédiatement par le curateur dans la caisse des dépôts et consignations, pour la conservation des droits de qui il appartiendra. Les versements ne pourront être retardés sous aucun prétexte. S'il y a lieu, le curateur sera mis en demeure de les effectuer par le receveur des Domaines, et passible d'une amende de 50 fr. pour chaque jour de retard constaté par procès-verbal de cet agent.

ARTICLE 21

16. Le curateur n'acquittera directement aucune dépense

ni aucune dette de succession. Tous paiements à faire pour le compte et à la décharge de l'hérédité seront opérés par le receveur des Domaines, savoir : s'il s'agit de dépenses courantes, de frais de curatelle ou de succession, sur certificat du curateur, avec pièces à l'appui, visé par le juge de paix, et à défaut du juge de paix, par le commissaire civil du lieu, et s'il s'agit de dettes passives, privilégiées ou autres, sur la production des titres visés ou certifiés par ledit curateur, et sur mandat du directeur des Finances ou de son préposé. Lorsqu'il y aura lieu à distribution par ordre ou contribution entre les créanciers, le receveur des Domaines ne payera que sur bordereaux de collocation ou mandements judiciairement délivrés.

ARTICLE 22

17. Le curateur sera tenu d'ouvrir, dès son entrée en exercice, un registre sur papier libre, sur lequel il inscrira, par ordre de date, toutes les successions dont il aura la curatelle. Ce registre qui devra être coté et paraphé par le Juge de paix du lieu et, à défaut du Juge de paix, par le Commissaire Civil ou l'autorité qui en fait les fonctions, fera mention, pour chacune des successions : 1° Des nom, surnom, profession, domicile et, autant que possible, du lieu de naissance du défunt ; 2° Des noms et domiciles des héritiers absents s'ils sont connus, ou des renseignements propres à les indiquer ; 3° Des nom, profession et domicile du conjoint, de l'exécuteur testamentaire ou du légataire, s'il en existe ; 4° De la date des insertions faites, aux termes de l'article 14 ci-dessus, dans le *Moniteur Algérien* et dans le *Moniteur Universel*. — Le même registre relatera, en outre, jour par jour, tous les actes de l'administration du curateur, l'analyse de sa correspondance et le résultat définitif de la curatelle, soit que la succession ait été remise aux héritiers, soit qu'elle soit tombée en déshérence.

ARTICLE 23

18. Pareil registre sera tenu au Greffe de chaque tribunal

de 1re instance, pour toutes les successions vacantes ouvertes dans le ressort ; à l'effet de quoi le Curateur devra fournir au Greffier, tous les trois mois au moins, les documents et renseignements nécessaires. — Ce registre sera coté et paraphé par le Président du Tribunal.

ARTICLE 24

19. Indépendamment du registre prescrit par l'article 22, le Curateur sera tenu d'avoir un livre journal sur papier libre, coté et paraphé comme il est dit au même article, et mentionnant, jour par jour, sans blanc, lacune ni transport en marge, tout ce qu'il aura reçu et fait payer pour le compte de chacune des successions dont il aura la curatelle. — Tous les trois mois au moins, il enverra au Greffier du Tribunal du ressort, pour qu'il en soit fait mention sur le registre tenu au Greffe, en exécution de l'article 23, une copie certifiée, sur papier libre, des inscriptions faites sur ledit livre journal, pendant le trimestre précédent.

ARTICLE 25

20. Il sera donné communication, sans frais et sans déplacement, à toute partie intéressée qui le requerra, des registres et livre journal dont la tenue est prescrite par les articles 22, 23 et 24 ; le Procureur de la République et le directeur des Finances ou ses préposés pourront se les faire représenter et s'en faire délivrer des copies toutes les fois qu'ils le jugeront convenable. — Les registres et livre journal des curateurs établis hors des lieux où siègent des tribunaux de 1re instance, seront vérifiés au commencement de chaque trimestre par le Juge de paix, et à défaut de Juge de paix, par le Commissaire civil ; procès-verbal de cette vérification sera dressé et transmis au Procureur de la République du ressort.

ARTICLE 26

21. Le Curateur rendra compte annuellement, aussi longtemps que durera chaque curatelle et dans les trois premiers

mois de chaque année, de la gestion de toute succession de-
venue vacante non réclamée. — Ce compte sera déposé au
Greffe du Tribunal de 1re instance du ressort, avec les pièces
à l'appui. Le Tribunal statuera en chambre du Conseil, sur
une simple requête du Curateur, et sur les conclusions écrites
du Ministère public. Il ordonnera préalablement, s'il y a lieu,
communication du compte et des pièces justificatives au directeur des finances ou à son préposé, qui pourra intervenir
dans l'instance par simple requête et former telles demandes
que de droit contre le curateur. — Le curateur en retard de
rendre ses comptes annuels, sera poursuivi, s'il y a lieu,
devant le Tribunal civil du ressort à la diligence du Procureur de la République et passible d'une amende de 100 à
500 francs par chaque mois de retard.

ARTICLE 27

22. La curatelle cessera à dater du jour où les héritiers
ayant justifié de leurs qualités, ou leurs fondés de pouvoirs,
se seront fait remettre la succession. En ce cas, le compte de
curatelle pourra être réglé de gré à gré entre le Curateur et
les ayants-droit. — Aussitôt que la succession sera réclamée,
il en sera donné avis par le Curateur ou Procureur de la
République, au directeur des finances ou à son préposé, et au
Greffier du Tribunal de 1re instance du ressort. Lorsque la
remise de la succession aura été effectuée, le Curateur en
informera également ces fonctionnaires.

ARTICLE 28

23. Si la succession n'a pas été réclamée dans le cours des
trois années à compter du jour du décès, elle sera de plein
droit, à l'expiration de ce délai, présumée en déshérence et
provisoirement acquise au domaine de l'état qui en deman-
dera l'envoi en possession au tribunal de 1re instance dans
le ressort duquel la curatelle aura été suivie. Il sera procédé,
dans ce cas, conformément à l'art 770 du Code civil. Dans
le même cas, la curatelle prendra fin aussitôt que le Domaine

aura été envoyé en possession par jugement définitif. Dans les trois mois de ce jugement au plus tard, le curateur sera tenu de rendre et faire juger son compte définitif contradictoirement avec le directeur des Finances ou son préposé, à qui il devra remettre tous les titres et papiers concernant l'hérédité; à défaut de quoi il y sera contraint par toute voie de droit et passible, pour chaque mois de retard, d'une amende de 100 à 500 fr., laquelle sera requise et prononcée comme il est dit au dernier alinéa de l'article 26 ci-dessus.

ARTICLE 30

24. S'il y a lieu de remplacer le curateur, soit pour cause d'inconduite, de négligence ou d'infidélité constatée dans sa gestion, soit pour toute autre cause, il sera pourvu à la nomination d'un nouveau curateur par le Procureur Général.

ARTICLE 31

25. Le curateur remplacé sera tenu de remettre, aussitôt qu'il en sera requis, tous les titres papiers, registres et documents de toute nature relatifs aux curatelles dont il aura été chargé, au nouveau curateur désigné, à peine, pour chaque jour de retard d'une amende de 25 à 50 fr. qui sera prononcée ainsi qu'il est dit en l'article 26, le tout sans préjudice de l'action en restitution de la part des ayants-droit et de l'action criminelle s'il y échet. Si le curateur est décédé, ses héritiers ou représentants à un titre quelconque qui seraient reconnus détenteurs desdits titres, registres et papiers, devront, sous les mêmes peines, en opérer la remise.

ARTICLE 33

26. Le notaire curateur ne pourra recevoir ou passer comme notaire les actes de quelque nature qu'ils soient, auxquels donneront lieu les successions vacantes dont il aura la gestion comme curateur. Les fautes ou contraventions qu'il commettrait dans ses fonctions de curateur pourront entraîner, selon les cas, la suspension ou la révocation de ses fonctions de notaire. Le cautionnement par lui fourni

en sa qualité de notaire, sera concurremment affecté à la garantie des curatelles dont il sera chargé. Les dispositions des deux alinéas qui précèdent sont applicables à tous autres officiers ministériels ayant charge de curatelles. Ces officiers ministériels ne pourront occuper et postuler dans les procès intéressant les successions vacantes qu'ils auront à gérer.

ARTICLE 34

27. Dans le cas où il y a lieu de présumer que les héritiers présents ne sont pas seuls habiles à succéder, les scellés pourront être apposés dans le plus bref délai, soit à la requête desdits héritiers, soit à la diligence du Procureur de la République, ou du curateur en exercice, soit même d'office par le juge de paix, et à défaut de juge de paix par le commissaire civil du lieu de l'ouverture de la succession. Dans le délai légal, il sera procédé, en présence du curateur, ou lui dûment appelé, à l'inventaire dont un extrait en duplicata sera remis audit curateur, aux frais de la succession, conformément à l'article 14, qui sera exécuté; seront également exécutées à la diligence des héritiers présents et avec la participation du curateur, les dispositions de l'article 15; les deniers provenant de la vente du mobilier et le numéraire trouvé dans la succession seront immédiatement versés à la caisse des consignations. Six mois après la clôture de l'inventaire, si les autres héritiers présumés ne se sont pas présentés, les héritiers présents recueilleront seuls la totalité de la succession. Ils ne seront comptables des fruits envers les héritiers absents, s'il en existe, qu'autant que ceux-ci se présenteraient dans les trois premières années à dater du jour du décès. Après ce délai, ils gagneront les fruits par eux perçus de bonne foi, demeurant au surplus réservée aux ayants droit l'action en pétition d'hérédité.

ARTICLE 35

28. La curatelle d'une succession échue, en Algérie, à des mineurs absents, appartiendra à leur tuteur, s'il est présent

ou représenté et se prorogera en sa personne, même après l'expiration de sa tutelle, jusqu'à ce que cette succession soit réclamée ou tombée en déshérence. La succession, en ce cas, sera présumée en déshérence et le Domaine pourra en demander l'envoi en possession, conformément à l'article 28, lorsqu'il se sera écoulé trois années à partir de l'époque où la tutelle aura pris fin sans réclamation de la part des ayants droit. Dans le même cas, le tuteur sera tenu de rendre compte au Domaine. Si dans cet intervalle de trois années, à dater de la cessation de la tutelle, le tuteur vient à décéder avant que l'héritier absent se soit présenté, le curateur entrera immédiatement en fonctions et continuera la curatelle de la succession jusqu'aux termes fixés par le 1er alinéa du présent article.

Article 36

20. Lorsque le défunt dont les héritiers seront absents ou inconnus aura laissé un conjoint ou des enfants naturels prétendant droit à sa succession, à défaut d'autres parents, l'hérédité n'en sera pas moins réputée vacante ; il sera procédé à l'apposition des scellés et à l'inventaire, à la diligence du prétendant droit ou du curateur qui se conformera à ce qui est prescrit par l'article 14. Le curateur sera mis en cause sur la demande d'envoi en possession. Si l'époux survivant ou les enfants naturels ne peuvent fournir la caution exigée par l'article 764 du Code civil, le mobilier sera vendu en présence du curateur et le produit en sera versé à la caisse des consignations. Il en sera de même de tous autres capitaux ou revenus provenant de la succession. Ces capitaux et les intérêts qu'ils auront produits seront remis aux envoyés en possession si, dans l'intervalle des trois années à dater du décès, il ne s'est pas présenté d'héritier ; le tout sans préjudice des actions en pétition d'hérédité et autres droits réservés aux absents. Dans le même cas, la curatelle cessera à l'expiration du délai ci-dessus de trois années.

ARTICLE 37

30. L'institution d'un exécuteur testamentaire, même avec saisine, ne dispensera pas le curateur de requérir, si déjà elle ne l'a été, l'apposition des scellés sur les meubles et effets mobiliers de la succession vacante, de veiller à ce qu'il en soit dressé inventaire régulier et de remplir les formalités prescrites par l'article 13. En aucun cas, l'exécuteur testamentaire ne pourra se mettre en possession des biens de la succession vacante avant d'avoir communiqué le testament au curateur qui y apposera son visa et qui pourra ensuite former toutes oppositions ou actions en nullité. A l'expiration de l'an et jour à compter du décès du testateur, si les héritiers ne se sont pas présentés, ledit exécuteur testamentaire devra rendre compte de sa gestion au curateur, lequel sera tenu de l'y contraindre par toutes voies de droit, sous peine d'être personnellement responsable de sa négligence.

ARTICLE 38

31. Si celui qui est décédé sans héritier présent ou représenté était en société avec une ou plusieurs personnes, et si, aux termes de l'acte de société, son décès doit donner lieu à la dissolution de ladite société, il sera fait inventaire, après l'apposition des scellés, à la diligence du curateur, en présence des associés survivants ou eux dûment appelés, de tous les titres, papiers et effets mobiliers de la société ; à l'effet de quoi lesdits associés survivants seront tenus de représenter ceux des effets mobiliers et papiers qui pourront être entre leurs mains. Les registres et livres de la société seront paraphés et arrêtés par tous les assistants à l'inventaire.

ARTICLE 39

32. Dans le cas prévu par l'article 40, lorsque l'avoir de la société ne consistera qu'en effets mobiliers, le curateur en provoquera le partage et fera vendre ensuite dans les formes prescrites par les dispositions qui précèdent, la part afférente à la succession vacante. Néanmoins l'associé survivant de-

mourera chargé du recouvrement des créances qui seraient en
péril durant la procédure en partage. Il conservera aussi la
direction des affaires commencées, pour la poursuite desquelles son concours serait nécessaire, sauf le droit de
surveillance et même d'intervention directe des Curateurs.
S'il se trouve dans l'actif social des immeubles, en même
temps que des effets mobiliers, la société continuera entre
l'associé survivant et la succession, jusqu'à ce qu'elle soit
dissoute par licitation ou par tout autre mode de partage.
Jusqu'au moment de cette dissolution, elle sera dirigée et
administrée par l'associé survivant sous la surveillance et, le
cas échéant, avec la participation du curateur. Toutefois,
la dissolution ne pourra être retardée au delà du terme
de deux années à dater du jour du décès.

ARTICLE 40

33. Dans le cas où la société aurait été formée par le
défunt pour raison d'une exploitation rurale par lui prise à
ferme avec l'associé survivant, ladite société continuera avec
la succession vacante pour tout le reste de la durée du bail ;
le curateur se mettra aux lieu et place du défunt.

ARTICLE 41

34. La curatelle des successions délaissées en Algérie par
tous militaires en activité de service qui seront décédés dans
le ressort des tribunaux de première instance, ou qui, étant
décédés en dehors des limites de ce ressort, auront laissé
dans ledit ressort des biens meubles ou immeubles, appartiendra aux curateurs institués par la présente ordonnance.

ARTICLE 43

35. Pour toutes successions dont la valeur ne s'élèvera
pas au-delà de 200 fr. il ne sera rien alloué au curateur à
titre de vacation ou indemnité ; il n'aura droit qu'à la répétition des simples déboursés dûment justifiés.

ARTICLE 44

36. Lorsque la valeur de la succession excédera 200 fr., il

sera alloué au curateur, indépendamment de ses déboursés, pour tous droits, vacations et indemnités, une remise proportionnelle dont le taux sera réglé sur l'importance de la succession, et eu égard aux soins que la curatelle aura exigés. Ces honoraires sont taxés, savoir :

1° Dans le cas où la succession aura été remise aux héritiers et dans ceux prévus par les articles 12 § 1er, 13, 34, 36, par le président du tribunal de première instance du ressort ;

2° Dans le cas où la succession sera remise aux Domaines, comme étant tombée en déshérence, par le jugement qui apurera le compte définitif de curatelle. Ils seront payables par privilège, en vue de la taxe, sur les sommes déposées à la caisse des consignations et sur toutes autres valeurs dépendant de l'hérédité.

ARTICLE 45

37. Pour toute infraction à laquelle la présente ordonnance n'attache pas une peine spéciale, les curateurs encourront une amende de 50 à 300 fr. sans préjudice des actions que pourrait intenter contre eux toute partie intéressée. En ce cas, comme dans ceux énoncés aux articles 19, 26, 28 et 31, l'amende sera prononcée à charge d'appel sur la poursuite du procureur de la République, par le tribunal de première instance du ressort. Dans le cas prévu par les articles 19 et 20, l'amende sera recouvrable par voie de contrainte, comme en matière d'enregistrement, à la diligence du directeur des Finances ou de son préposé. Toute peine ou condamnation prononcée contre un curateur entraînera la contrainte par corps.

ARTICLE 46

38. Seront observées en tout ce qu'elles n'ont pas de contraire à ce qui précède, les dispositions du Code civil et des lois de procédure de France, applicables aux divers cas prévus par la présente ordonnance.

ARTICLE 47

39. Il n'est point dérogé par la présente aux règles parti-

culières d'après lesquelles sont gérées les successions musulmanes et celles qui sont délaissées en Algérie par des étrangers.

COMMENTAIRES

Lois et règlements postérieurs à l'ordonnance du 26 décembre 1842

40. Il suffit qu'au moment de l'ouverture d'une succession
l'un des héritiers ne soit pas présent, pour que la succession
soit présumée vacante et que le curateur entre en fonctions et
requière sur-le-champ l'apposition des scellés.

41. Des vues d'économie ont fait substituer à l'inventaire
des successions dont les valeurs mobilières sont présumées
inférieures à 1.000 fr., un procès-verbal descriptif dressé sans
frais. Cette description serait insuffisante si elle se restreignait
au numéraire, aux créances, aux marchandises et autres effets mobiliers susceptibles d'aliénation. Elle doit comprendre
l'indication sommaire des titres de propriété quels qu'ils puissent être, des quittances et de tous papiers susceptibles de
renseigner sur les forces et les charges de l'hérédité, sur la
situation des affaires du défunt, sur l'importance et le siège
de ses immeubles, sur les héritiers et sur le lieu de leur résidence.

42. Le service des Domaines doit être mis par le curateur,
en mesure de surveiller les opérations spécifiées en l'article
13, il doit aussi être informé en temps opportun des lieu,
jour et heure des ventes auxquelles il sera procédé conformément à l'article 15.

43. L'article 18 est une des dispositions où se manifestent
le mieux les différences entre les successions réputées vacantes,
aux cas prévus par l'article 811 du Code civil, et celles qui
sont seulement présumées l'être aux termes de notre législation spéciale. En France, le curateur nommé par le tribunal
est un véritable liquidateur ayant mission d'aliéner les pro-

priétés mobilières et immobilières, à charge d'en rendre compte à qui il appartiendra. En Algérie, son droit est bien plus limité, car s'il se trouve dans la succession des immeubles, actions ou rentes constituées, il ne pourra les faire vendre qu'après avoir obtenu l'autorisation par écrit du Procureur de la République qui devra se concerter avec le Directeur des finances ou son préposé à cet effet.

44. L'article 20 oblige le curateur à verser sans délai à la caisse des dépôts et consignations, le numéraire trouvé dans la succession et les deniers par lui touchés à quelque titre que ce soit. Aux termes du décret du 23 octobre 1856, ces versements sont effectués entre les mains du receveur des Domaines.

45. Il est interdit au curateur de désintéresser directement un créancier de la succession, quelqu'il soit ; il peut, cependant acquitter les petites dettes privilégiées, telles que frais de maladie, d'enterrement, de scellés, d'inventaire. etc ... ; il ne peut toucher aucune somme consignée pour le compte des successions qu'en vertu d'une autorisation judiciaire, mais il est autorisé, lorsqu'il n'existe pas d'opposition, à consentir des prélèvements, soit au profit des créanciers privilégiés, soit au profit des créanciers ordinaires porteurs de titres et de jugements (décision ministérielle du 7 juillet 1854).

46. Tous les titres et pièces venant à l'appui de l'administration du curateur doivent être conservés par lui. Lors de sa demande en homologation de comptes, le curateur produit ces titres et pièces au tribunal, mais il doit avoir soin de les retirer dès qu'une décision est intervenue.

47. Avant de déposer ses comptes au greffe du tribunal, en conformité de l'article 26, le curateur doit les soumettre, avec les pièces à l'appui, au receveur des Domaines qui examine le tout et doit inscrire au bas du compte, son avis motivé sur sa régularité (article 4 du décret du 23 octobre 1856).

48. Lorsque tous les héritiers se sont fait connaître et ont justifié de leurs qualités, le curateur doit leur remettre la succession contre une décharge de sa gestion signée par eux, ou leurs fondés de pouvoirs.

49. L'avis exigé par l'article 27 doit faire connaître notamment les noms de ceux qui réclament la succession, leur domicile, leur degré de parenté, afin que le receveur des Domaines puisse déjouer de coupables connivences. La communication des pièces justificatives devra aussi lui être offerte à la charge de les restituer dans un court délai.

50. L'ordonnance défend (article 33) au notaire-curateur de passer ou recevoir comme notaire les actes auxquels donnent lieu les successions qu'il administre comme curateur. Cette disposition ne s'applique pas aux greffiers-notaires au titre 1er ou au titre deux. En effet, par décision de M. le Ministre de la Justice, en date du 13 Janvier 1885, le greffier-notaire curateur aux successions vacantes a été autorisé, s'il n'y a pas de notaire dans le canton, à recevoir lui-même les actes concernant les successions qu'il gère, à la condition de se faire remplacer momentanément dans ses fonctions de curateur par un curateur *ad hoc* désigné par le Juge de paix et nommé par une ordonnance sur requête.

51. Il arrive quelquefois que l'exploitation d'un commerce ou d'une industrie ne saurait être interrompue sans préjudice pour la succession. L'article 11, § 2 permet d'extraire des scellés les objets servant à l'exploitation d'un fonds de commerce, lorsque cette exploitation ne pourrait être interrompue sans préjudice pour la succession. L'article 39 donne au curateur la surveillance de l'exploitation lorsqu'une société ne peut être dissoute sur le champ et l'article 40 l'autorise à continuer une exploitation rurale. En ce cas, l'ordonnance impose au curateur de demander soit l'autorisation du Procureur de la République, soit celle du Juge de Paix.

52. Avant d'entrer en fonctions, le greffier-curateur doit dresser concurremment avec son prédécesseur, un inventaire des titres et pièces qui lui sont remis, pour fixer la responsabilité qui s'attache à la disparition de ces titres et pièces.

53. L'article 43 a été abrogé par l'article 8 du décret du 3 septembre 1884 et ainsi modifié :

« Quelle que soit l'importance de la succession, le curateur « aura droit aux émoluments proportionnels fixés par l'arti- « cle 44. »

54. Aux termes de l'article 47, il n'est point dérogé aux règles particulières d'après lesquelles sont gérées les successions délaissées en Algérie par les étrangers.

Ces règles ont été rendues exécutoires dans la colonie par une décision du Ministre de la Guerre du 31 janvier 1837.

« Dans tous les cas où un étranger décède en France, le « juge de paix doit, sur réquisition des parties intéressées, « soit d'office, apposer les scellés sur les objets laissés par le « défunt ; mais l'agent de la nation à laquelle il appartient a « le droit d'intervenir, de joindre ses scellés à ceux du juge « de paix, pour être les uns et les autres levés de concert, et « d'assister à l'inventaire. Il ne doit toutefois croiser les scel- « lés qui seraient déjà apposés par le magistrat qu'après l'avoir « préalablement prévenu et appelé.

« De son côté, le juge de paix doit requérir l'assistance de « l'agent étranger, toutes les fois que cet agent est intervenu « pour croiser les scellés et lors même que cette intervention « spontanée n'aurait pas eu lieu. Si le juge de paix, dans le « cours de ses opérations, acquiert la preuve qu'elles concer- « nent un étranger, il ne peut passer outre sans appeler « l'agent de la nation à laquelle il appartient et sans lui don- « ner avis de ses opérations ultérieures.

« Lorsqu'il ne se présente aucun sujet français comme créan- « cier de la succession d'un étranger, ou lorsque les créan-

« ciers sont désintéressés, l'administration et la liquidation de
« la succession appartiennent exclusivement à l'agent de la
« nation. »

55. Ces prescriptions sont relatives aux étrangers sans distinction et ne dérogent pas à celles que renferment les traités
particuliers conclus entre la France et les puissances étrangères.

56. Les curateurs aux successions vacantes doivent se conformer strictement aux obligations que leur imposent ces
conventions.

57. Il n'est point nécessaire que les consuls soient porteurs
de pouvoirs spéciaux, puis qu'ils sont les mandataires nés de
leurs nationaux (circulaire du 4 août 1853).

58. En ce qui concerne l'intervention de l'agent consulaire,
il faut remarquer que, quand il n'y a pas d'agent de la nation
du défunt dans la localité où le décès a eu lieu, le consul de
cette nation à la résidence la plus voisine doit être averti
et invité à intervenir (même circulaire).

59. Si la réunion d'un conseil de famille est provoquée
pour faire nommer des tuteurs ou des subrogés-tuteurs à des
mineurs étrangers, le juge de paix et le greffier devront s'abstenir de prêter leur concours, à moins, bien entendu, qu'à la
suite de l'avis donné au Consulat, ils ne soient autorisés à
procéder conformément à la loi française (circulaire du 30 octobre 1868).

60. Les curateurs puiseront la notion exacte de leurs devoirs dans la circulaire de la Chancellerie du 14 juin 1869
et la note qui l'accompagne, dans le Recueil des instructions
du Ministère de la Justice relativement à l'administration des
successions des étrangers décédés en France. (Voir aussi pour
la convention avec la Grèce, la même circulaire, c'est-à-dire
le même recueil, année 1878, page 136, et celle intervenue
avec l'Uruguay, année 1880, page 75.)

61. Du reste, il est incontestable que les conventions diplomatiques ayant trait aux successions ne régissent que les successions mobilières (circulaires du Ministère des Affaires étrangères du 23 juin 1873).

62. Pour ce qui concerne les successions vacantes musulmanes, c'est au Domaine qu'il appartient de les gérer dans l'intérêt des héritiers absents (circulaire du 1er février 1843).

63. En ce qui concerne les successions vacantes des Tunisiens, une décision de M. le Ministre des Affaires étrangères, rapportée dans une dépêche de M. le Gouverneur général du 27 août 1873, autorisait le représentant du Bey de Tunis à Constantine à recueillir les successions vacantes et à en envoyer le montant à Tunis. Aucune disposition nouvelle n'a été prise à cet égard depuis l'établissement du Protectorat.

64. Par décision ministérielle du 20 septembre 1858, les curateurs ont été autorisés à toucher, sur leurs simples quittances, les mandats de poste trouvés dans les successions qu'ils administrent.

65. Les poursuites contre les curateurs aux successions vacantes pour le recouvrement des deniers provenant de ces successions sont exercées, en cas de retard dans les versements prescrits par l'article 20, par les receveurs du Domaine, à la requête du directeur général de la Caisse des dépôts et consignations ; elles ont lieu par voie de contrainte et il est procédé pour l'exécution de ces contraintes comme pour celles qui sont décernées en matière de droit d'enregistrement (décret du 23 octobre 1856).

96. Les greffiers-curateurs exercent leurs fonctions dans tout le ressort de la justice de paix.

FIN

TABLES DES MATIÈRES

Nota. — Ce volume portant quatre séries de numéros (1ª première et deuxième parties, 2ª troisième partie, 3ª quatrième partie, 4ª cinquième partie), nous avons, pour plus de précision, renvoyé dans cette table aux numéros et non aux pages.

PREMIÈRE & DEUXIÈME PARTIES. — GREFFE
(Page 1 à page 118)

A

Actes de notoriété, n. 57, 71, 72, 73, 74, 76 et suiv. — Acte de naissance, n. 76 et suiv. — Actes judiciaires, n. 38. — Actes de greffe, n. 39 et 43. — Adoption, n. 100 et suiv. — Age, n. 5. — Alliés, n. 80. — Aïn-Bessem, n. 152 et suiv. et n. 252 et suiv. — Amis, n. 83. — Août, n. 229 et suiv. — Appel de jugements musulmans, n. 242 et suiv. — Apposition de scellés, n. 113 et suiv. — Appel, n. 171. — Avertissements musulmans, n. 226 et suiv.

B

Brevets, n. 37 et suiv. et n. 45. — Bouïra, n. 152 et suiv. et n. 252 et suiv. — Bordereau d'envoi d'extraits de jugements, n. 188, 189 et 189. — Bulletin nº 1, n. 198 et 199.

C

Cautionnement, n. 4. — Certificat de moralité et de capacité, n. 20, 21 et 22. — Cédule, n. 85. — Commis-greffier, n. 1, 67 et 68. Commission d'examen, n. 2. — Coutumes indigènes, n. 3. — Commissaires-priseurs, n. 29 et 30. — Conseil de famille, n° 57, 79 et suiv. — Consignations, n. 60. — Concessions de terres en Algérie, n. 75. — Conseil judiciaire, n. 84. — Conciliation, n. 138 et suiv. — Compétence ordinaire, n. 149 et suiv. — Compétence étendue, n. 151. — Compétence en Kabylie, à Bouïra, Aïn-Bessem et Mansourah, n. 152 et suiv. — Compétence musulmane, n. 224 et suiv.

D

Descente de lieu, n. 61 et 190. — Déclaration en vue de réclamer la qualité de Français, n. 58 et suiv. — Déclaration en vue décliner la nationalité française, n. 52 et suiv. — Dégradation civique, n. 84. — Délibération de conseil de famille, n. 79 et suiv. — Destitution de tuteur, n. 90. — Deuxième avertissement musulman, n. 235. —

Droit administratif, n. 3. — Droits de greffe, n. 54. — Droit de recherche, n. 56.

E

Émancipation, n. 92 et suiv. — Enregistrement, n. 37 et suiv., et 46. — Épreuve écrite, n. 12 et suiv., et 24. — Épreuve orale, n. 18, 19 et 25. — États mensuels, n. 32. — États hebdomadaires, n. 33. — États trimestriels, n. 34. — États semestriels, n. 35. — États annuels, n. 36. — États de frais, n. 59. — Étrangers, n. 68, 69, 70, 71 et 84. — Extraits à fournir au service des contributions diverses, n. 174 et suiv. — Extraits d'emprisonnement, n. 183. — Extraits en matière de pêche côtière, n. 187. — Extraits de jugement forestier, n. 497. — Examen, n. 1, 7, 8, 11 et suiv., et 23. — Expédition, 48, 50 et suiv. — Expédition de jugements musulmans, n. 250.

F

Frais, n. 52 et suiv. — Frères germains, n. 81 et 82.

G

Greffier, n. 1. — Grosse, n. 49, 50 et suivants.

H

Homologation de conseil de famille, n. 91.

I

Indigénat, n. 200 et suiv. — Indigènes musulmans, n. 67, 69 et 71. — Interdits, n. 84. — Irrévérence à l'audience, n. 181 et 182. — Ivresse, n. 108.

J

Jugement correctionnel, n. 40, 54, 57, 191 et suiv. — Jugement forestier, n. 40 et 193. — Jugement civil, n. 41, 148 et suiv. — Jugement de simple police, n. 156 et suiv. — Justice criminelle, n. 205 et suiv. — Justice musulmane, n. 216 et suiv. — Justice kabyle, n. 219 et suiv.

K

Kabylie, n. 152 et suiv., et 252 et suiv.

L

Législation algérienne, n. 3. — Légalisation, n 57. — Levée de scellés, n. 125 et suiv.

M

Mansourah, 152 et suiv., et 252 et suiv. — Mineurs, n. 84. — Minutes, n. 37 et suiv.

N

Naturalisation, n. 67 et suiv. — Notariat, n. 28 et 30.

P

Parents ou alliés, n. 80. — Partie civile, n. 162 et suiv., 170, 171 et 195. — Pêche cotière, n. 187. — Pièces à conviction, n. 205 et suiv., et 208 et suiv. — Pièces à produire à l'examen, n. 8, 9 et 10. — Plumitifs, n. 30. — Pourvoi en cassation, n. 172 et 173. — Prestation de serment, 134 et suiv. — Procès-verbal de conciliation ou de non-conciliation, n. 57.

R

Référé, n. 57 et 225. — Registre des émoluments, n. 30. — Registre des droits de mise au rôle, n. 30. — Registres à tenir, n. 30 et suiv. — Répertoires, n. 30 et 57. — Rôle, n. 55 et 62.

S

Scellés, n. 57, 113 et suiv. — Serment, n. 57, 134 et suiv. — Simple police, n. 30, 40, 54, 57, 62, 156 et suiv. — Stage, n. 1. Successions vacantes, n. 27 et 30.

T

Tableau des distances, n. 213, 214 et 215. — Tarif, n. 62 et suiv. — Timbre, n. 37 et suiv. — Transport civil, n. 57. — Transport criminel, n. 58, 211 et suiv. — Traitement, n. 64 et suiv. — Tutelle officieuse, 106 et suiv.

V

Vacation, n. 57.

TROISIÈME PARTIE. — COMMISSAIRES-PRISEURS

(Page 119 à page 135)

A

Allocation, n. 25.

C

Commissaires-priseurs, n. 5 et 6. — Contributions diverses, n. 36.

D

Déclaration préalable, n. 12, 13, 37, 42, 43, 44 et 45. — Dépôt à la caisse des Consignations, n. 21. — Droits incorporels, n. 2 et 39. — Droits de vente, n. 25, 30 et suiv. et n. 34 et 48. — Droits d'encaissement, n. 52.

E

Enregistrement, n. 19.

H

Honoraires, n. 25, 30 et suiv., et n. 34 et 48.

I

Inventaire, n. 14.

M

Marchandises neuves, n. 2 et 40. — Marchandises d'occasion, n. 2. — Mineurs, n. 41. — Minutes, n. 46. — Monopole, n. 38.

O

Opposition, n. 6, 7, 20, 21 et 47.

P

Police des ventes, n. 8.

R

Référé, n. 6. — Répertoire, n. 10 et 11. — Ressort, n. 38.

S

Saisie, n. 48. — Saisie-arrêt, n. 7.

T

Tarifs, n. 25, 30 et suiv., et n. 34 et 48,

V

Vacation, 25, 26, 50 et 51. — Vente publique, n. 2, 3 et 38. — Vente forcée, n. 41. — Vente en suite de saisie, n. 49.

QUATRIÈME PARTIE. — NOTARIAT

(Page 136 à page 294)

A

Actes notariés, n. 6, 7 8, 34, 85 et 86. — Acte respectueux, n. 20 et 132. — Abréviation, n. 34. — Annexe, nº 39. — Acte translatif, n. 41. — Actes de notoriété, n. 54, 402, 454 et suiv. — Autorisation maritale, n. 54, 93, 129 et 136. — Assomption, n. 84. — Ascension, n. 84. — Actes sous seings privés, n. 91 et 223. — Autorisation de faire le commerce, n. 94 et 434. — Adjudication, n. 111 et 366. — Antichrèse, n. 123, 410 et suiv. —

Acte de dépôt, n. 148. — Administration du tuteur, n. 174 et suiv. Absence, n. 207 et 208. — Ascendants, n. 238, 247 et suiv. et n. 253 et 261. — Algérie, n. 332 et suiv.

B

Brevets, n. 7, 43 et suiv. — Blancs, n. 34 et 223. — Billet à ordre, n. 100, 151 et suiv. — Bail, n. 117. — Bénéfice d'inventaire, n. 208. — Baux, n. 370 et suiv. — Bail partiaire ou à moitié fruits, n. 390 et 399. — Bail emphythéotique, n. 391. — Bail à cheptel, n. 392 et suiv. — Bail de services ou d'industrie, n. 396 et 397.

C

Contrat de mariage, n. 40. — Certificat de vie, n. 47 et 77. — Cachet, n. 64. — Copie collationnée, n. 72. — Copie du répertoire, n. 79. — Conventions, 91. — Compte de tutelle, n. 103, 165 et suiv. et 183 et suiv. — Cautionnement, n. 107, 410 et suiv. — Cession de droits successifs, n. 114, 370 et suiv. — Cession de bail, n. 118, 398 et suiv. — Co-tutelle, n. 168. — Communauté, n. 207. — Conjoint, n. 209, 230, 269 et suiv. et 292 et 293. — Curateur à une succession vacante, n. 209. — Curateur au ventre, n. 211. — Créancier, n. 209. — Commissaire priseur, n. 220. — Collatéraux, n. 238, 253 et suiv. — Command, n. 313. — Concessions de terres en Algérie, n. 332 et suiv. — Cahier des charges, n. 358. — Cession de créances, n. 363 et suiv. — Cession de loyer ou fermage, n. 368. — Cheptel, n. 392 et suiv. — Certificateur de caution, n. 411.

D

Donations, n. 20. — Dates, n. 35 et 37. — Dépôt de fonds, n. 82. — Dimanche, n. 84. — Décharge de mandat, n. 97 et 145. — Dépôt de pièces, n. 98, 146 et suiv. — Dépôt de testament olographe, n. 105, 200 et suiv. — Dissimulation de prix, n 205. — Divorce, n. 207. — Donataires, n. 209. — Descendants, n. 242, 243 et 290. — Degré successible, n. 257. — Déclaration de command, n. 313. — Déclaration préalable, n. 357.

E

Enregistrement, n. 32 et 33. — Expédition, n. 60 et suiv. — Extrait, n. 71. — Endossement, n. 101, 151 et suiv. — Echange, n. 116, 374 et suiv. — Enfant naturel, n. 159, 269 et suiv. — Enfant adultérin, n. 161 et 276. — Enfant incestueux, n. 161 et 276. — Exécuteur testamentaire, n. 209. — Etat, n. 276. — Enfant légitime, n. 290. — Etat d'inscription, n. 331.

F

Femmes mariés, n. 135, 280 et 381. — Faillite, n. 207, 216

et 311. — Frères et sœurs, n. 244 et suiv. et n. 248. — Frères et sœurs germains, n. 245 et 246. — Frères et sœurs consanguins, n. 245 et 246. — Frères et sœurs utérins, n. 245 et 246.

G

Greffiers-notaires, n. 1, 4, 5, 6, 12, 13 et 37. — Grosses, n. 66, 67, 68, 69 et 70. — Gage, n. 122, 414 et suiv.

H

Honoraires, n. 12, 454 et suiv. — Héritiers, n. 209. — Hypothèque légale, n. 318 et suiv.

I

Inventaire, n. 10, 11, 58, 85, 88, 177, 206 et suiv., et n. 430. Interprète, n. 23 et suiv. et n. 37. — Intervalle, n. 34. — Inscription de privilège de co-partageant, n. 203. — Interdiction, n. 107, 208, 209, 270, 311 et 362. — Intitulé d'inventaire, n. 221. — Incapacité de succéder, n. 231. — Indignité de succéder, n. 232. Illettré, n. 270.

J

Jours fériés, n. 84 et 85. — Jouissance légale, n. 278.

L

Légalisation, n. 34. — Lacunes, n. 34. — Lecture, n. 37. — Limites, n. 41. — Liquidations musulmanes, 123 ter, 435 et suiv. — Légataire particulier, n. 210. — Légataire universel ou à titre universel, n. 209. — Ligne directe, n. 234 et 236. — Ligne collatérale, n. 235 et 237.

M

Minutes, n. 7, 13, 43 et suiv. — Militaires, n. 30. — Mots rayés, n. 36 et 63. — Mainlevée d'opposition, n. 63 et 115. — Marché, n. 123 bis. — Mineur émancipé, n. 134 et 382. — Mineur, n. 138, 165, 208, 209, 270, 281, 311, 362 et 385. — Mère, n. 247 et 201. — Muet, n. 270.

N

Nom patronymique, n. 42. — Noël, n. 84. — Nantissement, n. 122, 414 et suiv. — Neveux et nièces, n. 244 et suiv.

O

Obligation, n. 121, 122 et 123.

P

Procurations, n. 8, 20, 37, 48, 40, 87, 124 et suiv. — Protêt, n. 33, 85, 120, 152, 422 et suiv. — Parties, n. 371. — Poids et

Mesures, n. 38. — Premier janvier, n. 84. — Procès-verbaux, n. 85. — Partage, n. 104, 191 et suiv. — Partage provisionnel, n. 204. — Parents légitimes, n. 230 — Père, n. 247 et 291. — Peine afflictive, n. 279. — Portion disponible, n. 288 et suiv. — Privilège de vendeur, n. 312. — Privilège de co-partageant, n. 203. — Promesse de vente, n. 325, 341 et 342. — Propriété indigène, n. 339 et suiv. — Purge d'hypothèque légale, n. 351 et suiv. Publication de société, n. 409.

Q

Quittance, n. 52, 106, 301 et suiv. — Quatorze juillet, n. 84. — Quotité disponible, n. 288 et suiv.

R

Reconnaissance d'enfant naturel, n. 9, 10, 20, 90, 189 et suiv. et n. 285. — Répertoire, n. 13, 74 et suiv. — Ressort, n. 15. — Renvoi, n. 36, 62 et 63. — Reconnaisssnce de dettes, n 85. — Rôles, n. 63 et 65. — Registre de dépôts de testaments olographes, n° 80. — Registre de dépôts de sommes ou valeurs, n. 81. — Révocation de procuration, n. 98, 142 et suiv. — Rapport pour minute, n. 90 et 160. — Ratification, n. 108, 305 et suiv. — Retrait de réméré, n. 110, 352 et suiv. — Résiliation de bail, n. 117. — Référé, n. 228. — Représentation, n. 230 et suiv. — Retour légal, n 251. — Réserve légale, n. 280 et suiv. — Révocation de testament, n. 295 — Résolution de vente, n. 317. — Réméré, n. 320 et suiv. et n. 352 et suiv. et n. 360. — Réquisition, n. 331. — Règles spéciales à l'Algérie 332 et suiv. — Registre des protêts, n. 434.

S

Scellés, n. 10, 177, 212 et 217. — Sommes, n. 35 et 38. — Serment, n. 40 et 227. — Substitution de pouvoirs, n. 50, 95, 139 et suiv. — Sous-location, n. 118. — Sociétés, n. 119, 398 bis et suiv. — Soultes, n. 201, 202 et 375. — Successions, n. 207, 220 et suiv. — Séparation de corps et de biens, n. 207. — Subrogé tuteur, n. 210. — Successions vacantes, n. 208. — Sourd et sourd-muet, n. 270. — Signification de transport, n. 369. — Sous-location, n. 387, 398 et suiv. — Successions musulmanes, n. 435 et suiv. et n. 441 et suiv.

T

Testaments publics, n. 9, 10, 27, 89, 137, 277 et suiv. — Témoins instrumentaires, n. 16 et suiv. et n. 37, 163, 283, 284 et 433. — Témoins certificateurs, n. 28 et suiv. — Timbre, n. 43, 65, 73 et 75. — Toussaint, n. 84. — Transport, n. 113, 363 et suiv. — Testament olographe, n. 149, 206 et suiv. — Tutelle légale, n. 165 et suiv. — Tutelle des ascendants, n. 171. — Tutelle dative, n. 172. — Tutelle, n. 174 et suiv. et n. 209, 228, 316. — Transcription, n. 197, 306, 310, 377, 389, 420. — Terres domaniales, n. 332 et suiv. — Terres archs, n. 340 et suiv. — Terres melks, n. 343 et suiv. — Transport des droits successifs, n. 370 et suiv. — Tarif des honoraires, n. 454 et suiv.

U

Usufruitier, n. 208, 216 et 252.

V

Visa des répertoires, n. 78. — Vente de meubles et d'immeubles, n. 109, 309 et suiv. et n. 356 et suiv. — Vente de fonds de commerce, n. 112, 359 et suiv. — Veuve, n. 226. — Vente entre époux, n. 314. — Vente à réméré. n. 326 et suiv.

CINQUIÈME PARTIE. — SUCCESSIONS VACANTES

(Page 295 à page 314)

A

Apposition de scellés, n. 6. — Argent comptant, n. 15. — Amendes, n. 37. — Actes notariés, n. 50.

C

Créance, n. 12. — Compte du curateur, n. 21 et 22. — Conjoints, n. 29. — Caisse des dépôts et consignations, n. 44.

D

Dettes privilégiées, n. 45. — Dettes de la succession, n. 16 et 45. — Dépenses, n. 16. — Dépôt à la caisse des consignations, n. 44.

E

Enfants naturels, n. 29. — Exécuteurs testamentaires, n. 30. — Etrangers, n. 54 et suiv.

F

Fonds de commerce, n. 7.

H

Héritiers, n. 4 et 40. — Homologation de compte, n. 21, 46 et 47. — Honoraires, n. 35, 36 et 53.

I

Inventaire, n. 10, 11, 27, 41 et 52. — Immeubles, n. 13. — Indigènes musulmans, n. 62.

L

Levée de scellés, n. 6. — Lieu du décès, n. 8. — Livre journal, n. 19 et 20.

M

Mineurs, n. 28. — Militaires, n. 34. — Musulmans, n. 62. — Mandats de poste, n. 64.

N

Numéraire, n. 15. — Notaire curateur, n. 28 et 50.

O

Objets sujets à dépérissement, n° 7. —. Officier de l'état civil, n. 3.

P

Procès-verbal descriptif, n. 7 et 41. — Pouvoirs du curateur, n. 12 et suiv.

R

Ressort, n. 9 et 66. — Registre à tenir, n. 17 et 20. — Remplacement de curateur, n. 24 et 25.

S

Successions vacantes, n. 2 et 43. — Scellés, n. 6, 27 et 51. — Sociétés, n. 31, 32 et 33.

T

Tunisiens, n. 63. — Titres et papiers, n. 6 et 16. — Tarifs, n. 35, 36 et 53.

V

Vente des effets mobiliers, n. 11.

TABLES DES FORMULES

PREMIÈRE & DEUXIÈME PARTIES. - GREFFE

	N°°	PAGES

A

Acte d'adoption	26	60
Adoption	26	60
Apposition de scellés	28	68
— après faillite	30	70
Acte de notoriété justifiant de la résidence (naturalisations) .	10	33
Acte de notoriété à produire pour obtenir une concession de terre en Algérie	11	34
Acte de notoriété pour suppléer à un acte de naissance .	12	35
Autorisation d'emprunter pour un mineur et d'hypothéquer ses biens . . . . 17 et .	18	45
Autorisation au tuteur pour faire vendre les immeubles d'un mineur	19	50
Acte d'appel en matière de simple police ou correctionnelle	49	100
Appel	49	100

C

Concessions de terres en Algérie	11	34
Conciliation	39	78

D

Déclaration en vue de réclamer la qualité de Français faite par un individu né en France de père et mère nés à l'étranger et qui n'est pas domicilié en France au moment de sa majorité	3	21
Déclaration en vue de réclamer la qualité de Français faite par un individu né en France de père et mère nés à l'étranger, et actuellement domicilié en France .	4	21
Déclaration en vue de réclamer la qualité de Français faite par un individu né à l'étranger de parents dont l'un a perdu la qualité de Français	5	24
Déclaration en vue de réclamer la qualité de Français faite par un individu né sur le territoire français de parents dont l'un a perdu la qualité de Français ou de parents nés à l'étranger et ayant perdu la qualité de Français avant sa naissance	6	26
Déclaration en vue de décliner la qualité de Français . .	7	2
— en vue de renoncer à se prévaloir de la qualité d'étranger . . . . 8 et .	9	30
Délibération portant destitution d'un tuteur	14	40

	N°	PAGES
Délibération qui refuse la tutelle à la mère qui veut se remarier	15	42
Délibération qui conserve la tutelle en cas de secondes noces	16	44
Délibération autorisant un mineur à emprunter et hypothéquer ses biens . . . . 17 et.	18	45
Délibération autorisant un tuteur à faire vendre les immeubles d'un mineur	19	50
Délibération nommant un subrogé-tuteur *ad hoc* . . .	20	53
Délibération nommant un curateur au ventre	21	54
Délibération nommant un subrogé-tuteur	22	54
Délibération autorisant le tuteur à renoncer à une succession	23	55
Défaut congé contre le demandeur	42	87

E

Émancipation d'un mineur par ses père et mère . . .	24	57
— par le conseil de famille . .	25	57

G

Grosse	2	17

J

Jugement civil contradictoire ou par défaut	41	85
— de défaut congé contre le demandeur . . .	42	87
— contradictoire sur opposition	43	88
— par défaut sur opposition	44	89
— qui nomme des experts ou ordonne une enquête.	45	89
— sur prorogation de juridiction	46	90
— de simple police	47	98
— de simple police avec partie civile	48	99
— en matière correctionnelle.	51	102

L

Levée de scellés.	20	69
Levée de scellés après faillite	31	71

M

Mention à mettre en marge de la commission d'un employé du Gouvernement	37	75

N

Naturalisation (acte de notoriété)	10	33
Nomination d'un tuteur et d'un subrogé-tuteur à des mineurs orphelins	13	38
Nomination d'un subrogé-tuteur *ad hoc*	20	53
— d'un curateur au ventre	21	54

		Nᵒ	PAGES
Nomination d'un subrogé-tuteur.		22	50
Non conciliation.		40	79
P			
Procès-verbal de vérification du registre des dépôts de fonds.		1	13
Procès-verbal de nomination d'un tuteur et d'un subrogé-tuteur		13	38
Procès-verbal de tutelle officieuse.		27	62
— d'apposition de scellés.		28	68
— de levée de scellés		29	69
Prestation de serment d'un greffier de justice de paix. .		32	72
— d'un commis-greffier rétribué par l'État.		33	73
Prestation de serment d'un commis greffier non rétribué.		34	73
— d'un employé du Gouvernement.		36	74
— d'un garde-champêtre		36	74
— des employés des postes.		38	75
Procès-verbal de conciliation		39	78
— de non conciliation		40	79
Prorogation de juridiction		46	90
Partie civile (simple police).		48	99
Pourvoi en cassation contre un jugement de simple police		50	100
R			
Réquisition pour une translation de prévenus		53	106
S			
Serment d'un greffier de justice de paix		32	72
— d'un commis-greffier rétribué par l'État. . .		33	73
— d'un commis-greffier non rétribué		34	73
— d'un employé du Gouvernement		36	74
— d'un garde-champêtre		36	74
— d'un employé des postes		38	75
Simple police.		47	98
Simple police avec partie civile		48	99
T			
Tutelle officieuse.		27	62
Taxe pour le transport des pièces à conviction.		52	105
Translation de prévenus		53	106
Taxe à témoin . . . . 54 et.		55	106

	N°°	PAGE

TROISIÈME PARTIE. — COMMISSAIRES-PRISEURS

D

Déclaration préalable.	1	130

P

Procès-verbal de vente volontaire avec ou sans opposition.	2	131
Procès-verbal de vente judiciaire de meubles (mineurs).	3	132
Procès-verbal de vente de meubles dépendant d'une succession vacante	4	134
Procès-verbal de vente après faillite	5	134
— de marchandises neuves	6	135

QUATRIÈME PARTIE. — NOTARIAT

A

Autorisation à un mineur de faire le commerce	35	168
Acte d'autorisation maritale.	36	169
Autorisation à la femme pour faire le commerce . . .	37	169
Actes de notoriété . . . . 47, 48, 49 et.	50	175
Approbation du compte de tutelle	55	186
Adjudication avec cahier des charges.	79	249
Antichrèse	99	282

B

Billet à ordre . . . . 44 et.	45	174
Bail d'immeubles	85	261
Bail partiaire ou à moitié fruits	86	266
Bail par adjudication.	87	267
Bail à cheptel	89	269
Bail d'industrie	90	270

C

Clôture d'un acte	11	145
Copie collationnée.	16	149
Copie du répertoire	19	152
Compte de tutelle	53	183
Cession de créance	82	257
Cession de droits successifs	83	258
Cheptel.	89	269
Cession de bail	91	271
Cautionnement	95	278

	N⁰⁵	PAGES

D

Décharge de mandat	41	171
Dépôt de pièces	42	172
Dépôt de testament olographe	62	221

E

Énonciation d'un acte reçu par un officier public indi-gène	7	144
État des personnes . . . . 8, 9, 10 et	10	144
Expédition	13	146
Expédition d'un acte reçu par un prédécesseur	14	146
Extrait	15	146
Endossement	46	175
État sur transcription	77	246
Exercice de réméré	79	249
Échange d'immeubles	84	260

G

Gage d'objets mobiliers	97	280
Gage d'une créance	98	281

I

Interprète assermenté	3	141
Interprète à défaut d'interprète assermenté	4	141
Inscription de privilège de co-partageant	58	194
Inventaire	59	201
Insertion à fin de purge d'hypothèque légale	76	245
Insertion de vente de fonds de commerce	81	256

L

Légalisation	6	142
Liquidation musulmane	102	290

M

Mainlevée de saisie-arrêt ou opposition	100	283

O

Origines de propriété . . . 69, 70, 71, 72, 73, 74 et	75	243
Obligation	96	270
— avec remise en gage d'objets mobiliers . . .	97	280
— avec remise en gage d'une créance	98	281
— avec antichrèse	99	282

P

Procuration (intitulé)	22	157
— générale	23	157
Procuration pour faire un acte respectueux	24	161

		N⁰ˢ	PAGES
Procuration pour faire mainlevée		25	161
—	toucher	26	162
—	recueillir une succession	27	162
—	faire donation	28	164
—	accepter	29	164
—	vendre	30	165
—	acquérir	31	165
—	transférer une rente sur l'État	32	166
—	emprunter	33	166
—	consentir à un mariage	34	167
Partage amiable d'une succession		56	189
—	d'immeubles	57	192
Purge d'hypothèques légales		76	245
Protêt		101	286

Q

Quittance de prix de vente	63	222
— de somme prêtée	64	223

R

Remise de service		12	147
Répertoire		18	152
Registre des dépôts de testaments olographes		20	152
— de sommes ou valeurs		21	153
Révocation de procuration		40	171
Rapport pour minute		43	173
Reconnaissance d'enfant naturel	51 et	52	179
Récépissé de compte de tutelle		54	185
Ratification		65	224
Réquisition d'état sur transcription		77	246
Retrait de réméré		78	247
Résiliation de bail		88	268

S

Substitution de pouvoirs	38 et	39	169
Société civile particulière		92	274
— en nom collectif		93	274
— en commandite simple		94	276

T

Témoins instrumentaires (actes ordinaires)		1	139
— (présence réelle)		2	140
Témoins certificateurs		5	142
Testaments publics		60	217
— (musulmans)		61	219
Transport de créance		82	257
— de droits successifs		83	258

	N°°	PAGES
V		
Vente de meubles	66	237
— d'immeubles	67	238
— à réméré	68	242
— d'un fonds de commerce	80	253

Batna. — Imprimerie A. BRUN, rue de Sétif. — Batna

RED. :

19

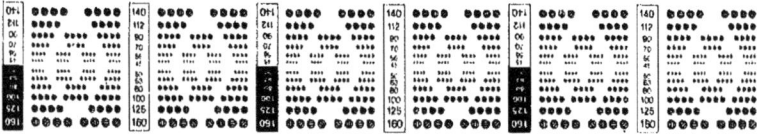

3798870
graphicom

0   1   2   3   4   5   6   7   8   9   10